日本激荡三十年

平成の経済

平成经济
1989
—
2019

[日]
小峰隆夫
——著——

陈 曦
——译——

浙江人民出版社

图书在版编目（CIP）数据

日本激荡三十年. 平成经济：1989—2019/（日）
小峰隆夫著；陈曦译. —杭州：浙江人民出版社，
2022.3
　　ISBN 978-7-213-10049-9

　　Ⅰ. ①日… 　Ⅱ. ①小… ②陈… 　Ⅲ. ①经济史—研究
—日本—1989-2019 　Ⅳ. ① F131.3

中国版本图书馆 CIP 数据核字（2021）第 022193 号

日本激荡三十年：平成经济1989—2019

[日]小峰隆夫　著　陈　曦　译

出版发行：浙江人民出版社（杭州市体育场路347号　邮编　310006）
　　　　　市场部电话：（0571）85061682　85176516
责任编辑：尹晓捷
特约编辑：魏　力
营销编辑：陈雯怡　赵　娜　陈芊如
责任校对：戴文英
责任印务：刘彭年
封面设计：人马艺术设计·储平
电脑制版：北京弘文励志文化传播有限公司
印　　刷：杭州丰源印刷有限公司
开　　本：650毫米×960毫米　1/16　　印　　张：20.5
字　　数：215千字　　　　　　　　　　插　　页：4
版　　次：2022年3月第1版　　　　　　印　　次：2022年3月第1次印刷
书　　号：ISBN 978-7-213-10049-9
定　　价：88.00元

如发现印装质量问题，影响阅读，请与市场部联系调换。

构建中日经贸合作新格局　开创融合创新发展新局面

在日本告别为期 30 年的平成时代（1989—2019）、开启令和时代之际，日本经济新闻出版社组织编写了"日本激荡三十年"丛书。浙江人民出版社在出版此套丛书的中文版之际，考虑到我曾于平成初期留学日本，回国后在国家经济贸易委员会、中国企业联合会等经济部门工作，较为广泛深入地对接日本财界，对中日经贸合作有所体会，嘱我为本书写一序文。

该套丛书系统论述了日本平成时代的政治格局变迁与政策演变、经济结构调整与产业转型升级，从技术、人才、资本等维度分析企业经营等，给读者提供了全面深入了解日本平成时代的多维视角和生动素材。在此不再更多地重复本书内容，谨就中日产业合作分享若干粗浅观点，代为序文。

一、中日经济格局发生巨大变化，产业合作迎来新机遇新挑战

20 世纪 70 年代末，中国开启改革开放进程。此时，日本在第二次世界大战后的废墟上迅速实现经济高速增长，并于 1968 年跃居世界第二经济大国后，持续保持强劲的增长势头。日本的经验，得到世界各国的广泛关注和借鉴。改革开放初期，中国将日本在第二次世界大战后经济崛起的模式作为当时中国经济转型发展的重要参

考，两国产业合作得到广泛深入的发展，取得了有目共睹的友好合作、互惠共赢成效。

平成元年（1989）是第二次世界大战后日本经济发展到顶峰、随即迎来泡沫经济崩溃的转折点。日本当年国内生产总值（GDP）为 3.06 万亿美元，相当于中国当年 GDP 的 8.7 倍。但从 1990 年开始，日本经济先后引发了股市、地价崩盘，导致金融系统的恶性连锁反应，进入被动处置滚雪球式不良资产、经济持续低迷的较长衰退期，低位不稳定状态持续到 2012 年左右，俗称"失去的 20 年"。其间，1998 年卷入亚洲金融危机、2008 年遭受世界金融危机冲击时，均出现了连续两年的负增长。其结果是，日本平成时代谢幕的平成三十年（2019）GDP 为 5.08 万亿美元，比平成元年仅增长约 66%。而同期，中国经济持续较快稳定增长，2010 年的 GDP 超过日本，2019 年的 GDP 高达 14.34 万亿美元，约为 1989 年的 41 倍，相当于 2019 年日本 GDP 的 2.8 倍，中日两国经济格局发生历史性巨变。

平成时代的日本产业经济，相对于第二次世界大战后的高速增长繁荣时期，明显乏力，增速缓慢。其主要原因有：泡沫经济后遗症严重影响了不良资产处置与金融重建，新兴产业投资长期低迷，企业转型升级举步维艰，产业空心化加深加速，居民收入与消费水平徘徊不前，人口老龄化带来的社会保障支出压力与日俱增，伴随经济低位运行的财政收支压力日趋加重，严重制约了调控经济的财政金融政策空间及其灵活性。这些深刻的经验教训可供我国今后经济运行参考。比如，要严防泡沫经济和系统性金融风险，确保实体经济与虚拟金融的有机协同；以经济持续稳定发展维护财政收支健康运行，尽早建立健全可持续的社会保障体系等。

在平成时代那 30 年里，虽然日本经济总量增长缓慢，但总体经济结构和产业科技得到了低调且扎实的优化升级。以高端制造业和现代服务业为主，形成了若干支柱型优势产业集群，显示出较强的国际竞争力和较强的存在感。比如，在全球占有较大市场份额的汽车制造业、占据全球最高份额的机器人产业、代表高端制造业的数控机床和精密仪器产业、在核心零部件方面拥有诸多"隐形冠军"的电子产业、深得消费者信赖和追捧的精细化工和医药食品产业、风靡全球的动漫游戏和文创娱乐产业等，牢固支撑着日本的发达经济强国地位。而这些产业，恰恰是中国在经济高质量发展进程中急需深化协同创新、有待合作共赢的重要领域，给中日两国新时代的产业经贸合作带来了新机遇新挑战。

二、中日两国分别作为发展中大国和发达经济强国，拥有巨大的协同合作潜力

目前，中国作为最大的发展中国家，仍保持着旺盛的发展活力和强劲的增长势头。无论是消费需求还是投资供给，都在推进从规模增长到以质量提升为主线的结构性优化升级和高质量发展转型。日本作为经济总量排名全球第三的发达国家，以其高水平经济结构和产业科技，在世界经济中仍占据举足轻重的地位。经过改革开放40多年来的合作发展，中日两国在诸多产业中已形成垂直分工和水平分工有机融合的立体分工协作格局，形成了较强的市场互补性和协同创新发展基础。在此，着重强调三个有望深度合作共赢的未来指向型产业领域。

第一，促进幸福产业融创发展，共创"幸福生活"。

近年来，综合涵盖旅游、文创、体育、康养、智慧生活等高端现代服务领域的"美好生活"所需"幸福产业"概念及其产业实践广泛流行，得到人们的普遍认同和热衷消费，切实充实了生活内容，有效提升了幸福质量。中国进入新时代以来，随着产业经济高质量发展和人民生活水平日益提升，满足人民日益增长的对美好生活需要的"幸福产业"成为高频词汇。幸福产业的快速崛起和广泛推广，既拉动了消费升级和产业扩容，又提升了人民生活的满足感和幸福感。各级政府和产学研用市场主体，正在积极探索用5G等新兴科技赋能幸福产业，促进幸福产业各领域融合发展、协同发力，引导新产业、新时尚。比如，将游戏趣味性植入中小学生的体育项目及智能健身器材，推动中小学生快乐锻炼、趣味健身、健康成长，贯彻落实健康中国战略。智慧娱乐、康体等幸福产业在协同创新中融合发展，综合幸福产业正在日益成为新风口、新赛道、新潮流。

日本力推"观光立国"和"文创立国"战略，将文化体验、体检康养、休闲娱乐、创意体育等幸福产业内容植入观光产品，取得了令人瞩目的成绩。新冠肺炎疫情暴发前，日本每年的外国观光游客达3000多万人，几乎是日本人口的1/4。由于文创产业走在世界前列，日本被称为"世界动漫王国"，系列经典之作风靡全球。近年来，日本动漫产业群的产值占GDP的比例达10%以上，全球播放的动漫节目有60%来自日本，动漫文创产业已成为日本第二大支柱产业，并呈现出动漫文创与智能体育等幸福产业融合发展的态势。比如，任天堂游戏公司开发的《健身环大冒险》（*Ring Fit Adventure*）是在游戏中可实现数十种健身动作，将游戏、娱乐、文旅与健身有机融合的综合功能型创意产品，深受全球市场追捧。中日文化同属东亚文化，基于东方人文理念与新兴智能科技，实现优势互补、协同创新、融合发展，不仅能够实现幸福产业合作共赢发展，也有望向世界呈现现代东方的幸福生活产业体系和幸福质量提升方案。

第二，深化康养产业协同发展，共促"人类健康"。

世界卫生组织（WHO）发布的世界健康报告中，日本在"医疗服务的品质""医疗负担的平等程度""国民平均健康寿命长度"等方面，多年蝉联世界第一。日本在有机农业、发酵工程、功能食品、汉方医药、健康养生、生命科学、医疗器械、健康管理、医疗服务、老龄养老等领域，具有较强的科技积累和产业竞争力，形成了体系健全、实力雄厚、成效良好的大健康产业集群。基于发达的大健康产业体系和大健康服务优势，日本已成为世界上国民健康寿命最长、医药医疗仪器货物出口强劲、体检康养服务贸易旺盛的大健康产业强国。

中国经济发展稳定，人民生活水平提高，对健康生活、高端医疗、幸福养老等大健康产业的需求空前加大。大力发展卫生健康事业，既可以提高人民健康生活质量，也有利于消除群众看病就医的后顾之忧，释放内需潜力，为推动形成以国内大循环为主体、国内国际双循环相互促进的新发展格局提供重要支撑。正在崛起的中国大健康市场和领先全球的日本大健康产业，具有很强的互补协同潜力。两国在大健康领域的优势互补合作，不仅有望实现产业合作共赢，也有望基于实践中的协同创新升级成就，为人类健康事业做出积极贡献。比如，中国的中医药科学和日本的生物科技有机结合，有望协同创新开发基于东方文化和中医（日本称汉方）理论的新药物、新疗法、新养生，为人类健康事业贡献东方智慧。

第三，加强节能环保领域合作，共建"美丽地球"。

节能环保产业不仅是未来经济发展的重要产业领域，更是事关地球安全、人类生存和可持续发展的国际政治外交重点。根据《联合国气候变化框架公约》，中国推动应对气候变化的《巴黎协定》全面有效实施，力争在 2030 年前达到二氧化碳排放峰值，在 2060 年前实现碳中和。中国以美丽中国建设为重要执政目标，将环境保护和生态文明建设放在社会经济建设突出地位。力争到 2035 年，绿色发展内生动力显著增强，绿色产业规模迈上新台阶，重点行业、重点产品能源资源利用效率达到国际先进水平，广泛形成绿色生产生活方式，碳排放达峰后稳中有降，生态环境根本好转，美丽中国建设目标基本实现。

日本制定实施"21世纪环境立国战略",节能环保科技及其产业得到长足发展,特别是垃圾处理、循环经济、环境修复、生物燃料、综合节能、混合动力、氢能开发、高效火电等节能环保领域技术领先全球,日本单位GDP二氧化碳排放量远低于世界平均水平,约为我国的1/3。日本的节能环保产业已与汽车、电子并列成为领先世界的三大产业集群。中国确定碳减排任务和生态环保目标,对社会经济发展也意味着新的挑战和发展机遇。中日两国在节能环保领域的互惠合作,不仅有助于中日两国节能环保产业转型升级,更有利于全球节能环保产业创新发展,共同推动《巴黎协定》全面有效实施,为建设美丽地球、促进人类可持续发展做出积极贡献。

三、中日两国的新时代创新合作,需要新格局新理念新动能

中国改革开放初期,基于高性价比人工优势,推行"两头在外、大进大出"的开放战略,把在华企业定位为生产加工基地的"三来一补"型外资大量涌入;加入世界贸易组织之后,消费、投资、外贸"三驾马车"并驾齐驱,国内消费能力和市场容量相应提升,关注中国内需市场的外资功能得以增强;进入新时代以来,中国正在努力构建以国内大循环为主体、国内国际双循环相互促进的新发展格局,高水平开放中的高质量创新发展新环境,给新时代的中外产业合作提供了新机遇、新挑战。日本是我国改革开放以来的主要投资来源国,双方应在过去两国积累的良好合作成效基础上,面向未来,创新性地开展高水平产业合作,迈上新时代中日产业合作新台阶。

第一,构建中日经贸合作新格局,加快深度融合发展。

中国在全面建成小康社会的基础上,开启了全面建设社会主义现代化国家的新征程,构建以国内大循环为主体、国内国际双循环

相互促进的新发展格局。新发展格局绝不是封闭的国内循环，而是更加开放的国内国际双循环，这不仅是中国自身发展需要，而且将更好地造福各国人民。中国有 14 亿人口，中等收入群体超过 4 亿人，预计未来 10 年累计商品进口额有望超过 22 万亿美元。中国将秉持开放、合作、团结、共赢的信念，坚定不移全面扩大开放，将更有效率地实现内外市场联通、要素资源共享，让中国市场成为世界的市场、共享的市场、大家的市场，为国际社会注入更多正能量。这给众多日本优强品牌企业、高精尖新兴产业和高品质日本产品，提供了分享中国巨大市场的难得的时代机遇。中日两国应充分借助《区域全面经济伙伴关系协定》（RCEP）和不断优化升级的中日韩合作机制，基于在产业垂直分工协作向水平分工协作演变的过程中形成的良好合作，加快构建中日产业深度融合发展新格局，在深度融合中协同创新，在创新合作中互惠发展。

第二，创新提升产业合作新理念，促进协同创新发展。

中国改革开放初期，"两头在外、大进大出"时期的产业科技合作，主要体现为在垂直分工协作的主格局下的简单技术委托加工；加入世界贸易组织后，消费、投资、外贸并驾齐驱时期的产业科技合作，主要体现为在垂直分工与水平分工并存的立体分工协作格局中的产业技术转移；进入新时代，高质量发展新阶段的产业科技合作，需要树立"较少对立竞争、更多协同合作"的理念，更多体现水平分工协作基础上的协同创新发展。现阶段，中国作为国际投资贸易大国，力求增强全球科技协同创新能力，向科技创新强国迈进。为此，要坚持开放发展战略，实现全球创新资源与中国产业科技市场的深度融合，增强全球开放式协同创新发展能力，助推我国经济高质量发展，同时为全球经济可持续创新发展做出应有贡献。日本不仅拥有雄厚扎实的基础科研能力，更有善于科技产业化的应用研发优势。中等收入群体不断增加、消费结构水平日益提升的中国市场，不仅是日本优质品牌企业发挥优势的广阔天地，也是创新型产业科技得以投放并在实践中优化升级的新兴市场，更是中日两国经济在协同创新中互惠合作、融合发展的新未来。

第三，增强金融开放合作新动能，实现产融互促发展。

近年来，中国根据新时代全方位高水平开放发展战略，加大金融开放力度，深化国际产融合作。2021年1月，中办、国办印发的《建设高标准市场体系行动方案》明确提出，要有序扩大金融服务业市场开放，支持社会资本依法进入银行、证券、资产管理、债券市场等金融服务业；允许在境内设立外资控股的合资银行、证券公司及外商独资或合资的资产管理公司。金融开放发展，是切实提高国内国际资本配置效率、更加有效促进实体经济发展、更加高效推进新时代高质量发展的战略举措。日本国家总资产约为100万亿美元（其中，金融资产约占70%以上），净资产超过30万亿美元，仅居民金融资产余额就高达15万亿美元。在经济全球化发展和日本国内利率低迷的背景下，近年日本海外金融资产保持在3万多亿美元的高水平。日本海外净资产中对外直接投资收益起到牵引作用，旁证了日本的综合金融机构与实体经济产融深度融合的优势特点。持续稳定发展的中国是名列前茅的国际资本流入市场，在金融开放条件下，两国金融资产的跨境高效合理配置，加上产融结合紧密的日本优势得到更加充分的发挥，就有望形成中日跨境产融互促发展新动能，促进中日产业协同创新发展新趋势，共享发展新时代。

李明星

中国企业联合会副会长、经济学博士

如何告别一个远去的时代

大概在两个月前，浙江人民出版社的胡俊生先生约我为"日本激荡三十年"丛书写序。一时诚惶诚恐，自觉难以胜任。读毕全书，思索数日，依旧理不出头绪。始终萦绕于心的是一系列问题，包括对平成年代的日本究竟了解多少，如何评价一个远去的时代……当我声称"不怕走错时代，只怕走错人群"时，又该如何从不同的人群中截取那个时代不同的幻影？

一

或褒或贬，评价一个时代不似观看两个壮汉拔河，后者就算一时势均力敌，胜负终究清晰可见。想起早先经常被读者问及当下中国是进是退，我爱援引说明的也是"进退曲线"，而非直线推移。简而言之，有些地方进如波峰，有些地方退若波谷，细碎密匝，于时空之际，均望不到边，叫我如何整体评说？

唯一能做的只有就事论事，具体陈述哪些地方发生了变化，其意义为何，而决不能因一时情绪以"完全进步"或"完全退步"概而括之，就此敷衍了事。更别说"进步"一词，伴随语境转换，也常常是让人疑窦丛生的。于结果论，也还有可能是"过对了河，上错了岸"。就像雅各布斯借其经典小说《猴爪》所揭示的——小心愿望成真。

旧的事物在消逝，新的事物在生长。新的时代因为这一简单的"二进制"原理不断"涌现"（emergence），于是有了世间的千变万化。然而，以我们有限的经验与学识去评判历史，终究只是"管中窥豹""以短量长"。就算有机会作遥远的回望，看到的也只是"渺沧海之一粟"的局部罢了。一时的进步，有可能是巨大退步的开始；一时的退步，亦可能是巨变的开端。其所反映的不是一种简单的历史相对主义，而是生而为人不得不随时面对的知识之困。

当然，这一困境的存在并不意味着有关时代的评论都已失去意义。写作不仅记录现实，而且参与历史，这是写作的双重价值之所在。纵览"日本激荡三十年"丛书，所论者多是具体的人、事、物，虽然细碎，却也不失为几位学者对日本平成时代观察的结晶。如雷蒙·阿隆所言，知识分子有必要成为"介入的旁观者"，既参与公共事务，同时又必须时刻保有自己的理性。最好的方式，依我之见，知识分子既要旁观世界，也要旁观自我，后者通常被理解为一种自省的态度。

二

说到平成时代的一些特征，有必要还原其历史背景，即昭和时代（1926—1989）的生与死。

现实是正在成型的历史。有经验的观察者可能从各种潮流的此消彼长中，觉察出有关未来的走向。当然，这只是一种可能性。毕竟，各种变量与偶然性参与其中。未来是开放的，只有回望时，才会看到历史经由唯一的那条道路走到了今天，并通向未来的城池。而身处现实之中，更多的时候我们只能像狄更斯一样感叹时代的暧昧——这是一个最好的时代，也是一个最坏的时代。

有没有一种可能，每个人身上同时奔腾着几条河流，甚至朝着完全相反的方向奔去？就像在同一个时代涌现着完全不同的洪流。

遥想 20 世纪初的大正民主时期（1905—1925），彼时自由主义、共产主义、军国主义、无政府主义等若干潮流齐头并进。及至 20 世纪 30 年代后期，虽然军国主义一枝独秀，其他潮流不得不隐匿于黑暗之中，但也没有彻底消失。

没有哪个时代是从天而降的。如果忽视石桥湛山等"小日本主义"一系的苦力支撑，就很难理解第二次世界大战后日本因何有机会在经济上迅速崛起。1945 年，当军国主义的巨石被搬开，曾经的暗流河从此一泻千里，也算是另一种意义上的"堂堂溪水出前村"。与此同时，其他潮流也渐渐潜藏，或者悄悄生长。

与平成时代那 30 年的清晰轮廓相比，持续 60 余年的昭和时代是暧昧的。在中国人眼里，昭和时代始于虎视眈眈，终于和风习习。前者让我想起随之而来的发生在故乡的血腥往事。老人们说，日据时期的阴阳界是"昭和政府管白天，国民政府管夜晚"。

后者让我想起 20 世纪 80 年代日本、新加坡以及中国香港、台湾地区的电视剧，为中国的年青一代提供了一条时空隧道，让他们可以随时感受遥远都市中的情爱之美。很难想象，小时候我在电影里看到的杀人如麻的龟田、松井等太君和电视连续剧《排球女将》里清纯可人的小鹿纯子同属于昭和时代。

隔海相望，我这一代中国人只是看见了昭和时代的尾巴。当年日本早已从军国主义的废墟中浴火重生，不仅告别了"一亿总玉碎"的疯狂，还迎来了"一亿总中流"的繁荣，如石桥湛山所期许的那样。这位有远见的思想家曾经在伊势神宫祈祷日本赶紧战败，因为只有一个日本被打败了，另一个日本才有时间重新开始。

石桥湛山没有想到的是，到了 20 世纪 80 年代中后期，这个岛国慢慢切换至另一种疯狂模式。巨大的经济泡沫让日本人一时豪气冲天。最疯狂的时候，仅东京一个区的房价总和甚至可以买下整个美国。

然而，有些人的生活变得悲惨起来。就像本书中提到的，一位保险公司的社长曾经这样抱怨："要我如何告诉在战争中死去的朋友们,我们建设了一个怎样的日本才好呢?难道让我说,我们建设了一个哪怕你再努力工作,最终也买不起一个家的日本吗?"这是在经济泡沫破裂以前,一个普通人对日本模式的怀疑。

后来经济泡沫破裂的事情,大家都知道了。从某种意义上说,这像是一个双重隐喻。日本在政治与经济上的疯狂都终结于昭和时代。1989 年,平成时代正式开始。借昭和时代的余晖,这一年日本的 GDP 增长率是 5.4%,是平成时代那 30 年的起点与最高点。20 年后,该数据变成了反方向的 -5.4%。如伊丹敬之所言,"倒栽葱式地跌入悬崖"。

对于现实而言,最重要的是,狂飙突进的日子已经和昭和时代一起结束了。而进入平成时代的日本,不得不开始面对并接受平凡的命运。

三

20 世纪 80 年代,中国人可以通过《血疑》《阿信》《聪明的一休》《排球女将》等影视剧了解昭和末期的日本在新闻以外的故事。而关于平成时代的日本,我唯一看过的一部日剧是凤凰卫视中文台播放的《东京爱情故事》。

如上所述,昭和时代已经结束了。而在许多迷恋抗日剧的中国观众眼里,平成时代似乎一直没有开始,民众很难从公开的影像上找到这个时代的蛛丝马迹。由于历史转向与中日关系恶化,此时内地电视台经年累月播放的多是抗日剧。这固然可以说是创作自由的表现,与此同时,这种失衡的繁盛也在以其肤浅的方式塑造历史,同时影响了今日中国人对中日关系更现实的理解。

我对平成时代日本的了解,是从访问早稻田大学开始的。十年前,当我第一次站在东京街头,有了与游学欧洲时完全不同的异域体验。随处可见的汉字与黄色面孔，让我觉得自己仿佛没有离开中国。甚至是从那一天开始，我才突然意识到东方的意味。此时的东京平和有序，完全不见昭和前期的激烈与癫狂。于是，当时我有了一个戏谑的想法——想看汉唐去京都，想看昭和回横店。

相较于昭和时代的大起大落，平成时代或多或少显得有些平庸。有人感叹，与三岛由纪夫那一代"昭和男儿"相比，平成时代盛产的只是终日宅在家里的"平成废物"。这样说可能并不公平，像太宰治那样的颓废精英，可是昭和时代的产物。

平成时代究竟是一个怎么样的时代？在"日本激荡三十年"丛书中，小峰隆夫、伊丹敬之、御厨贵、芹川洋一等人从不同的角度进行了论述。与昭和时代的经济神话相比，平成时代那30年的日本，因为经济上的"毫无长进"，被人称为"失去的30年"。平成时代开始于人口下降的"1.57危机"，然而30年来没有任何改观，"只有写人口减少的书一直在畅销"。一个原因是，人口大量地从出生率高的地方转向出生率低的大城市，由此形成了人口减少的负螺旋。当然，这已是世界性问题。随着科技发展与享乐主义盛行，人类已经进化到不仅不需要人，而且不需要后代了。

政治方面，平成时代同样面临各种问题。比如，日本的政治体制是否能够吸纳更多的政治精英？有些国家的从政风险来自政治斗争，而在日本，从政意味着不断失去，以至于从政不再是"可以向小孩推荐的职业"。此外，从政者还要面对"民主主义的失败"之魔咒。不得不说，这是民主的困境——不遵从民众的呼声，就不会当选；而完全遵从民众的呼声，则可能一事无成。民主缚住了暴君，同时也可能让积极的政客变成平庸的走卒。

民粹主义与反智倾向同样在缠绕中上升。在汹涌的民意面前，专家的意见形同虚设。按小峰隆夫的理解，过度听从民意不啻为政治恶化的一种表现，"受国民委托负责政策运营的政治家不能一味迎合舆论，有时候需要说服舆论，担负起走长期路线的责任"。由此而论，安倍经济学实为政治拖延症，扬汤止沸的作用只是构建"在做事的感觉"。通过拖延本应支付的社会成本来笼络民心，一旦油尽灯枯，这一政策也就失去了意义。

从积极的角度来看，这种政治困境也意味着民众对从政者提出更高的要求。耐人寻味的是主流民众对于财政危机的态度——原则上同意提高消费税，但具体执行必须延后。这里有一种击鼓传花式的微妙，即观念上赞同（重义），行动上却反对（重利）。令人担心的是，日本将面临越来越严重的财政危机。

这种困顿有点像今日法国——受制于部分民意的裹挟，改革比革命还难。

虽然小峰隆夫、伊丹敬之、御厨贵等人在本书中集中批评平成时代的平庸，包括效率受制于选举过多，政治上受到美国的掣肘，甚至失去了互联网发展带来的大好时机，但有一点不容忽视的是，日本"科技立国"的宗旨在这个"平庸的时代"得到了绝佳体现。至 2020 年，日本已有 27 位诺贝尔奖得主，其中有 2/3 出现在近 20 年。

曾经在网上看到这样一个问题——"失败的平成时代"为什么让人怀念？本土文化的繁荣也是其中一个原因。共同社的一项民意调查显示，有 73% 的日本人认为平成时代是一个好时代。告别昭和年代的血脉偾张与纸醉金迷，日本在平成时代回归到了平静的生活。

平成时代脱胎于最后的昭和时代。一个在外交、军事甚至经济上都缺少一定独立性的非正常国家，是以怎样的决心完成文化及技术上的追求与坚守的？想起近百年前石桥湛山有关"小日本主义"的一个主张——重要的是开发国民的脑力资源，而非掠夺他国的物产，压榨他国的人民。出于这个缘故，我宁愿今日日本与世界各国继续"平庸"下去。汉娜·阿伦特从"平庸的恶"中发现极权主义的起源，而我们是否可以从平庸的时代中看到"平庸的善"？

四

几年前，我有机会在东京大学访学，对日本的现实与发生在中日之间的诸多历史有了更深的了解。中日交恶是 20 世纪东方最大的悲剧。在拙作《西风东土：两个世界的挫折》中，我曾将日本视为"中国之药"，其实中国于日本又何尝不是一味药？最坏的状态是中国与日本重回过去交恶（互为毒药），而最好的状态是中国与日本在未来相遇（互为解药）。

作为一个具备后发优势的国家，中国的幸运在于有足够的前车之鉴。这让这个正在脱胎换骨的国家在相当长的时间里一次次避免了政治、经济以及社会的大动荡。

不仅仅是在日本的昭和时代，自进入近现代以来，无处不是狂飙突进的景象。就像《爱丽丝漫游仙境》中的兔子，时刻嚷着"来不及了，来不及了"。而现在，世界也重新走到了分水岭。中国和日本，这两个不断"走出去"的东方大国，正面临逆全球化运动的考验。就像快速旋转的陀螺，此时同样需要慢而不倒的能力。

2015 年，当一艘有四个足球场大的东方货轮首次抵达英国费利克斯托港时，有人想起鸦片战争时的某些场景。联想到近年来英国的脱欧政策，当年为"自由贸易"开路的鸦片战争在这场逆全球化运动中似乎变成了反讽。而美国也在特朗普的"美国优先"中渐渐失去了"道德的光芒"。

几年后的 2020 年，一场疫情几乎让整个世界进入了停摆状态。发生在这一年的新冠肺炎疫情像是一个隐喻，它昭示着人类最真实的困境——不仅要面对疾病这一共同的敌人，而且每个人都被隔离在各自的"战壕"里。

这一年最大的变化是一切宏大叙事都让位于对具体生命的保护，因为每个人的命运都紧密相连。责备这一年碌碌无为是容易的，然而还有什么比"活下去再说"之平庸更伟大的事情？对于日本人而言也是如此吧，尽管昭和时代令人魂魄激荡，但刚刚过去的"并不成功的平成时代"似乎更令人心安。

每个时代都有其英雄传说，那是一些处于风口浪尖的水花，有着不同的面貌，而更深沉的河流却在接近河床的暗处流淌，是它们连接了日本的昭和、平成与令和，也是它们连接了地球上的陆地和海洋。

是为序。

熊培云

南开大学副教授、学者

"当代人写当代史"的成功之作

2019 年春天，我随着"明治维新文化之旅"在日本大地上游走。有一天，在鹿儿岛市的城山脚下一座巨大的西乡隆盛雕像旁，我看到一个木牌上赫然写着"令和元年"。我突然意识到，自己正在见证日本历史的交替。因为这一天是 2019 年 4 月 30 日，是平成时代的最后一天。5 月 1 日，皇太子德仁就会即位，改号"令和"。85 岁的明仁天皇退位，延续 30 年的平成时代宣告结束。在某种意义上，日本的近代史是从鹿儿岛开始的。明治维新三杰中的西乡隆盛、大久保利通都是从这里走向东京的政治舞台的，西乡隆盛在城山自杀则标志着武士时代最终退出了历史舞台。在这样一个具有历史意义的地方，见证平成时代的正式落幕，怎能不令我感慨万千？

从 1989 年到 2019 年，平成时代的日本发生了什么？那么多政坛纷争到底意味着什么？日本经济真的有"失落的 30 年"吗？在中国经济高速发展的这段时期，日本经济是不是一直在走下坡路？如何评价这 30 年间日本的发展？从日本归来，这些问题就一直萦绕在我的心中。让我感到意外的是，平成时代甫一结束，日本经济新闻出版社就推出了"平成三部曲"。浙江人民出版社也在第一时间组织人力，翻译出版了这套丛书，这就是摆在读者诸君面前的这套"日本激荡三十年"丛书。

一

"日本激荡三十年"丛书由三本书组成，分别是《日本激荡三十年：平成政治 1989—2019》《日本激荡三十年：平成经济 1989—2019》《日本激荡三十年：平成企业 1989—2019》。后两本书都是学者的个人专著，只有《日本激荡三十年：平成政治 1989—2019》采取了非常别致的"三人谈"（日语称为"鼎谈"）形式。

《日本激荡三十年：平成政治 1989—2019》的前三章，每章都由熟悉日本政坛内幕的政治学者御厨贵、活跃的政治记者芹川洋一与不同的对象进行深入对话。第一章的对话对象是美国学者杰拉尔德·柯蒂斯，柯蒂斯长期观察日本政治，和多位日本政治家有密切交往；第二章的对话对象是经济学家大田弘子女士，她曾担任内阁大臣，直接参与过政策制定；第三章的对话对象是蒲岛郁夫先生，东京大学法学部教授，后当选熊本县知事。最后一章则是御厨贵和芹川洋一两人一起讨论"从平成时代思考今后的日本"。

第二次世界大战后，在经历了短暂的动荡之后，日本政坛很快就进入了稳定状态。尤其是自 1948 年 10 月吉田茂第二次当选首相，直到昭和时代结束的 1989 年 1 月，在长达 41 年的时间里，日本共有 14 人出任首相，平均每人任期将近 3 年。其中，吉田茂、佐藤荣作、中曾根康弘的任期超过 5 年，佐藤荣作更是以将近 8 年的任期刷新日本政坛纪录。与此形成鲜明对比的是，在平成时代的 30 年里，有 17 人出任首相，平均每人的任期仅为 1.8 年。特别是在平成时代最初的 10 年里，首相多次换人，如走马灯一般，让人眼花缭乱。只有在进入 21 世纪以后，日本政坛才相对稳定下来，还先后出现了小泉纯一郎、安倍晋三两个长期在位的首相。

在经济泡沫破裂、经济增长乏力的背景下，政权缺乏长期性，首相人选多次更迭（也是经济形势不好的结果），当然不是好事。在过去，我对于这种现象也很不以为然，认为这是日本政治弊端的集中表现，但是《日本激荡三十年：平成政治 1989—2019》这本书改变了我的这个成见。因为首相更迭都是经过合法有序的政治程序完成的，日本政治一直都平稳地行驶在和平宪法规定的政治轨道上，并没有发生任何"政治出轨"。一方面，这说明了 1946 年制定的和平宪法的伟大。迄今为止，它是世界范围内唯一一部从未进行任何修改的宪法，在日本政治中发挥了定海神针般的作用。从 20 世纪 80 年代起，国际社会（包括著名的基辛格博士）就预言日本会成为军事大国，但是迄今预言仍未成为现实。另一方面，民众视政治家如敝屣，也说明日本的民主政治已很成熟了。在现代世界，最重要的是制度，如果一个国家仍旧欣欣然于"一人兴邦，一人丧邦"，显然不是一件好事。

平成时代的日本政治也在探索新道路，因为国民的价值观在变化。"过去，人们一直认为日本是一流的经济（实力）、三流的政治（体制）。但其实只要经济是一流，政治是二流或三流都可以接受"，"到了 20 世纪 90 年代，经济泡沫破灭，如果日本在经济上也沦为二流国家，那就无可救药了。所以，人们对政治的要求发生了很大的变化"（《日本激荡三十年：平成政治 1989—2019》第 17 页）。1993 年，自民党发生分裂而失去了众议院多数席位，从而丧失了长达 38 年的单独执政地位，标志着"1955 年体制"[①] 的结束，从此自民党必须联合其他政党才能执政。

国民有了自民党之外的选择，有志向的政治家也有了实现抱负的新路径。例如，作为东京大学法学部教授，蒲岛郁夫先生就没有接受自民党推荐，而是自行参选，成功当选熊本县知事。随

---

① 指日本政坛于 1955 年开始的政党格局。

着政治格局的变化，日本也进入了"从党主导到官邸主导"的新阶段。在昭和时代，自民党长期执政，在自民党内部形成了以一致通过为前提的法案预审制度，"可以说，当时是一个'党（自民党）高于政府'的时期，官僚们对党负责"（《日本激荡三十年：平成政治1989—2019》第85页）。进入平成时代之后，强化内阁的职能，更改决策过程，从而提高了透明度和效率。随着互联网的发展，很多政治家能够迅速对网络热点作出反应，迅速回应网络舆论。

对于刚刚过去的平成时代，《日本激荡三十年：平成政治1989—2019》既是一个俯瞰式的概览，又是一次深入其境的游历。作者没有政治忌讳，直抒己见，即使对于在世的当权者也直陈功过是非，不掩饰不敷衍。书中披露了许多政治内幕和政治轶闻，让读者可以一窥日本政治的台前幕后。特别是"三人谈"这种形式，挥洒自如，不同的讲述口吻让各种人物的形象跃然纸上，读来轻松有趣。我在读这本书的时候常常感到，三位与谈者仿佛就在面前，坐于榻榻米上，端一杯清茶，臧否人物，指点江山。此情此景，怎能不令人神往？

二

在第二次世界大战后的日本经济学界，有一个重要的学派叫作"官厅经济学派"。其成员既有一定的经济理论素养，又在政府中担任一定的职务，因兼有政府官员和学者的双重身份，被称为"官厅经济学家"。与一般的经济学家相比，这些人具有宏观的视野，更了解国民经济的实际运行情况，对经济政策也有更切实的影响。作为《日本激荡三十年：平成经济1989—2019》的作者，小峰隆夫在1969年大学毕业后就进入经济企划厅工作，显然是一位典型的"官厅经济学家"。在半个世纪的时间里，他一直从事观察和分析日本经济，一度负责撰写权威的年度《日本经济白皮书》。为读者执笔介绍平成时代经济史，小峰隆夫可谓是不二人选。

进入平成时代后的最初两年，延续了昭和时代的繁荣局面，经济增长率高、失业率低、物价稳定，资产价格不断上涨，经济泡沫不断膨胀。但是，"处于泡沫漩涡里的人们不认为自己身处泡沫之中"（《日本激荡三十年：平成经济1989—2019》第16页），反而陶醉于虚假的繁荣之中，为自己的住房升值、股票上涨而欣喜。这种局面是否让中国读者有似曾相识之感？多年以来，经济学家们一再呼吁警惕中国的经济泡沫，可是相当一部分人置若罔闻。就像当年的日本一样，只要泡沫没有破灭，人们就不肯相信经济存在泡沫。1991年，日本经济泡沫突然破灭，几乎所有人都感到意外。日本政府为了应对危局，反复进行财政刺激，金融政策也开始有所转向，但是日本经济再也回不到20世纪80年代了。1993年度的《日本经济白皮书》中写道，"泡沫对于经济有百害而无一利"（《日本激荡三十年：平成经济1989—2019》第58页）。这是日本的沉痛结论，也是值得中国认真汲取的历史教训。

让笔者感到意外的是，全书并没有采用"失落的10年""失落的20年"的说法。在我看来，可能是作者对于这种不严谨的媒体语言并不认同。在经济泡沫破灭后，日本经济并不是一条一路向下的曲线。1993年，景气指标触底反弹，经济开始恢复。1995年，日本的GDP增长率达到3.1%（世界银行数据）。然而，1997年亚洲金融危机爆发，给存在种种潜在问题的日本金融业带来了重大打击，多家证券公司、银行破产。为此，日本政府出台金融体系安定政策，赋予日本银行独立性，避免了金融危机。

在"失落的10年""失落的20年"的说法背后，人们往往以为日本政治家都是无能之辈，在经济困境面前束手无策。实际上，日本政治家并没有把问题推诿给国际影响、外国压力等，而是直面真实问题，特别是桥本龙太郎、小泉纯一郎、安倍晋三这三位首相。他们认识到，日本经济的根本问题在于政府主导经济，必须进行结构性改革。1997年1月，桥本龙太郎在第二次组阁后的施政演说中说："身处世界一体化的社会背景下，在人、物、资金、信息均可自由流通的时代中，很明显，现在的体制已成为我国发展的障碍，我们必须争分夺秒地创造出引领世界潮流的新经济社会体系。"（《日本激荡三十年：平成经济1989—2019》第93页）为此，他一口气推出了行政、财政、社会保障、金融体系和教育等六大改革，遗憾的是，由于亚洲金融危机突然爆发，桥本的改革被迫中断。

进入21世纪以后，小泉纯一郎首相用"自由的市场是根本""民间能做的就交给民间，地方能做的就交给地方"等鲜明口号，不断推进改革。在他看来，"不进行结构改革就无法实现真正的景气复苏，也无法实现持续增长"，因此主张"资源的流动基本上是通过市场实现的。要清除市场的障碍或抑制增长的因素"，"要创造付出智慧和努力就能够得到回报的社会。通过这些举措来让经济资源迅速流入增长领域"（《日本激荡三十年：平成经济1989—2019》第190—120页）。从2002年1月日本经济进入景气期，直到2008年2月，长达73个月，时间跨度超过了第二次世界大战后的所有景气时期。

平成时代的第三个十年是伴随着世界经济危机开始的。不过，在发达国家中，日本率先走出危机。安倍晋三先后射出新旧"三支箭"，在调整的基础上继续推进结构性改革。结果，日本宏观经济在2011年探底后，几乎连续8年持续恢复（从2012年12月开始到2019年1月，持续长达74个月），成为第二次世界大战后持续时间最长的景气扩大时期。日经指数不断攀升，失业率降至历史最低水平，企业收益大幅增长，媒体炒作的所谓"失去的 30 年"显然是夸大其词。当然，很多人仍然抱怨"没有实感"，因此日本的结构性改革仍然任重道远。

纵观平成时代，日本经济有悲有喜，有笑有泪，有挫折也有奋进，绝非一团灰暗。和同时期的中国相比，日本经济确实表现欠佳，但是不能忘记的是，日本已经是发达国家，不可能像仍处于发展中国家的中国一样，一直保持高速增长。在进入高收入国家行列之后，发展速度回落是必然的，因此在进行国家对比时，应该理性地看待日本的发展。日本作为先行一步的国家，不但为中国经济发展提供了许多足资借鉴的经验，而且敲响了警钟。例如，平成时代以来日本致力解决的老龄化、少子化等问题，也正是目前中国亟待解决的棘手难题。

也正是在这个意义上，日本是中国的镜子，也是中国的鞭子。

三

如果把日本企业比喻为船只，那么平成时代这 30 年就是一段险滩不断的河流。从 1991 年经济泡沫破灭到 1995 年阪神大地震，从 1997 年亚洲金融危机到 2001 年"9·11"恐怖袭击事件，从 2008 年世界金融危机到 2011 年东日本大地震，国内外大事件连续不断，日本宏观经济反复动荡，日本企业在内忧外患的夹缝中积极前行。"疾风知劲草"，日本国际大学校长伊丹敬之先生把由危机导致的混乱局面称为"疾风"，把日本企业比喻为"劲草"。他撰写的《日本激荡三十年：平成企业 1989—2019》一书讲述的就是何为"劲草"。"面对未来，总会有各种各样的不安与担忧，但是日本企业在充满波澜的平成时代的三十年中，经历了'疾风'的洗礼后成功回归，让我们见到了'劲草'"（《日本激荡三十年：平成企业 1989—2019》第 88 页）。

作为一个以经济立国的国家，企业在日本的重要性不言而喻，而且表现出强大的生命力。在泡沫破灭后，日本企业一边奋力开拓海外事业，一边千方百计地确保国内出口。因此，从 1993 年到 1997 年亚洲金融危机爆发前，日本企业的整体营业利润率并不低，努力维持着"小康"水平。即使遭遇亚洲金融危机和"9·11"恐怖袭击事件，从 1995 年到 2008 年美国次贷危机爆发前夕，日本的出口也一直保持着高速增长，日本企业的顽强实在令人感佩。同样，2008 年世界经济危机也没有打垮日本企业。从 2011 年起，日本企业的自有资本率和净利润率都保持上升态势。从 2017 财年的决算数据看，许多日本企业取得了历史最高收益，日本商品出口也在这一年达到了历史新高。

伊丹敬之认为，1997 年亚洲金融危机和 2008 年美国次贷危机是令人惊骇的两次"疾风"，从根本上动摇了日本企业和社会。它们"让日本企业陷入大混乱当中，然后又使日本企业迸发出了从混乱中竭尽全力走出来的努力"，从而"成就了日本企业中的'劲草'，使它们走向前台，展现出了'精神奕奕的风姿'"（《日本激荡三十年：平成企业 1989—2019》第 260 页）。"日本企业终于能够在积极面对未来的状态下，见证平成时代的结束"，所以伊丹敬之感慨"日本重新回归"（《日本激荡三十年：平成企业 1989—2019》第 88 页）。

作为当今日本著名的经营管理学者，伊丹敬之担任过多家企业的董事，对企业有具体的观察。在对平成时代的日本企业进行宏观描述之后，他又从世界、技术、人员和财务四个视角对日本企业的经营状况进行微观分析。在他看来，日本企业从单一依赖美国转向美中均衡，同时又将东盟作为不可舍弃的重要存在，"日本企业对中国是期待与防范交织在一起，对美国则是感到前途不安，对东盟地区是期待"（《日本激荡三十年：平成企业 1989—2019》第 121 页）。在不断拓展海外市场和海外生产的同时，基于"失去了国内市场也就失去了世界"的认识，日本企业形成了独特的"比萨型"国际化的海外事业拓展方式。处在最中间的国内生产变薄，变薄部分移至海外，但是就像制作比萨时把最好吃的那部分留在比萨中心一样，日本企业把重要的工作内容留在国内，维持了国内的雇佣和技术积累，国内产业并没有"空洞化"（《日本激荡三十年：平成企业 1989—2019》第 111—112 页）。因此，在平成时代结束的时候，日本产业仍然拥有广泛的技术基础。

在伊丹敬之看来，日本是一个重视从属关系的国家，在危机频现的平成时代里，企业与雇佣和人事的基础没有发生太大变化。和其他国家不同，当危机到来时，日本企业的劳动分配率不降反涨，因为日本企业文化认为，企业既是股东的，也是从业人员的。作者把这种文化称为日本经营中的"人本主义"。它主张优先保证从业人员的稳定收入，使他们更加忠诚努力地工作，从而为企业和股东带来更大的利益。尽管在 2000 年左右出现了"公司是谁的"讨论，有人呼吁"向美国式成果主义以及市场型薪酬制度学习"，但是最终并没有被所有日本企业所采用。

展望未来，伊丹敬之仍然保持乐观。因为他认为，在平成的"疾风和激荡"中，日本企业的本质没有发生改变，依旧拥有不变的基础。这些基础让企业可以成为"劲草"，"日本企业从沉迷的谷底完美地恢复了"。他引用法国哲学家阿兰的名言"悲观主义是情绪的产物，乐观主义是意志的产物"结束了《日本激荡三十年：平成企业 1989—2019》这本书，也让读者对于日本这个以企业为基业的国家的未来产生了期待。

"当代人不修当代史"是中国的传统，因此我在初读"日本激荡三十年"丛书时，未免不抱着深刻的怀疑。结果我没有失望，在"五一"假期里，一口气读完了这部三册的巨著，也开始修正"当代人不修当代史"的成见。尽管当代人囿于认识局限和感情牵连，在写作身处其中的当代史时会产生各种问题，但是也不容否认，"当代人写当代史"自有其优势。就像"日本激荡三十年"丛书，不但"俯瞰大河东去"，对平成时代进行了宏观分析，而且对平成时代进行了近距离的生动描写，充满了后人难有的"激情"。因此，这是一部了解平成时代不可多得的好书。我作为日本历史的爱好者，不揣冒昧，写下这篇文章，既是记录个人的读书心得，也向读者朋友们热情推荐。

　　谨此为序。

马国川

《财经》杂志高级研究员、学者

目录

序　章　进入平成时代｜001

背景回顾 / 001

本书的特色 / 003

本书的构成 / 004

第一部分　泡沫经济破灭与"失去的二十年"伊始

（1989 年至 20 世纪 90 年代前半期）

第一章　泡沫经济的形成及其背景｜011

叹为观止的泡沫经济规模 / 011

泡沫经济时期的经济态势 / 019

泡沫经济的发生与经济政策 / 025

关于《日美结构性障碍协议》/ 028

第二章　泡沫经济的破灭与资产负债表调整问题的发生 | 034

泡沫经济的破灭 / 034

击溃泡沫经济的政策 / 038

资产负债表的调整问题与"三项过剩"的开始 / 044

第三章　反复的财政刺激与金融政策的转向 | 047

政府对景气的混乱判断 / 047

反复地动用国家财政与金融政策的转向 / 052

泡沫经济产生与破灭的总结 / 057

第二部分　金融危机与通货紧缩的发生
（20 世纪 90 年代后半期）

第四章　亚洲货币危机和金融危机 | 064

日趋严重的不良债权问题及其对经济的影响 / 064

不良债权对经济的影响与银行破产的现实化 / 071

亚洲金融危机与日本的金融危机 / 076

第五章　通货紧缩的发生与金融政策 | 083

通货紧缩争论的前史 / 083

金融政策框架的再构筑 / 087

货币宽松的进展 / 089

第六章　向受挫的结构改革发起挑战 | 093

省厅再编与金融大爆炸 / 094

上调消费税率与财政结构改革 / 097

向积极财政转向 / 102

第三部分　小泉结构改革与不良债权处理
（21 世纪初前半期）

第七章　什么是小泉结构改革 | 110

第二次世界大战后持续时间最长的景气扩大 / 110

雇用形势的改善与非正式雇用的增加 / 113

小泉结构改革的基本方向 / 117

行动中的新生统治力量 / 121

第八章　不良债权处理与结构改革 | 128

着手不良债权的根治处理 / 128

财政改革的进展和界限 / 134

各领域中的改革动向 / 141

第九章 通缩的持续和量化宽松政策 | 148

量化宽松政策的引入与扩大 / 148

量化宽松政策的解除与争论 / 154

围绕金融政策的讨论 / 156

第四部分 民主党政权的诞生和雷曼冲击
（21 世纪初后半期到 21 世纪 10 年代初）

第十章 政权交替前夜 | 164

自民党政权逆风高涨 / 164

雷曼冲击的发生 / 172

次贷危机 / 173

雷曼冲击的经济影响和政策应对 / 178

第十一章 政权交替和开始行动的民主党政权 | 184

从官僚统治到政治主导的尝试及其挫折 / 184

天真的财源预测 / 189

缺乏问题意识的宏观经济运营 / 196

第十二章　雷曼后遗症和"3·11"日本大地震下的经济政策运营 ｜ 199

经济政策的变迁 / 199

日本大地震与政策性应对 / 203

雷曼冲击后的金融政策 / 209

第五部分　安倍经济学的开展
（2012 年末以后）

第十三章　安倍政权的诞生和"三支箭" ｜ 220

"三支箭"和长期景气扩大的实现 / 220

"新三支箭"和扩大的安倍经济学 / 233

1 亿人口目标和地方创生 / 240

第十四章　异次元量化宽松的展开及其边界 ｜ 245

异次元量化宽松的开始 / 245

逐渐明朗的异次元宽松政策界限 / 252

异次元货币宽松政策的界限 / 255

政策轨道修正的开始 / 257

第十五章　日本今后的一些经济问题 | 262

推迟的财政重建 / 262

TPP 和通商政策 / 275

今后安倍经济学的课题 / 282

终　章　从平成经济中能学到什么 | 287

后　记 | 293

序
章

进入平成时代

平成时代始于 1989 年 1 月至 2019 年 4 月结束，同年 5 月起日本开启了崭新的令和时代。本书将回顾持续约三十年的平成时代的经济。

原本并没有以年号来划分时代的理论依据，但是平成这三十年，似乎有着作为一个时代单独拿来讨论的价值。

背景回顾

回顾过往，平成时代的经济态势与先前昭和时代（1926—1988 年）的经济态势大相径庭。昭和时代，特别是第二次世界大战之后的日本经济，尽管面临诸多难题，但总体而言还是令人惊异地冲出了困境，达到了大多数人都未预料到的经济发展程度。

日本一度实现了经济增长率年均约 10% 的高速发展（20 世纪 50 年代中期至 70 年代初期），经济实力与国民生活水平发生了质的飞跃。"尼克松冲击"①及向浮动汇率制过渡、两次石油危机（1973 年、1980 年前后）、"广场协议"后日元大幅升值（20 世纪 80 年代后期）等国际环境的变化，对各个时间节点上的日本经济均造成了巨大影响，但日本最终都较为顺利地渡过难关。可以说这是"超乎想象的顺利时代"，随后，日本便迎来了泡沫经济的繁荣时代。

与昭和时代的经济相比，平成时代的经济则面临着不断的考验。泡沫经济破灭及不良债权问题、亚洲货币危机及金融危机、日益严峻的通货紧缩、迈进人口负增长社会等，这些日本未曾经历过的难题接踵而至。

针对这些史无前例的难题，日本采取了一些实验性、试行性的应对措施，但这些应对措施远称不上成功。由于通货紧缩问题、人口负增长问题、财政问题、社会保障问题等的存在，平成时代可谓"超乎想象般严峻的时代"。

平成时代遗留的诸多悬而未决的难题，将由之后的人们来解决。从这个意义上说，回顾平成时代日本经济所面临的问题及其应对政策，对今后探寻应对政策有着至关重要的意义。

———————————

① 尼克松的"关岛主义"出台后，美国对外政策发生了巨大转变，特别是要改善和中国的关系，而一贯追随美国的日本佐藤荣作政府对此浑然不知。1971 年基辛格来华访问，为尼克松访华做铺垫。这一事件直到公布前的最后一刻才通知日本政府，日本深感被美国所抛弃。这次事件导致佐藤荣作内阁在外交上进退失据，被迫全体辞职。日本政坛和外交政策因此受到了巨大冲击，称之为第一次"尼克松冲击"。

本书的特色

本书具备以下特色。

第一，以宏观经济视角为中心。平成经济在企业经营、产业、技术等方面实现了较大的转变，而笔者始终关注着宏观经济动向，并认为集中于宏观经济是笔者优势所在。

第二，不只停留在陈述事实，而是阐明多个事件之间的相互关系，尽可能使其具有故事性。笔者曾负责内阁府经济社会综合研究所关于泡沫、通缩时期的日本经济数据的汇总工作，2011年公开发行了长达1200页的《日本经济记录》（历史篇第1卷、第2卷）。当时，笔者秉持"一定要记录客观事实，就算读来枯燥也无妨"的基本方针来进行编写。这本书就像百科事典一样，参阅的人虽然不少，但是应该很少有人从头到尾读完它。

然而，在整理这段历史的过程中，笔者发现平成时代的经济充满了各种意料之外的发展，颇具戏剧色彩。此外，写下这段扣人心弦的历史动态也是笔者写作此书的动机之一。

第三，尽可能引入政策方面的教训，以供后人参考。因此无法避免在书中对政策进行评价，而但凡进行评价就难免掺杂价值判断，于是笔者决定不拘泥于中立的写法，而是坦率地将自己的思考示之于众人。因此，本书与其说是"平成的经济正史"，不如说是"我眼中的平成经济史"。

平成时代的经济变幻莫测且充满戏剧色彩。笔者将用自己的方式对其加以描绘，至于如何解读就交给读者。

本书的构成

本书由根据年代顺序划分的五个部分组成。

第一部分为"泡沫经济破灭与'失去的二十年'伊始"，以平成时代的开始（1989 年）到 20 世纪 90 年代前半期为研究对象。这个时代处于泡沫经济末期及泡沫经济开始破灭的时期。在此期间日本产生了历史性的大规模泡沫经济，给经济留下了多重创伤，但是大多数人尚未认识到这一点，因此政策应对方面也处于被动落后的局面。

第二部分为"金融危机与通货紧缩的爆发"，以日本经济处于混乱顶峰的 20 世纪 90 年代后半期为研究对象。1997 年发生的亚洲货币危机波及日本。桥本龙太郎内阁试图进行多方面的体制改革，虽然实施了"金融大爆炸"改革与省厅再编，但是财政体制改革在金融危机的巨浪中夭折。同时期，日本经济还深受通货紧缩的困扰。

第三部分为"小泉体制改革与不良债权处理"，以 21 世纪初小泉体制改革时期为研究对象。打着"粉碎自民党"旗号闪亮登场的小泉纯一郎首相，在压倒性的支持率下着手处理不良债权问题，试图推进积极的体制改革。在宏观经济方面，与通货紧缩的斗争仍在持续；在金融政策方面，越过"零利率"政策，朝着量化宽松政策迈进。

第四部分为"民主党政权的诞生与雷曼事件"，以 2009 年向民主党政权交替的时期为研究对象。在压倒性支持下高调登台的民主党，渐渐暴露出政策实施上的不足，从曾被选民寄予厚望到在选民加倍的失望中黯然离场。这个时期，日本遭受了雷曼事件、"3·11"日本大地震等重大打击。

第五部分为"安倍经济学的发展"，概述了 2012 年末之后安倍政权经济政策的演变。在以"三支箭"口号为开端的安倍政权下，日本银行推出了"异次元"宽松措施。得益于日元贬值与股价上涨，日本经济一度向好，但并未能跳出通货紧缩的泥潭，而且随着一再延迟消费税增税，财政体制重建也没能得以推进。2014 年以后，安倍经济学的范围不断扩大，朝着"新三支箭""区域构造"和"劳动方式改革"推进。

最后，在终章"从平成经济我们能学到什么"中，笔者从个人角度整理了从平成经济的故事和政策方面得到的教训。

在本书的写作过程中，东京都立大学的村田启子教授从初稿阶段就予以关注，并指出了需要修改的地方。在图表的制作上，日本经济研究中心主任研究员前田佐惠子予以了大力协助。在此深表谢意。

本书受日本经济新闻出版社堀口祐介先生之托得以完稿。从提笔开始，该出版社平井修一先生一直提供咨询并不吝激励之辞。在此，也向二位表示由衷的感谢。

第一部分　泡沫经济破灭与『失去的二十年』伊始

（1989 年至 20 世纪 90 年代前半期）

1989—1995 年主要经济事件及其他事件

年份	月份	经济事件	其他事件
1989	1		昭和天皇去世，改新年号为"平成"
	4	导入消费税（税率为 3%）	
	6		竹下内阁辞职，宇野内阁成立
	8		海部内阁成立
	9	《日美结构性障碍协议》达成	
	11		柏林墙倒塌
	12	日经平均指数达到最高值（38915 点）	
1990	3	大藏省限制不动产金融的总量	
	10	日经平均指数跌破 2 万点	
1991	11		宫泽内阁成立
	12		苏联解体
1992	3	公示地价时隔 17 年首次下跌	
1993	7		第 19 次东京峰会召开
	8		非自民党八党派联合的细川政权成立
	12	关税及贸易总协定乌拉圭回合谈判达成一致（逐渐开放大米进口协议）	
1994	3		政治改革关联法案施行（导入小选区比例代表制度）
	6		自民党、社会党、先驱新党三党联合的村山内阁成立
	10	施行公共投资基本计划（投资总额 630 万亿日元）	
1995	1		世界贸易组织成立；阪神大地震
	3		东京地铁沙林毒气事件
	12	为住房专用借贷公司处理投入 6850 亿日元的公共资金	

平成时代始于泡沫经济末期。大家做梦也没想到，不久之后泡沫便会破裂，日本将迎来漫长又艰辛的时代。

1989—1995 年的政治状况

本书第一部分以 1989—1995 年为研究对象，在论述这一时期的日本经济时，了解当时的政治状况具有十分重要的意义。在频繁的政权更迭、政治改革成为重大议题的情况下，对泡沫经济的处理像是被边缘化的配角一样无人问津。

对于这个时期，在大藏省担任银行局长的西村吉正曾说："短期内政权轮番更迭，使得重大决策的执行能力被严重削弱。……政府本该领导处于转换期的日本经济，但是被政治改革吸走了大部分能量，对我国经济而言只能说是时运不济。"

在此，笔者对当时的政治状况做一个整体梳理。

1989 年 4 月，因卷入"利库路特贿赂案"，竹下登辞去首相一职，宇野宗佑继任首相，但自民党在参议院选举中大败，宇野政权沦为只维持了 69 天的短命政权，随后海部俊树上台。1991 年 11 月，宫泽喜一执掌政权，但是 1993 年 6 月通过了内阁不信任案，7 月内阁被解散，重新举行总选举。

这次选举中，自民党的票数未过半，以新生党小泽一郎代表干事为中心，非自民党的八个党派联合起来，组建了细川护熙内阁。这是通过"保守大合同"上台的自民党之后诞生的第一个非自民党政权。细川内阁虽然确立了以引入小选区制为王牌的政治改革关联法案，但因于 1994 年 2 月贸然提出税率 7% 的国民福祉税构想而引发混乱，被迫于 4 月辞职。随后诞生的是羽田孜内阁，但因先驱新党、社会党转向支持阁外势力而使得内阁成为少数党政权，最终没能逃过短寿的命运。

1994年6月，自民党、社会党、先驱新党联合组阁，由社会党村山富市担任首相。

就这样，进入平成时代以来，日本在六年间换了六位首相，政权更迭频率之快为史上罕见。1996年1月，在维持三党联合的基础上，自民党的桥本龙太郎成为首相。

第一章　泡沫经济的形成及其背景

在平成时代，日本经济遭受了各种严峻的考验，其背后最大的原因是泡沫经济的破灭。为了充分了解泡沫经济的破灭，我们必须先了解泡沫是如何产生的。本章将概括泡沫的形成与破灭，探寻泡沫经济的规模及其对经济产生的诸多影响。

叹为观止的泡沫经济规模

本书所说的泡沫，是指股价和地价等资产价格大幅度偏离其实际经济价值并急剧上升的现象。我们先来看日本经济平均指数（简称"日经指数"）和地价的长期变化情况。

股价和地价急剧起落

从图 1-1 可以看出日经指数（股价）与地价的长期变化情况。日本的资产价格（即股价和地价），在 20 世纪 80 年代后半期急剧攀升，之后又迅速跌落，呈大起大落的趋势。这就是泡沫经济的产生和破灭。

图 1-1　日经指数和地价的变化

出处：日经指数（季度平均）国土交通省"公示地价"（全国范围，全部用途）

先来看日经指数（股价）。1982 年 10 月，日经指数触底反弹，1984 年初突破 1 万点大关后急剧攀升，1987 年 1 月末突破 2 万点。之后日经指数持续上升，在 10 月中旬涨至 26600 点。

1987 年 10 月 19 日，美国市场股价暴跌（即"黑色星期一"事件）。受此影响，日经指数急剧跌落至 21000 点（在图中仅见细微下降）。但是进入 1988 年，又转为快速恢复态势。1988 年 4 月，日经指数超过"黑色星期一"事件之前的水平，到了 1989 年又以更加迅猛的态势持续上升，在 1989 年末以 38915 点（最终数值）收官。

当时，人们做梦也想不到，从长期的角度来看，这竟是日经指数的巅峰时刻。

进入 1990 年后，泡沫经济终于走向崩溃，日经指数呈急剧暴跌的态势。同年 3 月跌破 3 万点，10 月初急跌至约 2 万点，此时只有巅峰时期的一半左右。

此后的日经指数重复着稍稍回升又因某种打击而下跌的态势，股市行情陷入了持续低迷期。在这期间造成股价下跌的事件有：金融体制方面出现短暂危机（1992 年），受到亚洲货币危机影响（1997 年），发生雷曼事件（2008 年）等。泡沫破灭后日经指数的最低纪录是 2009 年 3 月 10 日的 7055 点，相当于 1989 年末最高纪录的 1/5。

之后，2012 年末安倍政权成立。随着安倍经济学的出台，股市寒冬迎来了转机，在回暖持续扩大中，股价虽然涨涨跌跌，但总体始终保持上升基调。

再来看地价方面，衡量地价有多个指标，在此采用每年 1 月 1 日公布的"公示地价"（全国全用途平均值）来进行说明。

虽然地价从 1983 年开始呈上涨趋势，但并不是全国都在上涨，各地涨速和涨幅也存在巨大差异。先说涨速，在用途差别上呈现出"商业用地→住宅用地"的顺序，在地域差别上呈现出"东京都中心→东京圈→大都市圈→地方圈"的顺序，并伴随着较为明显的时间差而波及开来。涨幅也存在着较大差异，以 1983 年 1 月的公示地价为基准，截至到达峰值（1991 年）的数据来看，东京圈的地价上涨 4.1 倍，大阪圈为 4.6 倍，名古屋圈为 4.0 倍，地方圈为 2.4 倍。

1992 年起全国地价开始回落，并以"东京圈→大阪圈→地方圈"的顺序逐渐趋稳，回落幅度也是大都市圈幅度大，地方圈幅度小。直到 1995 年前后都呈快速跌落的态势，在 1995 年之后又慢慢趋向平稳。2012 年以后，虽有反转但仍缓缓下跌直至触底，这时从泡沫经济破灭开始算起已有近 20 个年头。可能是因为一年只统计一次，所以相对于股价来说，地价的特征是短期内的变动较小，下跌的时机也远比股价来得迟。

泡沫经济规模超乎想象

仅从日经指数和地价的变动情况上也不难看出日本所经历的泡沫经济规模之大，要是从金额上看，其规模更让人为之惊愕。

能直接体现这一时期泡沫规模之巨大的，便是国民经济核算体系中"调整科目"。在国民经济核算体系中，每年都会公布用时价表示整体经济的资产与负债状况的"国民资产负债表"。在此资产市值的增减有两条路径。

第一条路径是通过投资增加资产。在国民经济核算体系中，国民经济流量的需求中用于投资的部分会导致国民经济存量的增加，这是与国内生产总值（GDP）统计一致的部分，在此无须说明。第二条路径是资产价格的变动。如果资产价格发生变动，用时价评价的资产市值也随之变化，由于这部分变动没有投资等经济活动，因此无法计入 GDP。于是，这部分被作为"调整科目"来处理。

"调整科目"是指"将难以说明的部分集中进行调整"的部分，这部分在泡沫经济发生之前完全被忽视了。但是仔细想想，这部分恰恰相当于"资本增值"（capital gain）与"资本损失"(capital loss)。因此,可以根据"调整科目"来评估泡沫经济的规模。

从"调整科目"可知,1985—1989 年,股价与地价的高涨形成了巨额的资本增值,但在 1989 年以后便背道而驰,股价与地价的回落导致巨额资本损失出现,见表 1-1。

表 1-1 泡沫经济时期的资本增值规模

年份	股价(万亿日元)	地价(万亿日元)	合计(万亿日元)	占名义GDP的比重(%)
1985	40.8	80.8	121.6	37.4
1986	122.0	273.5	395.4	116.1
1987	83.8	412.7	496.5	140.2
1988	157.8	185.0	342.7	90.0
1989	194.8	321.6	516.4	125.9
1990	−327.4	206.8	−120.5	−27.2
1991	−34.8	−186.9	−221.7	−47.2
1992	−146.8	−222.0	−368.8	−76.7
1993	35.1	−98.0	−62.9	−13.0
1994	45.0	−65.1	−20.1	−4.1
1995	−7.5	−89.9	−97.4	−19.7
1996—2000 年平均值	−6.3	−63.4	−69.7	−13.8
2001—2005 年平均值	60.6	−67.6	−7.0	−1.4

出处:内阁府"国民经济计算"

令人惊讶的是"调整科目"的规模。20 世纪 80 年代后期的泡沫经济时代,在 1986 年至 1989 年的四年间,每年产生的资本增值或与名义 GDP 相当,或超出名义 GDP。例如在

1987 年，股市产生 84 万亿日元，地产产生 413 万亿日元，总计产生了 497 万亿日元的资本增值。这是当年名义 GDP 的 1.4 倍。

在流量的世界，我们会为 GDP 增减 1%—2% 或喜或忧。而在存量的世界，泡沫时期的 GDP 本身是一个整体，而且出现了四次新数值。

可见，日本经历了规模巨大的泡沫经济，而且这是极其反常的。

过于肤浅的泡沫经济意识

回顾泡沫经济时期，对这种反常状况的讨论少之又少。处在泡沫漩涡里的人们不认为自己身处泡沫之中。即便有所察觉，也只是发出"工薪族买不起房"或者"老百姓本身就没有股票或地产，因地价、股价上涨而发财的都是有钱人"等牢骚，而为什么资产价格会居高不下，该如何应对这种畸形经济发展等的相关讨论则非常匮乏。

让我们通过《经济白皮书》来探寻在各个不同时间节点上，公众对标准的泡沫经济的认知是怎样的。当然人们在平成初期对泡沫经济的认识还很肤浅。

在 1989 年度的《经济白皮书》中，资产的膨胀被当作"存量化的进展"，甚至对其持肯定态度，对资本增值也有提及："如果将巨额的账外资产作为担保加以利用，不仅会使多元化事业的开展及重组而进行的外部资金筹措变得容易，而且能为未来的经营风险起到实质性保护作用"等。可见《经济白皮书》

对其持正面评价。

虽然隐约有"这可能是泡沫经济"的认识，但并未多做坚持。1991年度的《经济白皮书》中写道："20世纪80年代后半期的股市盛况，虽然有着脱离实体经济的暴涨时期，但除此以外的时期则反映了实体经济的增长。"

在1993年度的《经济白皮书》中，像这样宽松的认识则不复存在。它对泡沫经济做了如下综合评价："泡沫经济一旦发生，就会造成资产分配不公、资源分配扭曲等问题，从而产生巨大的经济成本。泡沫经济会让一部分经济主体变得富裕，提高经济增长率，但这只是暂时的，泡沫必将伴随反向的通货紧缩。通览泡沫产生和破灭的整个过程，我们从中得到的教训是泡沫对经济发展有百害而无一利。"

笔者并非有意批判当时的《经济白皮书》的内容。白皮书是政府公布的正式文书，它反映了政府的整体认识。对资产价格上升的评价在短时期内发生如此大的变化，反映了这段时期政府的认识发生了巨大改变。1993年度的《经济白皮书》中如此明确地陈述泡沫经济的负面影响，说明这时"泡沫经济有百害而无一利"这一认识已深入整个政府部门及整个经济界。

泡沫发生的经济背景

为何会产生巨大的泡沫呢？思考这一问题时，必须要先明白资产价格的变动机制与普通商品价格不同。也就是说，普通商品价格由成本、供求等因素决定，而资产价格是通过与其他金融资产相比较，看资产值得持有的程度来决定的。人们在进行投资决策时，会将投入股市与房地产等的资产获得的收益或资本增值，与银行储蓄等金融资产投资时获得的利息收入进行比较，来决定是将资金投入股市和房地产，还是进行其他金融资产的投资。

基于这种观点，可将影响资产价格的因素总结为如下三点。

第一，通过资产投资获得的收益（如股利或地租）。这部分越高，人们越愿意持有这类资产，从而促使资产价格上涨。

第二，一般金融资产的利率（如存款利率等）。这部分越低，人们对其他金融资产持有的意愿就会越强，促使其他资产价格也随之升高。从理论上说，存款利率下降一半，其他金融资产价格就会翻倍。

第三，资产价格的预期增长率。这部分越高，未来获得的预期资本增值（及增值收益）就越多，促使资产价格上升。

分别将以上三点放在 20 世纪 80 年代后半期的经济形势中概览，就能得到如下结论。

第一，在经济整体向过热状态转变的过程中，通过金融资产投资获得的收益不断增加。回顾当时的经济形势，1987 年以后在经济迅速回暖的过程中，企业收益持续大幅增长，股利增加成为股价上升的重要原因；同时，伴随着信息化和金融国际化的发展，东京都中心的商务办公大楼的需求扩大等因素也与此相关。

第二，利率大幅下降，金融机构也积极推进融资。正如下文所述，当时社会对于刺激经济、扩大内需的呼声十分强烈。为了应对"广场协议"后日元升值的问题，以及期待银行利率下调的政策性诉求，日本银行接连下调了贷款基准利率。最初在 1986 年 1 月，贷款基准利率下调至 4.5%。之后也再三下调，1987 年 2 月下调至 2.5%，为历史最低水平。这个有史以来的最低利率一直持续到泡沫经济末期即 1989 年 5 月。因为利率下调，互为竞争关系的金融资产的收益率也随之下跌，这也成为资产价格上升的要素之一。另外，在金融自由化的进程中，金融机构也在积极加大融资力度。

第三，预期资产价格上升推动了自我增值。随着资产价格持续上升，企业与个人也普遍抱有"资产价格今后仍会持续上升"的盲目期待。房地产热潮、企业对外投资的动向，显示出人们对资产价格上升的预期在不断增强。预期资产价格上升，实际催生了人们对土地、股票的需求，从而导致了股价、地价的上涨。人们一开始的预期成为现实，进而衍生出更大的期待。

推高资产价格的这三个条件都发挥了强有力的作用，其结果就是资产价格暴涨，形成泡沫经济。

泡沫经济时期的经济态势

纵观泡沫经济时期的宏观经济，可谓呈现出一片欣欣向荣的景象。但是，一般民众对此并没有多大的好感。

泡沫经济时期的宏观经济

日本被卷入泡沫经济的旋涡时，宏观经济呈现出一片繁荣景象。资产价格的上升通过几条路径提高了经济增长率。

第一，由资本增值产生的刺激需求的效果，通称"资产效应"。利用消费函数进行的实证分析显示，特别是在家庭消费的长期耐用消费品支出中，证实了"资产效应"的存在。总之，"股票赚了就买车"的大有人在。谈及泡沫经济时，总能发现高级小轿车销量惊人，高尔夫会员证一证难求，高价商品的销售一片红火，这些就是"资产效应"带来的现象。

第二，住房投资的活跃。因地价上升，土地所有者的担保价值也随之上升，使得资金筹措更加容易。出于这个原因，20世纪80年代后半期，东京圈一带的公寓建设变得异常火爆，也掀起了度假公寓建设的热潮。

第三，设备投资的高涨。随着地价上升，企业向金融机构借入资金的能力提高，通过发行附认股权公司债券①，企业资金筹措变得更加容易。这是20世纪80年代后半期设备投资盛行一时的原因。

于是，1986—1989年，日本经济保持着5%—6%的高增长率纪录。如此之高的增长率解决了日本一个接一个的经济难题。

首先，因为名义增长率高达5%—8%，所以税收增加，财政收支实现好转。1985年发行了6万亿日元的公债，之后发

———————————

① 能以一定价格转换为股票，筹措成本非常低的一种公司债券。

行量逐渐减少，1990 年时发行量减至零（直至 1993 年一直为零）。

其次，高经济增长率增加了进口贸易额，因此，当时作为日本经济巨大难题的经常收支黑字得以缓解。收支黑字在 1986 年时达到 14.2 万亿日元（约占 GDP 的 4.2%），到 1990 年时减至 6.5 万亿日元（约占 GDP 的 1.5%）。

与此同时，就业形势也大为好转。1986 年时失业率为 2.8%，到 1990 年时，失业率跌至 2.1%，同时有效招聘倍率从 0.62 倍增至 1.4 倍。泡沫经济末期劳动力极端匮乏，甚至一些公司出现了"因劳动力不足而倒闭"的现象。

如此，泡沫时期的日本经济呈现出了前所未有的盛世繁荣景象。有人认为日本经济开始步入景气循环的上升阶段，有人认为这是日式经营、传统雇工体制的功劳，也有人认为日本经济已成为世界的"领头羊"。所有的一切都是脆弱不堪的泡沫带来的，没人料到泡沫会破灭，日本迎来的将是一个持久又艰难的时代。

泡沫经济下资产配置的扭曲

就这样，经济形势一片大好，财政重建、经常收支失衡等诸多难题先后得以解决。但是，广大民众并未因此而欢欣鼓舞，甚至就连当时地价、股价的上升势头也遭到普通民众的诟病，成为击溃泡沫政策的最强后盾，最终也延迟了泡沫破灭后的经济振兴政策。为什么经济向好但很多人并不买账呢？原因有很多，其中之一就是收入与资产配置的扭曲。

比如，泡沫的受益者多为高收入阶层。越是高收入阶层，其资产的持有量就越大；资产持有量越大，获得的资本增值就越多。具体来看，在泡沫发生的 1985 年，从股票投资占储蓄的比重来看，在最高收入阶层的第五层级中占比为 11.8%，而与此相对，在最低收入阶层的第一层级中占比仅为 1.3%。根据这种情况，从 1985 年到 1986 年获得的资本增值在收入阶层中的分配情况来看，资本增值约 60% 产生于第五层级，而第一层级只占 2%—4%。

土地也一样，根据地域不同，资本增值的差异也较大。根据不同地域进行资本增值计算的数据显示，三大都市圈在 1986—1990 年达到了 1000 万亿日元，与此相对，地方圈在同期内仅为 200 万亿日元。在泡沫经济不断发展的过程中，资本增值的发生更倾向于原本地价就高、居民收入水平较高的都市地区。

再从劳动者层面来看，1987—1990 年，与积攒薪资相比，当时的地价上升幅度更大，因此，在此之前劳动者能以年收入 5 倍的价格在东京的通勤范围内买到一套标准住宅，但 1988—1991 年住宅价格与年收入比上浮了 7—8 倍。关于这一点，1993 年度的《经济白皮书》中提到了国土厅 1990 年 12 月所做的《关于土地资产价格差距的问卷调查》。该调查结果显示，对于地价高涨，回答"非常苦恼"的人中，租房者和住公司宿舍的人占比 50%，即便在包含拥有住房人群在内的全体调查对象中也占比 30%。进一步询问其苦恼的原因（可多选）时，回答集中在"购买住宅或土地困难"的人占 72.7%。

　　只有资产的持有者才能享受到资本增值带来的好处。在泡沫经济时代出现了"富人越来越富"的倾向，这种倾向进一步扩大了社会大众对泡沫经济的不满。重点大概在于"自己的经济状况一成不变，而他人的经济状况蒸蒸日上，就不由感到自己很不幸"的想法。这也再次印证，人们的幸福感并不依赖于经济状况的绝对水平，而取决于与其他人比较之下的相对水平。

　　另外，这里介绍的"你的年收入增长几倍能买得起房"这个角度，在后面的政府经济计划中也有提及，而且会成为一则醒目的政策标语。

接连不断的泡沫经济负面新闻

　　很多人对泡沫经济持有负面评价的另一个原因是，围绕着土地、股票、金融交易等问题，接二连三地爆出了社会性负面新闻。粗略列举以下几条。

　　1. 关于"地价上涨"的批评日渐强烈——在强制征地的基础上，再高价转手出售。这一手法招致了"我们被从家中赶了出去"和"只是将土地转手就赚取了巨大利益"等批评。

　　2. 与房地产融资相关的金融机构的违法行为逐渐浮出水面——银行在通过非银行类机构进行房地产相关融资的过程中，被爆出伪造文件等不端事件①。

———————————

① 比如1991年9月被逮捕的富士银行原涉外课长，被查出在1987—1991年向27家企业与7名个人进行融资，从24家非银行类机构获得了总计7000亿日元的非法收益。

3．企业高额竞拍名画等投机行为，造成世界美术品市场的混乱。在世界拍卖市场上，日本企业相继高额竞拍凡·高、雷诺阿、毕加索等大师的美术作品①，出现了美术品价格暴涨，全国美术馆叫苦不迭的报道。

4．"利库路特贿赂案"。1988年6月，利库路特公司向政坛人士低价受让其房地产子公司——利库路特宇宙公司的未上市股票事件东窗事发。受让者在股票上市、股价大幅上升时，出手抛售上市前低价获得的股票，牟取了巨额利润。这一事件轰动一时，牵涉甚广，未上市股票受让者被查明的有自民党的实力政治家、次官级别的官僚、日本电报电话公司（NTT）会长等。同年10月，东京地方检察厅特别搜查部展开了调查行动，12月，大藏省大臣宫泽喜一辞职，1989年4月，竹下登首相辞职。

5．大型银行为想要在股票投机交易中获益的投资人（通称"大户"）提供融资时引发的受贿事件。1990年10月，住友银行原分行行长因向"大户"行方便，让其帮忙介绍客户，被东京地方检察厅特别搜查部逮捕。次日，住友银行会长辞职。

6．伊藤万事件——伊藤万商社业务范围甚广，涉及房地产、高尔夫球场开发、名画售卖等，结果借贷超过1万亿日元，主导这一切的该公司社长因涉嫌渎职而被逮捕。

如此这般接连爆出的负面新闻，让地价、股价、金融与证

---

① 最为有名的是，1987年3月安田火灾海上保险公司以53亿日元的史上最高价格成功拍下凡·高的名画《向日葵》。因这件事，该公司社长被大藏省银行局长严重警告"煽动美术品市场过热的行为是不可取的"。

券等都被国民打上"用不当手段薅羊毛"的标签，关于政府应该出台击溃泡沫经济相关政策的呼声也日益高涨。

泡沫经济的发生与经济政策

关于资产价格的上涨，政策导向也发挥了强有力的作用。其中之一是政府主导的扩大内需政策，以及日本银行宽松的货币政策。

为刺激内需而颁布的经济政策

首先，将 20 世纪 80 年代后半期的经济状况做一概述。

这一时期的最大特点就是日元持续升值。日元对美元的汇率在 1985 年初为 1 美元兑换约 250 日元（以下表示为"日元汇率 =×× 日元"），在 1985 年"广场协议"后，日元开始迅速升值。9 月的"广场协议"中达成了"主要国家货币对美元汇率有序上升至一定程度"的协议。随后，日本政府和银行开始了对汇率市场的大规模协调介入。1985 年末日元汇率迅速升至近 200 日元，1988 年升至 120—125 日元，三年内日元的价格变为之前的两倍。

日元汇率的急剧攀升成为影响日本经济的主要不安因素，"升值颓势"的哀叹声传遍街头巷尾。事后来看，虽然在"广场协议"后不久便迎来了景气高峰，然而在 1986 年 11 月日元汇率便跌至谷底，并延续至 1991 年 2 月，"升值颓势"在很短时间内便终结。此外，当时另一个较大的政策难题，即对外收支不平衡（经常收支黑字）也呈现出减少的趋势。尽管经济状况如此，政府、日本银行仍在持续推进扩大内需的政策。

紧随"广场协议"，日本政府于 1985 年 10 月出台了扩大内需的政策。这是一项旨在通过扩大经济规模来消除贸易摩擦的政策，通过推进市场开放、稳定日元汇率、扩大内需等努力，积极修正内外收支不均衡的经济模式。具体来说，日本政府火速实施了加大民用住宅投资、促进都市开发、促进民间基建投资、刺激个人消费、扩大公共事业投资等政策。这些政策的事业规模每年约为 3.12 万亿日元，是过去经济政策中规模最大的。

关于金融政策，日本银行起初担心重回"日元低、美元高"的局面，对降息犹豫不决。但是在 1986 年 1 月，日元汇率升至 1 美元兑换不足 200 日元，日本银行判断日元升值已是大势所趋。1 月末，距离上次调息已时隔 2 年 3 个月，日本银行将基准贷款利率下调 0.5%，定为 4.5%。此后因为日元以出人意料的速度持续升值，以出口产业为中心的经济状况急速恶化。因此，日本银行在 1986 年 3 月再次将基准贷款利率下调 0.5%（由 4.5% 降至 4.0%），此后在 4 月（由 4.0% 降至 3.5%），10 月（由 3.5% 降至 3.0%），1987 年 2 月（由 3.0% 降至 2.5%），接连下调基准贷款利率。2.5% 成为历史最低基准贷款利率水平，并一直维持到 1989 年 5 月。

1986 年 4 月，政府出台了综合经济政策，9 月又颁布了综合经济政策。然而这些政策基本都未配合财政措施，而是将重心放在以住房贷款减税为杠杆刺激民间消费上。在1987年5月制定的"紧急经济对策"中，包含了大幅增加对公共事业投入、1万亿日元所得税减免等内容，总体投入金额空前庞大，达6万亿日元。

内需刺激型经济政策的背景

那么，明明经济处于蓬勃发展之中，为何日本政府和日本银行却要刺激内需，并维持量化宽松的货币状态呢？其理由有以下三点。

第一，为应对日美贸易摩擦而纠正对外不均衡的局面。里根总统上台后（1981年1月起），所谓的"双赤字"①一直在扩大。在这种形势下，美国在汽车和半导体等个别产品市场上要求日本扩大进口规模，同时强烈要求日本扩大内需。如果日本扩大内需，美国对日本的出口就会增加，日美间贸易收支不均衡的局面就能得以好转。

美国对日本扩大内需的要求一直持续到泡沫经济破灭之前。双方的博弈发生在1989年9月达成的《日美结构性障碍协议》中，后文将对此进行详细介绍。

第二，为应对日元"升值颓势"。1985年9月，根据"广场协议"，美国大力介入主要国家的外汇市场，日元汇率开始攀升，汇率的调整速度远远超过了日本政府的预测，业界与各大出口企业痛斥严峻的贸易环境。20世纪80年代后半期，经济对策相继实施，放宽金融管制的原因之一就是对汇率提高带

---

① 财政赤字和经常收支赤字。

028/日本激荡三十年：平成经济 1989—2019

来的负面影响的担忧。

第三，为应对日元升值本身。下调利率后，日本内外利率差的扩大必然成为日元贬值的重要因素，日本银行希望通过下调利率来稳定日元汇率。其实，类似"这是以对汇率施加影响为目的而制定的金融政策"的话已经很少出现在台面上了。但是，当时还能直接出现"这是为了阻止日元升值的利率下调"的论调。

比如，1987 年 2 月下调基准贷款利率时，日本银行的公告里有这样的表述："日元如果继续升值，不稳定局面将持续加剧，会加深通货紧缩对我国经济的影响，会对我国解决基本政策问题（即通过长期扩大内需与调整经济结构来纠正对外收支不均衡）造成阻碍。鉴于这些问题，日本银行认为进一步下调利率势在必行……"从这段文字中不难看出，当时的金融政策是基于通过抑制日元升值、扩大内需来纠正对外收支不均衡的政策目标而制定的。公告的详细内容在此略过不谈，其他关于下调基准贷款利率的政策中表述虽各有不同，但共同之处是，基本都以"稳定外汇市场""扩大内需"和"纠正对外收支不均衡"的组合拳效应作为政策预期效果。

进入平成时代后，美国要求日本扩大内需的呼声更加强烈，其基础就是《日美结构性障碍协议》。

关于《日美结构性障碍协议》

1989 年 9 月的《日美结构性障碍协议》，是在 1988 年 9 月美国通过的"超级 301 条款"的基础上签订的。"超级 301 条款"是美国贸易代表办公室（USTR）锁定设置贸易壁垒及惯于扰乱市场的国家，对于经过协商仍然不改善的国家实施的报复性措施。这是极端强硬无理的霸王条款，日本方面虽然始终坚持"不回应以制裁为前提的谈判"的态度，但现实中不得不对美国低头，设置高级别会议，就导致日美贸易不均衡的结构性问题进行谈判。

同时，也可以从宏观经济的角度来讨论日美贸易问题。美国在个别产品贸易领域的谈判未见效果，因此认为应该深入探讨贸易不均衡现象背后的宏观经济问题。

储蓄与投资平衡理论是研究宏观经济问题的基础。如果从储蓄与投资平衡的观点来看经常收支，那么，国内储蓄越少、财政赤字越大，则经常收支赤字就越大。而且，因为经常收支是国内需求与国内供给之差，因此相对于供给，只要内需达到一定程度，经常收支就会变成赤字。基于这种考虑，美国要求日本降低储蓄率、扩大投资、扩大国内需求。

那么，美方具体说了什么呢？美国的报纸关于储蓄和投资平衡曾有如下记述：

日本的储蓄率一贯高于其他先进工业国家。国内投资比率虽然高于国际标准但不及其储蓄率，国内储蓄远远超过投资。这种投资和储蓄的不均衡反映在 20 世纪 80 年代日本庞大的经常收支黑字上。在个人储蓄方面，不健全的社会保障制度、高住宅成本，加上缺乏维护消费者信用的便利措施、不充足的娱乐机会等因素抑制了消费，储蓄随之被推高。在投资方面，高速公路、下水道、公园等公共设施还处于未开发状态，显示出有大规模加强基础设施建设投资的必要性。

从这个角度来看，可以说美国是在干涉别国内政。但是造成这一局面，日本方面也有责任。比如著名的《前川报告》，由首相中曾根康弘设立的私人咨询机构——服务国际合作的经济结构调整研究会于 1986 年 4 月发表的报告书。这份报告的主张如下：

我们需要认识到我国持续大幅经常收支不均衡是一种危机状况。

为取得国际性均衡而切实缩小经常收支不均衡，应作为中期的国民性政策目标。

经常收支的大幅黑字，根植于我国出口导向型经济体制，向国际协调型经济变革是当务之急。

为实现国际协调性经济，需要拉动内需主导型的经济增长，有必要修改储蓄优待税制来纠正过剩储蓄。

从《前川报告》的以上内容来看，可以说美国的主张不过是在确认日本的立场而已。

其中，有实质性进展的是扩大公共投资。美国认为，日本储蓄过剩，应该利用储蓄来充实道路、下水道或公园建设等基础设施的社会资本。结果，1990 年，日本政府出台了《公

共投资基本计划》。该计划提出，要以下水道、城市公园等
基础设施建设为调整目标，同时明确提出 1991—2000 年，公
共投资总额约为 430 万亿日元。在谈判过程中，美方还追加
了"日本公共投资中的事业类别分配过于僵化，应使之更加灵
活应变"这一要求。然而日本方面声称"分配问题与储蓄投资
的平衡无关，希望美方不要吹毛求疵"，从而拒绝了美方的
提议。

《公共投资基本计划》因为明确了作为具体成果的投入总
额，得到了美方的高度评价，在《日美结构性障碍协议》的最
终报告书中也有所提及。

然而，笔者认为当时热议一时的公共投资计划并没有太
大的意义。日本原本奉行财政单年度主义[①]，每年的年度预算
都得经过国会认可后才能执行。为期 10 年的公共投资额度受
到包括地方公共团体 GDP 基准额度的束缚，因此基本是不可
能实行的。实际上，当时的公共投资计划并没有实施的保障，
美方可能有所误解，其意义就只在于指引了未来的大体方向
而已。

内需扩大论、日元升值危机说的问题点

以上所述的内需扩大政策，从经济学角度来看存在着诸多
问题。

首先，对于为了纠正经常收支不均衡而出台旨在扩大内

---

① 每年度支出都出自同年度的收入。

需的政策，经济学家对此持有强烈异议。这些异议涉及多个方面，有人指出了"以经常收支或贸易收支为政策目标本身就很荒诞"的原则问题。从理论上看，日本的经常收支为黑字，所以国民福祉很高这种说法并不成立。反之，美国的经常收支为赤字，因此美国的国民福祉就受到了损害这种说法也不成立。总之，黑字也好，赤字也罢，都与国民福祉没有直接关系。因此从整体上纠正经常收支并无意义，试图纠正两国间贸易收支不均衡更是毫无意义。

另有观点认为，即便要均衡经常收支，为此而采取扩大内需的政策也是不妥的。是否应当通过扩大内需来刺激经济，不应取决于经常收支，而应根据物价、就业等宏观经济形势来判断。还有一种观点认为，就算日本再怎么扩大内需，距离日本对美国的进口不断增加，缩小对美国贸易赤字还相去甚远，可以说基本没有什么效果。

然而，这种经济理论上的错误，在经济学者之间和政府内部存在某种程度上的共识。1991 年度《经济白皮书》中这样写道："原则上，就算两国间收支存在巨大的不均衡，也有必要从经济角度明确，这种现象并非需要被特别对待的问题。在分析一个国家的对外收支情况时，如果拘泥于与某个国家之间的收支均衡问题，难免就会否定国际分工的长处，自动放弃自由贸易的优势。"

对日元汇率上升而产生的恐惧，最后也演变为过激反应。日元汇率急剧上升确实会迫使出口产业进行艰难的调整。但是，很多企业都经受住了考验，以提高效率的方式进行应对。

日元升值反而促进了产业结构转型，甚至成了日本企业向效率化、平稳化转变的契机。理性来看，日元汇率上升不仅改善了贸易条件，而且提高了国民生活水平。尽管"日元升值，举步维艰"这种产业界的哀声传到了政坛，但是我们应该更多地开展关于国民经济的讨论。

有关经常收支的讨论、日元升值的讨论时至今日仍是悬而未决的大问题。关于经常收支，自 2017 年特朗普就任美国总统后，就以纠正贸易收支赤字为主要政策目标，使世界经济处于一片混乱。"日元升值危机"的言论，就像是日本的保留节目一样流传至今。

小宫隆太郎在其著作中，围绕经常收支争论的一些错误观点做了如下论述，"关于日美经常收支不均衡的讨论，从经济学角度来看随处都是低级错误。关于日美经济摩擦的争论很'愚蠢'，许多都是胡言乱语。纠正这些无稽之谈是作为一名经济学家的使命"。在泡沫经济的背景下，这种经济学上错误经济政策的存在说明我们在实施政策时，穷尽性地进行经济学方面的讨论是何等重要，而将其贯彻到底又是何等困难。

泡沫经济的破灭与资产负债表调整问题的发生

如前章所述，股价在 1990 年 1 月以后迅速回落，约 1 年之后，地价也开始回落，泡沫经济走向破灭。虽然"脱离经济实态的价格上涨最终会因其反作用力而迎来下跌局面"，但是资产价格下跌仍使众人惊愕不已，这给日本经济带来的考验之严峻远超人们的想象。

泡沫经济的破灭

股价、地价下跌的开始

不要说普通民众，就连产业界人士、经济学家也被突然发生的泡沫破灭打了个措手不及。

1989 年 12 月 29 日，日经指数为 38915 点，这一历史最高纪录至今也未被打破。然而到开始回落之前，"股价还会上涨"的想法仍占支配地位。

《日本经济新闻》每年 1 月 3 日都会刊登以经营者为对象的"股价问卷调查"统计结果。1990 年 1 月 3 日的"股价问卷调查"刊登了 20 家主要企业经营者就日经指数的高值和低值的预测结果，其中最高值为 48000 点，最低值为 36000 点。年初大家还在翘首以待"何时突破 40000 点大关"。

即便股价已经开始回落，但最初人们也并没把它放在心上。已经知道泡沫经济始末的人们，可以用"泡沫经济开始破灭"一言以概之。但是，在各个不同的时间节点上，人们选取各种理由来对股价变动进行解释。比如针对 1990 年以后的股价回落，就有以下观点。

● "利库路特贿赂案"加剧了政局的动荡不安。

● 《日美结构性障碍协议》达成后，美方对日本的严苛要求日趋明朗，出现了种种不透明因素。

● 1990 年 8 月，伊朗入侵科威特，中东局势紧张。

东京圈从 1988 年、大阪圈从 1990 年起，地价的上涨热潮日渐沉寂，但 1991 年以后大都市圈的地价才开始真正回落。1992 年 1 月的公示地价与上一年同比下降了 4.6%，这是自 1975 年 1 月以来地价首次回落。此后，全国范围内地价持续回落，1993 年 1 月的公示地价同比下降 8.4%，下降速度进一步加快。

而且，不仅是股价、地价等资产，就连高尔夫会员证及名画等资产价格也开始大幅回落。

为了了解股价、地价回落的剧烈程度，我们可以再次回顾图 1-1 中的资产增值、亏损的情况。正如之前所述，20 世纪

80 年代后半期的泡沫经济时期历经四年，每年产生的资产增值规模，或相当于名义 GDP 规模，甚至超出名义 GDP 规模。而 1990 年以后，巨额资产亏损随之而来。1990—2000 年地价与股价累计的资产亏损总额高达 960 万亿日元。

泡沫经济破灭对经济的影响

泡沫经济破灭对经济造成了巨大的下行压力。结合第一章的内容来理解便能明白，即泡沫经济时期资产价格上升造成经济大幅上行，而泡沫经济破灭则呈现出完全相反的态势。

首先，在资产价格上升期拉动了消费的"资产效应"，如今却变为"逆资产效应"，并成为抑制消费的主要原因。在 1993 年度的《经济白皮书》中写道，基于消费函数的分析，1990—1992 年的消费增长率比 1986—1989 年的平均增长率下降了 1.7%，其中 0.7% 的部分是由"逆资产效应"造成的。

其次，在资产价格上升期带动企业设备投资诸多要素的增长，在回落期发挥了完全相反的作用。企业持有土地等资产的担保价值下降，导致企业获得金融机构的借贷变得困难。由于股价回落，通过增加资本金、发行附认股权公司债券等方式来筹措资金也变得困难重重。最关键的是，随着泡沫经济带来的负面影响逐渐显现，大众对企业未来的预期也急剧下降。经济企划厅每年实施的"关于企业行为的问卷调查"结果显示，企业的预期增长率（从调查时算起的三年间）的变化，从泡沫经济顶峰时期 1990 年的 3.8% 之后逐年走低，至 1994 年跌至 1.7%，下降了一半。

泡沫经济破灭的经济背景

泡沫经济破灭的背景与其产生的背景正好相反。

第一，从资产投资中获得的收益减少。股价与地价的下跌通过"逆资产效应"使得经济走势低迷。而经济一旦萎靡不振，股份红利与地租就会减少，资产价格自然也随之回落。

第二，利率的上调。1989 年以后日本银行转为上调利率，市场利率持续上涨。利率上涨对土地和股票类金融资产的投资优势降低，成为资产价格回落的又一要因。

第三，失去了对资产价格上升的期待，而产生了对下跌的预期。随着资产价格的持续下跌，多数人开始产生"资产价格还会进一步下跌"的想法。以投机为目的的资产投资倾向逐渐消失，相反，对资产价格的下跌预期诱发了人们"赶紧出手"的抛售行为，由此进一步加强了资产价格的下跌趋势。

在这样的背景下，再加上当时基于"击溃泡沫"的理念，政府实施了一系列让资产价格回落的措施，从而共同导致了泡沫的破灭。这一点会在下一节中详细论述。

对泡沫经济破灭负面影响的后知后觉

总而言之，泡沫经济破灭后，关于其对实体经济的负面影响，当初很多人还持乐观态度，对该问题严重性的认识滞后。这一点从《经济白皮书》中可见一斑。直到 1992 年，乐观的看法仍占支配地位，1993 年以后人们才终于意识到其严重性。

比如在股价刚开始回落的一段时间内，有人乐观地将其视为"未实现收益"。比如在 1992 年度的《经济白皮书》中，在计算民间非金融法人的股份与土地未实现收益的基础上，有这样的记述："（此计算中）与资产价格暴涨之前的水平相比，作为民间非金融法人整体而言，未实现收益依然保持着较高水平。资产价格回落不过导致过度膨胀的未实现收益部分有所损失，对资产内容本身可能并未产生太大的影响。"

与此相对，在 1993 年度的《经济白皮书》中从多个角度指出，当时景气衰退局面的一个很大特征是泡沫破灭给实体经济带来了巨大影响。而且，在 1994 年度的《经济白皮书》中进一步写道，泡沫破灭不仅给消费与企业设备投资带来了资产效应的"同时性影响"，也给资产负债表的调整带来了"后遗症般的影响"。

关于泡沫经济破灭后的应对，就景气的维持、不良债权的处理等方面，总的说来都落后了不止一拍。其原因如第一章所述，人们普遍对资产价格暴涨抱有强烈的反感，加之对实体经济的认识不足，导致对泡沫造成的严重后果的认识也颇为迟缓。

击溃泡沫经济的政策

在资产价格下跌的背景中，也有击溃泡沫经济政策的影响。

引导股价、地价下跌的政策

在股价方面，大藏省证券局于 1989 年 12 月 26 日发布"关于证券公司经营业务的合理性及证券事故的预防"的通告，禁止事后进行损失填补，并指示取消特定信托基金经营。紧随其后，1989 年 12 月 29 日股票价格从峰值开始下跌，从结果来看，"这个直接管制政策成了股价暴跌的起因"，这一认识已根深蒂固。

在地价方面，自泡沫经济初期开始，人们对地价怨声载道，随处可听到诸如"买不起房""只有有地的人才能赚钱"等言论。因此，政府尝试从政策上抑制地价。1987 年 8 月，以《国土使用规划法》为基础，导入监视区域地价制度，1989 年 12 月，《土地基本法》正式出台。为响应《土地基本法》，政府制定了重点实施方案，主要内容包括"促进住宅和住宅用地供应""全面修订土地税收制度"和"抑制投机性土地交易"等。

政府也积极实施了金融方面的应对政策。1985 年 7 月，大藏省发布了一项收紧房地产融资的通知。1987 年 7 月，大藏省召集银行首脑会谈，要求约束投机性融资活动。10 月，政府决定实施《紧急土地对策大纲》，并发出通知，呼吁所有金融机构不要为投机性土地交易提供资金支持。

据说，最后决定性因素是 1990 年 3 月大藏省银行局发出的"关于限制与土地相关的融资"的通知。其中规定，"向房地产行业的贷款，当前……我们将把这部分的增长率限制在贷款总额的增长率以下"，要求各金融机构减少其融资中房地产贷款的占比。与一直以来的自我管制要求相比，其主要特征是设定了具体的数值目标，仅此一点就产生了显著效果。该措施取得巨大成效，也表明金融层面的贷款增加是泡沫经济时期土地价格上涨的主要因素。

但是，该政策存在一个很大的漏洞，使日本非银行类机构成了监控中的漏网之鱼。事实上，实施贷款总量控制以后，从农林系统、金融机构流入住房专用借贷公司（住宅金融专门公司）的资金不断增多，这为1995年后的住房专用借贷公司问题埋下了伏笔。

要求击溃泡沫的社会舆论

在泡沫经济破灭的背景中，有政治性举措的因素，这些举措得到了憎恶泡沫经济的国民的舆论支持。我们在第一章中已经讲过泡沫经济有着如此恶评的原因。但笔者的判断是，由于过于重视社会舆论导向，在政府直接管控和市场干预下，实施了击溃过度泡沫经济的政策，而且这些举措的实施时间超过了必要的时长。这一点也体现于，在政府准备解除击溃泡沫政策时，遭到国民强烈的反对。

土地价格从1991年开始趋于稳定，在大藏省内部便出现了应该放宽对房地产贷款限制的呼声。当时的银行局局长西村吉正回顾如下。"在当时的社会舆论氛围下，根本不可能发生解除行政指导这种情况。我给上司看了六份刊登在各大主流报刊上的社论，包括《彻底击破地价泡沫》（《朝日新闻》）、《不能坐视泡沫地价居高不下》（《每日新闻》）、《不能放松地价政策》（《读卖新闻》）、《地价趋稳也不能盲目乐观》（《日本经济新闻》）、《为何急于放宽金融》（《东京新闻》）、《放宽地价控制政策为时尚早》（《日刊工业新闻》）等。我说服上司，'在舆论这般猛烈的围攻下，放宽政策肯定是通不过的'"。

之后，在 1991 年 12 月，房地产融资的总量管制在加入触发条款的基础上被解除了。所谓的触发条款，是指当房地产贷款一旦超过事先设定的数值范围时，对金融业界发出警告或重新启动总量管制。

从解除总量管制时各大主要报刊的论调来看，几乎没有"地价不会再跌了吗"的担忧之声，而"地价难道不会再涨吗"的担忧则占据了压倒性优势。比如，《朝日新闻》发表了如下言论："（放松管制）还为时过早，无法苟同。虽说地价涨势已经趋缓，但距离政府提出的'平均年收入的五倍就能买房'的水准还相去甚远。……希望政府不要忘记，下调地价才是效果显著的'景气对策'。如果地价下跌，住宅工程将再次复兴，公共事业也能顺利进行。"

同样，《日本经济新闻》也刊载了类似言论："就算土地价格有所下降，但地价仍居于高位的现状尚未改变。（东京圈的公寓价格）离工薪族以平均年收入的五倍就能买房这一目标相去甚远。很明显，虽然地价有所下跌，但是形势仍不容乐观。"

金融政策的转换与击溃泡沫的举措

金融政策也开始向击溃泡沫的方向转变。贷款基准利率在 1987 年 2 月以后长期维持在 2.5% 的低水准，1989 年 5 月上调至 3.25%，由此长达两年三个月的历史最低基准利率结束了。但是这时，日本银行尚未充分意识到资产价格的偏离，而是出于传统的防止物价上涨因素来调整利率。1989 年 10 月，贷款基准利率再次上调 0.5%。这是紧随德国、英国、法国等国家的步调，为了应对当时美元汇率上涨而做出的调整。这个时期金融政策的转变将于后文表 3-2 中一并展示。

澄田智行长卸任、三重野康行长上台是金融政策明显向击溃泡沫转变的契机。三重野康于 1989 年 12 月就任日本银行行长，在就任时的记者见面会上表达了以下观点：

"作为应对货币宽松带来地价上涨问题的对策，为了抑制房地产相关融资，日本银行将对金融机构的个别融资项目也增加附加条款。"

几天后的见面会上他又发表了这样的言论："虽然土地价格并未计入物价水平……但从它会成为引发通胀预期的导火索的意义而言，我们也不能放任土地价格持续上涨。如果金融不给予支持，（地价）就不会居高不下，从这个意义上来说二者关联甚大。"

1989 年 12 月，三重野康就任行长不久，贷款基准利率从 3.75% 上调至 4.25%。此后又两次上调贷款基准利率，1990 年 3 月（从 4.25% 调至 5.25%），1990 年 8 月（从 5.25% 调至 6.0%）。一年之内一共上调了三次，累计上调了 2.25%，可谓是紧锣密鼓地上调利率。

虽然这些被认为是击溃泡沫经济的举措，但是在上调基准贷款利率时，日本银行的公开发文中完全没有涉及资产价格。比如 1989 年 12 月上调基准贷款利率的公文中这样说明："这次采取的措施，综合考量了近期国内景气、物价、货币供应量、汇率市场、海外利率的动向等。可见，上调基准贷款利率是为了应对以上局面，在市场利率上升的情况下，为确保金融政策能够适时而灵活地起作用而实施的。作为日本银行，我们希望这些举措能确保今后物价稳定，推动以内需为主的持续型发展。"之后两次上调利率，发布的内容也大致相同。

为何产生了平成的"鬼平传说"

如上所述，日本银行上调利率被普遍认为是"击溃泡沫"政策的一环，特别是三重野行长被称为"平成的鬼平"，人气大增。

《朝日新闻》刊载了如下报道："所谓'平成鬼平'，是日本银行行长三重野的绰号。已故的池波正太郎的代表作《鬼平犯科帐》中，有一位市井民事纠察官长谷川平藏，盗贼们怕他就像怕鬼一样。但是他通情达理，深受江户百姓的爱戴。三重野行长向通货膨胀放火，通过收紧货币政策惩治那些利用泡沫经济的空子'空手套白狼'的投机者们——这是百姓的梦想。人们寄希望于三重野行长，希望他成为击溃泡沫的英雄。"

但是仔细思量，就如前面所述，日本银行并没有公开声明收紧金融政策是为了击溃泡沫。而且，日本银行自1989年5月到1990年8月共计五次调整了利率并将利率上调了3.5%，其中的1.25%是三重野的前任澄田行长在任时上调的。三重野行长在这之后还曾调低利率至1.75%，比1989年开始上调利率时的水平（2.5%）还要低。因此，事实上，三重野行长不仅上调过利率，也下调过利率。

尽管如此，三重野行长仍被誉为"平成鬼平"，广受称赞，这是因为三重野提高利率的时机恰巧与泡沫破灭时期一致，再加上三重野给人们留下了不惧大藏省和政治家们干涉、贯彻提高利率宗旨的强硬印象。

比如 1989 年 12 月上调贷款基准利率，此事被媒体当作独家新闻爆料而使得大藏大臣桥本龙太郎颇为不快，提高利率的动向也变得扑朔迷离。另外，1990 年 12 月，经济企划厅厅长官相泽英之公开批判了日本银行的高利率政策，而日本银行并未因此变更政策。

这个时期，日本银行上调利率最终定格在 1990 年 8 月，此后，为了应对景气萧条，日本银行的政策转为货币宽松方向。关于这一点下一章会进行详细叙述。

资产负债表的调整问题与 "三项过剩" 的开始

资产负债表的调整问题

关于如何梳理泡沫破灭对经济的影响，1994 年度的《经济白皮书》将其分为两部分进行说明，一部分是同期性影响，另一部分是后遗症性影响。

所谓同期性影响，是指伴随着资产价格回落而产生的影响，典型的有前面已经说到的 "逆资产效应" 和企业活力的衰减化等。这种同期性影响与伴随资产价格上升期的正面影响一样，在资产价格回落时期完全倒过来，呈现出相反的对称性影响。

　　所谓的后遗症性影响，是资产价格下跌结束后依然持续对经济起负面作用的、仅出现在资产价格下跌之后的非对称性影响。其典型为企业与金融机构的资产负债表被破坏。

　　泡沫经济时期资产价格通过担保价值增加而上升，企业的借贷能力也随之增强。这时，企业对风险的接受度增强，开始迈进平时不会冒险出手的高风险事业领域。其结果就是，企业的资产负债表中资产与负债两方都开始膨胀。这时，泡沫破灭、资产价格回落、资产负债表中的资产方瞬时蒸发，而负债方却无法减轻负担。因为企业的资产负债表被损坏，在金融机构中留下了无法弥补的债权。而且，以这些债权为基础投资的高风险事业，在泡沫破灭时其核算结果也变得极不可靠。在此后的很长时间里，使日本经济深受其扰的不良债权问题也由此产生。

　　围绕不良债权，第一部分所论述的20世纪90年代前半期中有许多本应该提及的事件，但是为了便于叙述，这一内容统一放在第二部分第四章进行论述。

“三项过剩”的开端

　　第一部分以20世纪90年代前半期为对象，之后使日本经济深受其苦的“三项过剩”也始于这个时期，“三项过剩”就是指债务过剩、设备过剩和雇用过剩。

　　债务过剩指的是不良债权问题，其基本机制已经说过了。设备和雇用的过剩指的是，在日本银行发起的短期企业观测调查中，从生产设备判断和雇用人员判断两个方面来看，1991

年初设备不足、劳动力不足的企业占比较高，但随着泡沫破灭，景气式微，转眼之间设备过剩和雇用过剩的企业占比增多。设备和雇用的过剩状态为此后日本经济发展埋下祸根，这种过剩状态直到 2005—2006 年才消弭，中途统计中断，所以无法进行连续比较。

设备和雇用处于过剩状态时，尽管经济好转，企业的设备投资仍然很难增加，雇用情况也很难改善。这种胶着的状态长期持续，景气的波及效果被减弱，经济因此走向低迷。

反复的财政刺激与金融政策的转向

政府对景气的混乱判断

在不曾经历过的泡沫经济破灭过程中，政府对景气的判断较为混乱。1990—1996 年，既包括景气的高峰（1991 年2 月）也包括景气的低谷（1993 年 10 月）。也就是说，在泡沫破灭、景气式微之后，景气也有过短暂的恢复时期。首先，我们根据事后厘清的景气时期划分来看看景气变动的概况。

图 3-1 显示的是景气变动指标的财经综合指数（C.I）的变化，以及景气循环的峰值与波谷时期的位置。阴影部分是景气峰值与波谷之间的切换，显示了景气的衰退局面。

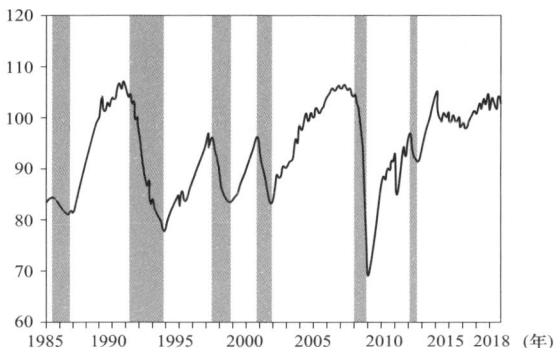

图 3-1 财经综合指数的变化与景气循环

出处：根据内阁府《景气动向指数》绘制

※ 阴影部分是各个循环的景气衰退期

景气变动的形势

1991 年 2 月以后，日本经济进入景气衰退期。以现在的眼光来看，不过就是泡沫破灭、景气变坏而已，但处于泡沫旋涡之中时，事情却不那么简单。

根据景气指标来看，经济增长率（实质增长率）在泡沫时期的 1987—1990 年依然保持 5%—6% 的高增长纪录，但 1991 年度为 2.2%，1992 年度为 1.1%，1993 年度为 -1.0%。矿工业生产指数呈雪崩式回落，1991 年度下降了 0.7%，1992 年度下降了 6.3%，1993 年度下降了 4.0%。企业收益（根据法人企业统计季报的全产业经常利益）也大幅下跌，1991 年度减少了 12.1%，1992 年度减少了 26.5%，1993 年度减少了 9.7%。

这正是景气循环论所描绘的景气衰退模型。如果以库存周期的观点来绘制库存周期图，从 1991 年第一季度开始进入"预期外库存增加"局面，第四季度开始进入"预期内库存减少"局面，即所有库存调整局面，一直持续到 1993 年年末。

以设备投资循环的观点来看也是一样，开始出现典型的存量调整动向。拉动 GDP 的民间基础建设投资在 1991—1994 年连续四年呈减少趋势，1993 年度减少了 12.9%。因为需求减少，所以设备投资存量大幅过剩，导致设备投资流量也开始下跌。

1993 年后，经济一时间呈现好转趋势，景气呈现恢复势头，但是很快又开始转为衰退局面。这时，经济企划厅紧急宣布了景气恢复对策，后来招致一片批评之声。

在此之后，1993 年 10 月景气指标触底反弹。这是由于伴随世界经济的恢复，持续减少的出口转向增长；存量调整结束，最终需求的扩大和生产直接挂钩；增强公共投资等经济对策的支撑。但是在景气恢复过程中经济扩大的步伐缓慢，让人很难产生经济得到恢复的实感。本书后面会进行详述，总体来说，泡沫经济破灭后的景气恢复非常缓慢，一直被大家诟病为"没有实感的恢复"。从现在的视角来看，这个时期的恢复可谓景气恢复的开端。

阪神大地震的发生

在景气恢复期，1995 年 1 月 17 日发生了阪神大地震。这场地震让 5000 多人失去了宝贵的生命，并且造成建筑物与交通基础设施等损失超过 9.6 万亿日元。起初，人们担心地震会给生产与消费等经济活动带来负面影响，但最终地震只造成了一时的影响，宏观经济指标在 2 月之后便基本恢复到震前水平。尽管一段时期内地震灾区的生产与消费等经济活动陷入低谷，但其他地区的代替生产活动稳步开展，全国范围自发的消费抑制也只持续了很短的时间。

"减速中扩大"说

事后来看，1991 年 2 月以后经济就进入了衰退局面，政府对此是如何看待的呢？让我们从经济企划厅发布的月例经济报告来回顾政府的观点。

一直到 1991 年 8 月，报告中的表述始终是"国内需求稳步推进，并呈现扩大的趋势"，也就是说一直坚持着"景气保持上升局面"的论调。9 月的报告写道"虽然缓慢减速，但仍在持续扩大"，10 月也一样。

9 月时有了"景气不像之前那样一味扩大"的认识，对此出现了两种批评的声音。

一种是"太晚"。事后来看，景气高峰是在 1991 年 2 月，然而日本政府几乎有近半年时间都未调整之前的判断。

另一种是"表述难以理解"。"在减速中扩大"这个说法确实难以理解。如果只说"在减速"的话就能判断出景气正在衰退，但是对于"仍在扩大"的说法，人们便会认为经济依然良好。那么，"减速中扩大"的说法到底是表示景气衰退还是良好呢？

"减速中扩大"的意思是这样的：景气好坏基本是根据经济指标中"变化的方向"来判断的，于是在景气越过峰值处于下降之时，呈现出"方向呈向下趋势，但水平依然居高"的状态，这应该说是景气争论的宿命吧。1991 年正处于泡沫经济末期，经济活动水平畸高，所以这种宿命感表现得越发明显，最典型的例子是雇用市场。泡沫经济末期日本劳动力严重不足，1991 年以后经济进入衰退状态，但是之后很长时间劳动力不足的情况都未能得到缓解。比如，有效招聘倍率从 1991 年 3 月的峰值 1.47 倍开始逐渐走低，1992 年 5 月仍有 1.14 倍，完全失业率在 1992 年处于平均 2.1% 的较低水平。

在这种情况下，政策交织其中，局面变得更加混乱。一般来说，如果"景气越过峰值开始下降"这一认识被广泛接受，就很容易引发关于景气对策是否有必要的争论。但是，从政策制定者的角度来看，因为雇用水平依然较高，景气对策就没有必要。月例经济报告中"减速中扩大"这一表述，被解读为：虽然景气呈下行趋势，但是这不过是从过高水平落回到适宜水平的阶段，因此还没到需要制定景气对策的时候。

由于对"减速中扩大"的表述难以理解的批判愈发强烈，1991 年 11 月的月例经济报告中将其修改为"景气扩大的步伐在缓慢降低，这意味着景气正朝着无通胀、可持续发展道路转型的目标发展"。在 1992 年 3 月删除了冗长的解释，简单表述为"现在的经济正处于调整中，景气衰退感正在扩散"。在经济实际进入衰退期大约一年之后，政府终于承认已经进入景气衰退期。我们难免腹诽，早早直截了当地承认多好，但是站在那个时间点上进行判断，可能也没有现在想得这么简单吧。

"减速中扩大"这种说法，在理论上并没有什么错误。但是，经济一旦开始下滑便会不受控制地一路恶化，无法保证下滑能在适当的时候停下来。日本经济一路朝着严重萧条的方向发展，从这个意义上来说，"正处于调整过程中，无须担心景气衰退"的主张使得人们对现实中的景气认识过于乐观，从而延迟了经济政策的实施。

反复地动用国家财政与金融政策的转向

1992年以后，景气低迷越发明显，政府一改之前击溃泡沫的政策，重点从财政与金融两方面刺激经济。在此之前就采取将各种措施打包的一揽子经济对策。在泡沫经济时期，也多次实施扩大内需的经济对策，这一情况在前文中已经论及。

1992年以后，政府反复实施以扩大公共投资为中心的景气刺激财政政策及基于回调利率的金融政策。但是从结果来看，在景气并未真正恢复的迹象下，就迎来了1997年的经济危机。因此，围绕这一时期的经济政策，"财政政策的效果太过微弱"和"金融方面的对策下手太慢"等议论层出不穷。

1992—1996年的经济对策

此后，政府曾出台的提升经济景气对策头号文件，是1992年3月制定的"紧急经济对策"。在头号文件之后，日本几乎每年都会出台经济景气提升对策。表3-1中列出了20世纪90年代前半期的经济对策一览表。通览1992—1996年的经济对策，可以发现一些特征性动向，我们将这些特征列举如下。

一是对实体经济影响的严重性的相关认识日益加深——比如1992年3月的对策是"将处于调整过程中的我国经济，平稳地引向可持续发展道路"。但是 1992 年 8 月的对策是"我国经济停滞不前，资产价格下跌，正面临严峻局面"，金融方面则是"在金融机构不良债权增多的背景下，金融机构的融资能力相应减弱、金融体系的稳定性等问题对实体经济的影响令人担忧"。

表 3-1　20 世纪 90 年代前半期的经济对策一览表

对策名称	出台日期	内阁	事业规模	经济效果
紧急经济对策	1992 年 3 月 31 日	宫泽喜一	※	—
综合经济对策	1992 年 8 月 28 日	宫泽喜一	国家经费 2.2 万亿日元 事业规模 10.7 万亿日元	今后 1 年内推动 GNP 提高 2.4%
关于推进综合经济对策	1993 年 4 月 13 日	宫泽喜一	国家经费 2.3 万亿日元 事业规模 13.2 万亿日元	今后 1 年内推动名义 GNP 提高 2.6%
紧急经济对策	1993 年 9 月 16 日	细川护熙	国家经费 1.0 万亿日元 事业规模 6.2 万亿日元	今后 1 年内推动 GNP 提高 1.3%
综合经济对策	1994 年 2 月 8 日	细川护熙	国家经费 2.1 万亿日元 事业规模 15.3 万亿日元	今后 1 年内推动名义 GNP 提高 2.2%
应对日元升值的紧急经济对策	1995 年 4 月 14 日	村山富市	国家经费 2.8 万亿日元	—
应对日元升值的紧急经济对策的具体化、强化的诸措施	1995 年 6 月 27 日	村山富市	国家经费 6.0 万亿日元 事业规模 14.2 万亿日元	今后 1 年内推动名义 GDP 增加 2% 以上
经济对策：为了确保景气恢复	1995 年 9 月 20 日	村山富市	国家经费 3.2 万亿日元 事业规模 13.1 万亿日元	—

注意：※ 部分表示结构性措施（法令修正等），无法明确其事业规模。

二是随着对经济形势的认识越来越深刻，财政措施也逐渐增多，并开始大力宣传财政措施的效果——1992 年的对策伴随着财政措施并行，在之后的政策中出现了"总事业规模××万亿日元"的字眼。"这项措施可将 GDP 增长率提高×%"的宣传也越发普遍。政府试图通过"采取巨额成本政策，期待巨大经济效果"的报道来缓解市场的不安情绪。

三是从内容中可以读出美方提出的扩大内需的压力——这一点从泡沫经济时期起就一直延续，1990 年以后，美国仍然要求日本通过下调利率、大型补正预算、所得税减免等手段来扩大内需。这个时机也非常重要，日本政府于 1993 年 4 月 13 日确定了经济对策，4 月 16 日举行了宫泽首相与克林顿总统的首脑会谈。在会上，宫泽首相就政府的扩大内需政策进行了说明，而克林顿总统也对此做出了肯定评价。也就是说，经济对策在首脑会谈中起到了"伴手礼"的作用。

四是有了对日元汇率升高的对策意识——在日本，汇率一旦升高，就会在政府和民间引发"大事不妙"的骚乱，这已经成了日本的"保留剧目"。1990 年上半年曾多次出现日元汇率走高的局面。1995 年 1 月时，1 美元可以兑换约 100 日元，5 月上升至 1 美元兑换 85 日元，日元升值的速度扶摇直上。面对如此状况，1995 年 4 月政府出台经济对策，对策的名称就叫"应对日元升值的紧急经济对策"。

金融政策的转向

1991 年 7 月以后，金融政策一改以往击溃泡沫的方针，银行为了恢复经济景气度下调贷款基准利率（参照表 3-2）。先后共调整九次，将 6% 的贷款基准利率最终下调至 0.5%。

表 3-2　金融政策的调整（1987—1999 年）

日期	行长	政策变更的内容
1987 年 2 月 20 日	澄田智	下调贷款基准利率（3.0% → 2.5%）
1989 年 5 月 30 日	澄田智	上调贷款基准利率（2.5% → 3.25%）
1989 年 10 月 11 日	澄田智	上调贷款基准利率（3.25% → 3.75%）
1989 年 12 月 25 日	三重野康	上调贷款基准利率（3.75% → 4.25%）
1990 年 3 月 20 日	三重野康	上调贷款基准利率（4.25% → 5.25%）
1990 年 8 月 30 日	三重野康	上调贷款基准利率（5.25% → 6.0%）
1991 年 7 月 1 日	三重野康	下调贷款基准利率（6.0% → 5.5%）
1991 年 11 月 14 日	三重野康	下调贷款基准利率（5.5% → 5.0%）
1991 年 12 月 30 日	三重野康	下调贷款基准利率（5.0% → 4.5%）
1992 年 4 月 1 日	三重野康	下调贷款基准利率（4.5% → 3.75%）
1992 年 7 月 27 日	三重野康	下调贷款基准利率（3.75% → 3.25%）
1993 年 2 月 4 日	三重野康	下调贷款基准利率（3.25% → 2.5%）
1993 年 9 月 21 日	三重野康	下调贷款基准利率（2.5% → 1.75%）
1995 年 3 月 31 日	松下康雄	促进短期市场利息回落（事实上无担保短期次日商品利息 2.25% → 1.75%）
1995 年 4 月 14 日	松下康雄	下调贷款基准利率（1.75% → 1.0%）
1995 年 7 月 7 日	松下康雄	促进无担保短期次日商品利息回落（回落到贷款基准利率 1.0% 以下）
1995 年 9 月 8 日	松下康雄	下调贷款基准利率（1.0% → 0.5%）
1997 年 12 月 26 日	松下康雄	设置金融政策决定合会
1998 年 9 月 9 日	速水优	短期市场利息指导目标调至 0.25% 左右
1999 年 2 月 12 日	速水优	短期市场利息指导目标调至 0.15%（之后进一步下调）
1999 年 10 月 13 日	速水优	导入短期国债买断业务（即导入零利率政策）

从下调贷款基准利率时银行所发布的公文可以窥见，随着时间的变化，银行越发认识到经济形势的严峻。1991 年 7 月第一次下调时称"在景气水平依然居高的形势下，不能疏忽对物价形势变动的提防"，这与之前所述政府的"减速中扩大"的认识相同。1991 年 11 月下调时"水平居高"的表述已经消失，1992 年 4 月在第四次下调时表示"国内景气的调整趋势正在增强"，1992 年 7 月第五次下调时则转变为"最终需求的增势在钝化，库存调整也慢了半拍，景气仍处于严峻的调整局面"。

那么这与击溃泡沫有何关联呢？在刚开始下调利率时，依然可以看出决策者对于地价的担忧。在第一次下调贷款基准利率时召开的记者见面会上，三重野行长对"多大程度击溃了泡沫"的提问作出如下回答："（通过下调贷款基准利率）防止再次掀起土地的投机买卖，我们会格外注意土地价格的变动，在政策掌舵时会将这个问题始终放在心上。"

对这一轮下调利率，媒体一边倒地表现出对地价再次上升的忧虑。比如第一次下调利率时，《朝日新闻》的社论说："对泡沫经济的纠正到底进展如何……虽然地价上升已经趋于稳定，但是依旧保持在高水平，这一现状在此无须多言。……希望此后对货币宽松务必慎重再慎重，虽然三重野行长已经不再扮演'鬼平'的角色，但希望他在必要时，能保持再次回归'鬼平'的姿态。"

第二次下调时也一样。在记者见面会上，面对"（通过下调贷款基准利率）有没有地价泡沫死灰复燃的顾虑"这一提问，三重野回答："和以往相比，对于土地神话的疑问在一点点传播开来。但到目前为止地价涨幅非常之大，还不到让大家以为地价已经基本平稳，保持目前状况就可以的程度。"

在泡沫经济开始破灭时，人们并没有产生"资产价格这样跌下去会如何"的质疑，而"搞不好资产价格会再次高涨"的观念更加根深蒂固。

但是，这种"事业总规模××万亿日元"的表述直接与财政支出项目和融资混在一起，还包括土地提前获取等本来不包含在 GDP 内的事业款项，从经济学角度来说，这个数字很难被认为是有意义的。

泡沫经济产生与破灭的总结

在第一部分，笔者描述了从泡沫经济末期到泡沫破灭初期的日本经济状况。本小节将在整理日本经济社会整体对于泡沫经济认识的基础上，就财政和金融方面的应对政策进行评价。

对泡沫经济认识变化的三个阶段

对于泡沫经济认识的变化，可以总结为以下三个阶段。

第一阶段截至 1989 年，这是对资产价格上升持强烈反感的阶段。在这一阶段，社会普遍还没有泡沫经济这种认识，正如第一章所述，日本的宏观经济形势一片大好：增长率较高、失业率较低、物价也很稳定，财政赤字减少，作为经济摩擦大背景的经常性收支黑字也在缩小，基本上可以说是无可挑剔，但是人们对一般性的资产价格上升反感强烈。因为资产价格上升会导致资产分配不平等，地价上升打破了人们持有房产的梦想，加之与土地和股份相关的丑闻频出，这些都招致了人们的反感。

第二阶段是 1990—1993 年，是泡沫经济认识普遍化、全盘否定泡沫的阶段。1990 年股价下跌以后，出现了股价在过度增长后价格终于正常化的认识。1990 年 3 月《日本经济新闻》的社论说："过去数年来，我国股票市场呈现买了就涨、涨了更买的循环态势。……股价脱离了企业实际状况，其泡沫规模愈加膨胀，但是泡沫终究会破灭，只不过如今刚好到了破灭的时候。"

1993 年度的《经济白皮书》中写道，"泡沫对于经济有百害而无一利，是这次经历所带来的教训"。之前也提过，诸如此类对泡沫持完全否定态度的批判文章不断涌现。

对于泡沫的全盘否定，也催生了从政策上将击溃泡沫贯彻到底的社会舆论。启动对土地融资的直接管制，从金融政策上通过提高利率来进一步回调资产价格。

第三阶段是开始担忧泡沫破灭带来的影响阶段。1992—1993 年，景气的衰退趋于明显，这时要求制定景气对策的呼声更加强烈了。财政方面接连出台了增加财政支出的景气对策，金融政策也急转为下调利率的趋势。但是，大家总算明白过来，泡沫破灭后的经济低迷不仅仅是景气循环的现象，而且依靠传统的财政和金融政策都无法应对。

金融政策和政策分配的争论

那么从实施的财政与金融政策来分析又如何呢？事后来看，资产价格上升就是泡沫经济，泡沫破灭后资产价格下跌的长期化导致了经济低迷的长期化。所以，泡沫时期实施的政策过于谋求刺激经济复苏，泡沫破灭之初对泡沫的态度过于警惕，从金融政策收紧向刺激经济的转换过程过于迟缓。这些是来自社会大众的普遍评价。

为什么会这样呢？正如已经看到的那样，泡沫破灭之后，政府提防泡沫死灰复燃的警惕性过高。再者，将金融政策的目标定为维持民众收入和提高国民生活水平上，这一政策分配本身就存在问题。在这里举三个例子来进行说明。

第一，成田宪彦写了一本名为《官邸》的小说。成田曾经担任细川护熙首相的政务秘书官，小说中的宗像首相被认为是以细川首相为原型的人物。小说中，宗像首相在和秘书官们商议时谈到，"关于金融，持久的低利率政策要持续到何时，哪怕从对依靠利息而生活的人们的影响这个观点来说，可能都得追究政权的责任了"。当然细川首相是否这么说过我们无从考证，但可以推断当时存在这样的气氛。

第二，村山富市首相对低利息的不满之声抱有同情心。村山富市从 1994 年 6 月到 1996 年 1 月担任首相，正值两次降低贷款基准利率的时期。在当时的参议院主会场上，村山富市首相向西村吉正（当时的银行局长）招手，针对其"低利息给国民生活带来压迫"这个问题说道："喂，这个回答未免也太冷漠了吧。你们就只会说这些话吗？"

第三，"生活大国"五年计划。这是在宫泽喜一内阁下，于 1992 年 6 月制订的经济计划。这份计划是基于"日本的经济规模在世界上也是屈指可数的，物质消费方面虽然日渐丰富，但应该朝着让国民对富裕有实感的'生活大国'的目标去奋斗"的问题意识制订的。这份计划中提出的具体数值目标之一就是"即便在大都市圈，也要让工薪家庭以平均年薪的五倍买到优质住宅"。

这个目标就连宫泽首相自身也常常言及，成为这份计划象征性的存在。为了实现这个目标就必须再次下调地价。而进一步下调地价，引发了金融方面有必要继续采取严格措施的争论。

毋庸多言，金融政策以稳定物价、稳定景气波动、维持金融体系为目标，当然其最终目的是为了提高国民的生活水平。然而，金融政策与生活直接挂钩就会造成"利率越高越好""地价越低越好"的局面，便会出现与期望的金融政策方向背道而驰的情况。

违背"政策目标的数量至少要等于政策工具的数量，在该条件下，政府应将最有效的调节工具分配到想要达成的目标上"这一经济学基本原理（丁伯根法则）时，整个经济就会有付出巨大代价的可能性。

第二部分 金融危机与通货紧缩的发生（20世纪90年代后半期）

20 世纪 90 年代后半期主要经济事件及其他事件

年份	月份	经济事件	其他事件
1995	12	为住房专用借贷公司处理投入 6850 亿日元公共资金	—
1996	1	—	村山总理辞职，桥本内阁成立
	11	—	第二次桥本内阁成立
1997	4	消费税上调至 5%	—
	6	《日本银行法》颁布金融关系 4 审议会对"日本版金融大爆炸"的答复	—
	7	亚洲货币危机爆发	—
	11	三洋证券、北海道拓殖银行、山一证券倒闭	—
1998	6	金融监督厅成立	—
	7	—	小渊内阁成立
	10	《金融再生法》颁布；日本长期信用银行倒闭（暂时国有化）	—
	12	日本债券信用银行破产（暂时国有化）	—
1999	3	对 15 家大型银行投入约 7.5 万亿日元公共资金	—
	4	整理回收机构（RCC）成立	—
	10		小渊三党（自民党、自由党、公明党）联立内阁成立
2000	4		小渊首相急病住院（5 月去世），森内阁成立
	7	冲绳峰会召开	—
2001	1	中央省厅重编	—
	4		小泉内阁成立

面对泡沫破灭后的经济停滞，政府着手从财政和金融两个方面来振兴经济，但是效果并未达到期待值，总体来说，经济

还是持续低迷，其中也有滞留在金融机构的不良债权的影响。在这种情况下，1997 年夏亚洲金融危机爆发了，以此为导火索，同年秋天日本国内爆发了金融危机。

政坛变动

第二部分以 20 世纪 90 年代后半期为对象，在此简单梳理一下该阶段的政治形势。

1996 年初，村山富市辞去首相一职。第一次桥本龙太郎内阁成立。同年，鸠山由纪夫从先驱新党中分离出来，组建了民主党。

1996 年 9 月众议院被解散，自民党获胜，作为自民党单独执政的第二次桥本内阁正式组建。桥本首相积极向财政结构改革等六大改革挺进，因直面亚洲金融危机和国内金融危机，经济政策较为混乱，在 1998 年 7 月的参议院选举中自民党惨败，桥本内阁集体辞职。

之后小渊惠三内阁成立。在当初参议院选举中自民党失去了半数以上席位，政权根基不稳。1999 年 1 月，与小泽一郎率领的自民党联合，10 月公明党也加入进来，实现了三党联立政权。2000 年 4 月 1 日，自民党决定脱离联合政权。次日，小渊首相突发脑梗入院，直接导致内阁辞职，造成了政坛的混乱。

后继者森喜朗首相支持率低下，仅在任一年后便辞去职务。之后小泉纯一郎接任首相一职，重新组阁。

第四章

亚洲货币危机和金融危机

日趋严重的不良债权问题及其对经济的影响

对于泡沫破灭后的日本经济来说，不良债权成为沉重的负担。在这里，笔者追溯到应该放进第一部分进行论述的经济泡沫破灭初期，厘清泡沫破灭后不良债权问题的来龙去脉。

不见天日的宫泽构想

在泡沫破灭之初，大家对不良债权问题的认识极不充分，政府以及各相关部门的应对也欠缺危机感，最能说明以上问题的象征性事件，就是1992年夏天，宫泽喜一首相的公共资金导入提案的受挫。这一事件很有戏剧性，详细过程可参阅轻部谦介和西野智彦撰写的《查证：经济失败》一书，这里只将梗概简单介绍给大家。

1992年8月，日经指数跌破15000点，而且根本没有止跌的势头。当时宫泽喜一首相在轻井泽度假，因股价下跌而产生强烈的危机感。在将证券交易所暂时关闭的基础上，他认为应该考虑用公共资金进行应对。在很多人尚未认识到不良债权问题的严重性之前，作为日本最高权力拥有者，宫泽首相已经开始考虑该如何导入公共资金以处理不良债权问题了。

当时，秘书官中岛义雄怀揣大藏省银行局准备的《目前金融管理的运营方针》从东京赶来，探讨关于收购金融机构中担保房地产的土地购买机构、许可延迟清偿股票的估价亏损等问题，这是当时银行局绞尽脑汁想出来的办法。虽然宫泽认为"这的确是一份令人匪夷所思的计划"，但是他认可了利用此计划平息事态的提案，撤回了封锁股票交易所及导入公共资金的想法。由于 8 月 18 日发表的《目前金融管理的运营方针》发挥了一定作用，加上 8 月 28 日政府出台了综合经济对策，日经指数反弹到近 18000 点。

尽管如此，宫泽首相仍然认为要从根本上解决问题就有必要导入公共资金，他在 8 月 30 日自民党的轻井泽讲习会上说："必要时，不惜实施公共援助的手段。"但是，没有人赞同他的这番话。经济团体联合会（简称"经团联"）会长平岩外四说："再观望观望怎么样？"日本经营者联盟（简称"日经联"）的会长永野健评论说："（金融机构）如果靠公共援助的方式来解燃眉之急，就应该公布工资等经营信息。"也就是说，如果要投入税金，在此之前就应该解决被诟病已久的银行职员薪资过高的问题。而金融机构如果接受公共资金，其经营层就会被问责，没人愿意给他人留下"经营怎么恶化到了这般地步"的坏印象。

这段轶事教给我们很多道理。其中之一是很多人对地价与股价的动向持乐观态度。即便是首相的看法也无人赞同，这说明除了首相以外的大部分人认为，地价和股价终究会恢复，不良债权问题也自然会消失。

这也不由得引发我们的思考：首相的权力到底有多大？就算首相再怎么极力主张的政策，如果得不到相关人员的理解，想要实施也是很困难的。进一步说，我们从中可以看出评价行政预防机制的难度。宫泽首相的主张如果能够被通过，政府早早地投入公共资金，让金融机构的不良债权得到处理，也就可能不会有之后的金融危机。投入公共资金的规模无须那般庞大就能解决问题，因而也能大幅度减轻国民负担，但是问题就在于人们能不能理解。没有谁能预知本可以被防患于未然的危机如果真的发生了，其悲惨程度是什么样子。甚至连宫泽首相都有可能背上"用税金赈济金融机构的首相"的恶名。

不断增加的不良债权

不良债权是指在金融机构的融资金额中，本金和利息都难以收回的部分。现在来看，如果泡沫破灭，不良债权必然会增加。如果作为担保的房地产价格下跌，就算有担保，债权也很难收回。泡沫的破灭导致经济低迷，因此企业的经营状况会恶化，这也导致债权难以收回。

我们来看一下不良债权是怎样演变的。关于日本的金融机构到底持有多少不良债权尚不清楚，在泡沫破灭后不久，境内外的金融机构都公布了不良债权的大致金额，但是政府并没有公布官方数字。最早公布不良债权金额的时间是1992年4月，金额在7万亿至8万亿日元，其对象为到1992年3月底为止超过6个月停止付息的延滞债权本金（都市银行、长期信用银行、信托银行等21家银行合计）。但是，这时候大藏省仍然极力申明金融机构收益良好，不良债权的清算也很顺利。此后，到 1992 年 10 月，大藏省公布 9 月末不良债权总额为 12.3 万亿日元。

在 1992 年度的《经济白皮书》中，介绍了截至 1992 年 3 月底，不良债权约为 7 万亿至 8 万亿日元之后，还有这样一段话："与银行全部资产相比，延滞债权为贷款总额 351 万亿日元的一部分，占银行资产的比例较小，更何况有价债券的潜在收益可达 17 万亿日元左右，不良债权问题对于银行经营来说并不构成威胁。""不良债权的回收、整理需要今后数年时间来进行，在这期间，它被视为压迫收益的主要原因，但是从银行的能力来看，它处于可处理的范围之内。因此，我们不认为不良债权会动摇银行经营的根基，更不会发生信用层面的问题。"

从这些公文来看，当时的政府低估了不良债权的规模。认为股票未实现收益的部分可成为缓冲，或认为银行的经营根基稳固，以及其他几方面原因，共同使当局低估了不良债权的影响。

不良债权在进一步增加，回顾当时不良债权的进程时需要留意以下两点。第一点是，不良债权定义的范围在不断扩大，在某一阶段公示的不良债权金额中，不良债权实际增加的部分和因定义范围扩大而增加的部分混杂在一起。第二点是，表面上作为存量的不良债权累积金额，实际上是基于流量的"增加的不良债权"和"经过处理减少的部分"的差额。以下将根据实际情况进行说明。

在被公开的不良债权中，有以《日本银行法》为基准的"风险管理债权"和以《金融再生法》为基准的"金融再生法公示债权"两种。后者的范围比前者略微广泛但是两者金额基本相同。以下我们就分别用"风险管理债权"定义范围的演变和"金融再生法公示债权"的总金额演变来看不良债权的推移。

截至1998年3月，"风险管理债权"的定义范围逐步扩大。具体来说，以1993年3月到1995年3月，定义中只包含"破产方债权"和"延滞债权"。从1996年3月至1997年3月增加了"利息减免等债权"。1998年3月以后，"风险管理债权"的定义范围扩大到"3个月以上延滞债权"和"贷出条件缓和债权"。

从"金融再生法公示债权"总金额的演变来看，1999年3月以后，以30万亿日元的规模逐步演变，2002年3月增加至43万亿日元，这是不良债权金额的峰值。不良债权比率（金融再生法公示债权/总借贷合同）从1999年3月的6.2%上升到2002年3月的8.4%。在此期间，金融机构通过偿还借出金额与抛售债权等，将不良债权从资产负债表中分割开来。其金额从1999年至2001年累计达10.9万亿日元。尽管如此，2002年3月与1999年3月相比，不良债权还是增加了9.3万亿日元。也就是说，这期间不良债权金额总计20.2万亿日元，从数额上看几乎增加了2倍。

图4-1反映了日本全国银行的借出金额中不良债权占比的演变情况。2002年3月不良债权达到峰值之后，由于小泉内阁积极推进不良债权处理政策，这一比率急剧下降，在2005年3月时降至4.2%。

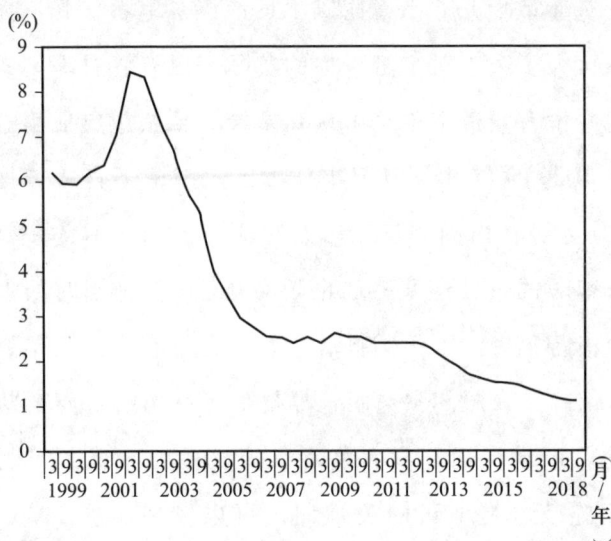

图 4-1　不良债权比率的推移（以日本全国银行为基准）

不良债权处理被延误的原因

如果将不良债权作为泡沫经济破灭后日本经济整体的一个巨大负担来看，那么处理不良债权就应该更早、更及时才对。可是为何被延误了呢？

第一，与普通的统计事件不同，想要弄清不良债权的实际规模是极其困难的。首先，如前所述，不良债权的范围到底包含哪些内容，并无定论。其次，谁也不想主动公示不良债权。因为如果被爆出有很多不良债权，金融机构会被质疑经营的健全性问题；作为债务者的企业也会被质疑，"经营状况竟然恶化到这般地步了吗"；监督官厅（指大藏省银行局）会被问责。

问题在于政府是否有意隐瞒不良债权。笔者认为，大藏省银行局至少比大多数人对金融机构的实际情况有着更深刻的认识，但是他们并没有积极消除这个认知差异。虽然想要证实这一点非常困难，但是 1997 年 9 月起担任桥本内阁麾下官房长官的梶山静六说过："身在内阁官房，居然对这一事态（不良债权的实际情况）未曾耳闻，就连我自己也颇为吃惊。……当时的大藏省始终坚称'银行很健全，无须操心'，谁也没有想过去调查真实内情，大家都睁一只眼闭一只眼，尽量不将目光投向金融界。"

因此，政治层面并没有将不良债权视为一个大问题。分析历任首相施政方针演讲的关键词，可以发现，从 1990 年的海部俊树内阁到 1995 年的村山富市内阁，"不良债权"这个词根本没有出现过。这个词首次亮相，是在 1996 年桥本龙太郎内阁的施政方针演说当中。

第二，很多人对于资产价格和经济的未来动向持乐观态度，也使得人们很难看清不良债权的实际情况。债权能否收回依赖于对未来的预期，对未来持乐观预期的情况下，不良债权就会减少。泡沫破灭后，很多人认为资产价格下跌的趋势会很快停止，对景气的前景也持乐观态度。这就造成了对不良债权的过低估计。

第三，存在通货紧缩发展造成影响的可能性。消费者物价即便在泡沫期也保持平稳运行，但在泡沫破灭后上升率走低，负面消息层出不穷。除去 1997 年上调消费税率的时期以外，消费者物价上涨率仅维持在 1% 以下，从 1999 年到 2003 年连续五年为负值。物价的回落让实质债务余额增大，债务的偿还也随之变得困难。

第四，从金融体系的构造来看，日本的金融体系使得不良债权的处理变得困难。长久以来形成并延续下来的金融体系中，企业会固定与一家主办银行合作，平时主办银行可以获得优先交易的机会。另一方面，在企业资金周转困难时，能够用偿还资金进行再融资（也就是追加贷款）的方式争取时间，让企业的经营重回正轨。这个方式在泡沫经济破灭之前运行良好，但是在泡沫破灭后严苛的经济状态下，在打时间差的过程中，追加贷款又会进一步向不良债权转变。

不良债权对经济的影响与银行破产的现实化

不良债权作为日本经济的一大负担持续产生着影响。以下将通过金融机构的滞贷对实体经济和对金融体系造成的影响两个方面，就不良债权对经济的影响进行回顾。

不良债权与金融机构的滞贷

不良债权增多影响实体经济的路径就是所谓的"滞贷"。金融机构在所持不良债权增多的情况下对风险变得慎之又慎，不再给之前一直合作的交易方融资的状况由之而生，这使得企业难以确保资金周转与设备投资。从统计上看，金融机构的贷出额增长率也在持续减少，这成为"滞贷说"有力的证明。但事情并没有那么简单。

首先，产生了"贷出额度减少是由于资金需要减少"的争论。企业在泡沫破灭后，企图通过减少设备投资来改善财务状况，因此企业对金融机构的资金需求减少。由于利率的下调，有人认为需求曲线已经发生变化。1992 年度的《经济白皮书》写道："从贷款利率下降的现状来判断，不能认定现在发生了滞贷现象。"

其次，也有"迄今为止是不是乐观过头了"这样的议论。与其说金融机构借贷的态度趋于慎重化，不如说是趋于正常化。1993 年度的《经济白皮书》中写道："为应对风险上升而抑制贷出额度，是金融机构的融资态势回归本位过程中所采取的行为，即重视核算与信用风险管理。将这种行为视为滞贷而加以批判，是不合适的。"

但是现实中融资的增长烦恼仍在持续，随着企业方面不满的声音越来越大，《经济白皮书》中的记述也渐渐朝着认识到其严重性的方向转变。比如在 1994 年度的《经济白皮书》中写道，关于民间金融机构的贷款利润，通过将贷款风险作为控制变量进行回归分析显示，根据推测值和实际值之间的差异可以看出，1991 年以后金融机构贷款低迷，很大程度上也反映了借方的资金需求情况……同时也能窥见金融机构方面的情况对其产生影响的可能性。再者，通过设备投资函数分析，可以得出这样的结论，即"关于对金融机构贷款依存度较高的中小非制造企业，由于金融机构贷款低迷，存在着通过可利用资金的制约对设备投资产生抑制作用的可能性"。

此外，在 1994 年度的《经济白皮书》写道，金融机构的贷款余额低于前一年度。关于"借贷低迷的背景是由资金需求减少而造成的"这一观点，"很难认为这是造成借贷低迷的主要原因"，而"企业的偿还金额增加，使得贷款余额减少的可能性较高"。

银行破产成为现实

作为不良债权对经济的影响，有可能带来更大创伤的是金融机构的经营本身面临破产的风险。金融机构的破产与一般的企业公司的破产不同，尤其在于可能会造成金融信用危机而祸及整个金融行业，从而引发体制风险。

1994 年以后，金融机构破产成为现实。首当其冲的是东京协和信用合作社与安全信用合作社。1994 年 12 月，大藏省和日本银行公布了对这两家信用合作社的处理方案。这是由储蓄保险机构、日本银行、金融机构等出资，共同成立的接管银行——东京共同银行，该行继承了两家信用合作社的业务，将不良债权卖给专门回收债权的新机构。

虽然破产的规模并不是很大，但是它作为一个案例有着重要的意义。也就是说，在此之前经营陷入困境的金融机构，在获得相关金融机构或存款保险制度的支援、资金援助的基础上，可以通过与其他金融机构合并、让渡业务等方式得到解决。虽说原有方式无法处理，然而通过实施存款保险制度要求客户负担损失是史无前例的，因此执行起来更是难上加难。

再者，当时东京都也有监督责任，因此东京都也实施了财政援助，招致了大量来自都民们"为何要使用东京都纳税人的钱"的批评。于 1995 年 4 月担任东京都知事的青岛幸男，在 6 月的施政方针演说中，对两家信用合作社实施财政援助明确表示拒绝。说白了，这就是都道府县版本的公共资金注入问题，也可以说是之后国家层面公共资金争论的先行版。

1995 年 7 月，都内最大的信用合作社——蒲公英信用合作社被爆出经营破产，储户们争先恐后前来提款，几乎引发了"提款风波"。青岛知事请求大藏省和日本银行协助，就连东京都也实施了财政支援。最终，蒲公英信用合作社的业务也由东京共同银行接管。

同年 8 月，政府公布了第二大地方银行——兵库银行与信用合作社大公司——木津信用合作社的处理结果。10 月成立了兵库银行的接管银行——绿银行 ①。木津信用合作社因债务超额过多（1 万亿日元）无法用以往的办法来处理。1996 年 6 月修改了存款保险法，9 月改组了东京共同银行，设立了作为信用合作社破产处理机构的整理回收银行，后为整理回收机构。

混乱的住房专用借贷公司问题

在不良债权中率先暴露出来的最大问题是住房专用借贷公司问题，对于其的处理对之后的不良债权处理造成了深远的影响。

住房专用借贷公司（住宅专门金融机构）是 1970 年以后，以金融机构作为母体设立的住宅贷款专门公司。住宅贷款规模

---

① 绿银行再次面临经营危机，1999 年 4 月被阪神银行合并后，更名为港银行再次开张。

较小，贷款手续和债权的保全与回收都比较繁杂，所以采取了住房专用借贷公司负责其具体业务，母体银行负责其融资的运行方式。之后，在金融自由化的发展进程中，大型企业脱离银行的趋势越发明显，银行开始向个人住房贷款发力。因此，个人住房贷款减少的住房专用借贷公司开始往住宅开发和房地产方向扩大融资。特别是对金融机构房地产融资的总量管控启动以后，即 1990 年 3 月以后，住房专用借贷公司由于在管控对象之外，银行钻制度的空子，向住房专用借贷公司的融资急剧增加。原来的"银行→房地产公司"路径被"银行→住房专用借贷公司→房地产公司"取代。结果，当泡沫破灭，这种面向房地产公司的融资变为不良债权时，不良债权就变为由住房专用借贷公司一手承担。

在地价一路下跌之时，各个住房专用借贷公司的经营急速恶化。在这样的形势下，1995 年 12 月，7 家住房专用借贷公司的损失基本可以确定为 6.4 万亿日元，这由包含农林系的金融机构分担处理，并开始朝着清除这 7 家住房专用借贷公司的道路摸索前行。问题是这 6.4 万亿日元的债权该由谁、按什么比例负担呢？争论持续了很久，赶在 12 月末预算案决议前，做出了如下方案。首先，母体银行通过全额放弃债权承担 3.5 万亿日元，剩下的 2.9 万亿日元则由一般银行和农林系金融机构分担。其中，一般银行根据贷款额负担 1.7 万亿日元，剩下的 1.2 万亿日元分给农林系，但是农林系始终坚称其能力只够承担其中的 5300 亿日元，最终政府不得不投入 6850 亿日元的公共资金填补了这个空缺。

此次投入公共资金在国会等场合遭到了猛烈的批判。其关键在于由银行和大藏省酿成的恶果，却要用税金来赈济，实在太过离谱，因为损失本该由资金贷方全额承担。在国会，这一举措反复被要求提交资料，母体银行、大藏省、农林水产省（简称"农水省"）、农林系金融机构的首脑作为参考人和证人多次被传唤，在野党议员在预算委员会面前设置纠察造成国会审议的中断。如前所述，宫泽"投入税金应该得不到国民支持"的担忧得到了验证。

其实，相比之后公共资金投入达到了数十万亿日元以上，这时的 6850 亿日元就显得微不足道了。但是，骚乱给政府、政治家们留下了心理阴影，随后 1997 年金融危机爆发时，投入公共资金的争议基本成为禁忌话题。

亚洲金融危机与日本的金融危机

1997 年夏爆发的亚洲金融危机，给存在着种种潜在危机的日本金融业带来了重大打击，导致日本国内也爆发了严重的金融危机。

亚洲金融危机的爆发

东亚诸国持续的经济高速增长被称为"东亚奇迹"，而支撑其增长的是海外的投资资金。亚洲的多数国家都采用将本国货币与美元挂钩的固定汇率制，与诸多发达国家相比，它们在成长性更高、利息也相对较高的状态中流入了丰富的投资资金。

这次危机的导火索是泰国。泰国采用了固定汇率制以从海外吸引投资，顺利实现了经济增长。但是在 1995 年以后，美国开始采取"强势美元政策"，与美元挂钩的泰铢也开始升值，因此泰国的出口贸易开始停滞不前，1996 年贸易收支出现了赤字。投资者开始怀疑泰国经济持续增长的可能性，这一点引起了对冲基金的注意。对冲基金认为东亚诸多国家的货币被过高估价，所以开始大规模抛售泰铢。泰国为了预防泰铢下跌而动用外汇储备来买进泰铢，采取短期利率升高 25%—3000% 等手段来进行对抗。但是最终对抗不力，泰国废除了固定汇率制而采取浮动汇率制。自此泰铢价格急剧下跌，1997 年 6 月末，美元对泰铢汇率为 1∶25，到 7 月末时下跌到 1∶32。泰国筹措的短期资金以美元计价，一旦本币价值下跌，便立刻陷入无法偿还借款的窘境。泰国为了度过此次危机，于 8 月向国际货币基金组织（IMF）请求援助，IMF、世界银行以及日本等提供了 172 亿美元的救助资金。但是作为融资条件，IMF 要求泰国实施与危机无关的财政紧缩政策和金融改革等一系列结构性改革。这一要求饱受非议，因为这会让泰国经济规模缩小，反而引发更加严重的危机。

泰国爆发的货币危机，波及了周边的亚洲诸国及地区。危机的发生机制基本与泰国相同。其中印度尼西亚、韩国遭受了重大打击，马来西亚、中国香港、菲律宾也受到了影响。而且金融危机不仅限于亚洲，还引发了 1998 年俄罗斯的财政危机和 1999 年巴西的金融危机。

亚洲金融危机是一种新型危机。1980年上半年的南美洲，以及20世纪90年代的墨西哥等地发生的货币与金融危机，均以过度消费、财政赤字、高通货膨胀率等宏观经济的不均衡为背景，东亚诸国尽管宏观经济状况良好但还是发生了危机。关于这一点，1998年度的《经济白皮书》给出了以下三点原因。

一是日元实质上维持与美元的固定汇率制。将本国货币与美元捆绑，伴随美元升值，实质汇率的增值超出了自身货币的实力。

二是大规模经常性收支赤字与短期资本流入的激增，形成了将短期资本流入作为经常性收支赤字财源的局面。因此，一旦海外投资家们开始担忧经济的走向，就会通过持续向海外转移短期资本来规避风险。

三是金融体系的脆弱性。由于短期资本的流入和连接国内经济的金融体系根基脆弱，流入的短期资本未必会投向生产性用途，而是或投向过剩的设备投资，或用于针对股市与房地产的泡沫型投机活动。

对于这次亚洲金融危机，日本的专家们事先或多或少有一些危机感。1997年5月，经济企划厅提交了名为《1997年亚洲经济》的报告，其中关于泰国经济写道，"因为对短期资金的依赖度过高，短期资金逆流的风险也会大幅攀升。由于政治形势不稳定、货币贬值趋势、外债不履行风险增高等的冲击，当资本急速逆流时，汇率与利率的急剧变动会给实体经济带来恶劣影响，不难预料，最坏的情况是发展到外汇危机的地步"。亚洲金融危机之前的经济已经是泡沫经济的一种，当处于泡沫经济旋涡之中时很难辨识泡沫，但是或许正因为日本刚刚经历了泡沫破灭的惨痛教训，所以便能更清楚地认识到其他地区产生的泡沫。

日本的金融危机

受亚洲金融危机影响，日本股价下跌、出口衰退进一步使得经济景气恶化，同时原本就苦于不良债权问题的金融机构的财务状况进一步恶化。

这时首当其冲的金融机构是准大型证券交易公司之一的三洋证券公司。三洋证券在泡沫时期积极经营、不断扩大业务，随着泡沫破灭，其设备投资过剩问题凸显，非银行子公司的房地产关联融资变为不良债权，从而导致其债务膨胀，陷入了经营危机。大藏省发出了业务改善命令，要求终止三洋证券与其他证券公司的合并计划，这使得三洋证券的资金周转走到了末路，并于1997年11月3日申请适用《公司再生法》而宣告破产。

三洋证券的破产，从两个意义上来说对金融界构成了巨大冲击。第一，确认了金融机构并非能够无条件地接受救济。在此之前陷入经营困难的金融机构由大藏省主导救济合并，因此没有落到破产的下场。然而很明显其背后的保护伞已无法发挥作用。第二，第二次世界大战后初次银行间汇兑交易与短期拆借市场发生了"不履行债务事件"。因三洋证券经营破产，其在群马县中央信用金库借入的10亿日元成为不履行债务，由此而来的疑虑猜忌导致短期拆借市场陷入混乱。这也导致了北海道拓殖银行（以下简称"拓银"）随后的破产。

拓银是一家以北海道地区为主要业务经营区域的城市银行。泡沫经济导致的地价上升波及北海道地区时，该银行就开始积极地进行房地产担保融资。但是后来由于泡沫破灭，这些融资便成为不良债权，1995 年 3 月的决算转为赤字，拓银出现经营困难的态势。大藏省为了规避大型银行破产，计划将拓银与北海道银行合并。双方一度达成了一致意见，但由于发生了一些非理性纠葛，合并一事告吹。短期拆借市场不履行债务成为压倒骆驼的最后一根稻草。面临接连不断的存款解约与资金流出等问题的拓银，积极向短期拆借市场筹措资金，但由于 1997 年 11 月三洋证券的短期拆借市场借款无法履行偿还，导致其在短期拆借市场融资变得困难重重，甚至从 11 月 13 日起都无法向日本银行提交规定的存款准备金。11 月 17 日，拓银决定将其部分资产经营权转让给北洋银行，在此基础上，一年内进行清算，拓银至此正式破产。

在拓银破产一周后，四大证券公司之一的山一证券也停止营业了。山一证券本来擅长法人相关业务，在这些业务交易过程中，运用保证收益率或填补损失等违法手段，将由此产生的账外债务移交给子公司，企图瞒天过海，即所谓的"跳开"。山一证券公司在 1964 年至 1965 年的证券恐慌时期，有过接受日本银行特别融资的经历，但 1997 年时，因填补损失等不正当利益供给被认定为性质恶劣，因此得不到日本银行的援助，11 月 24 日宣布了自主停业。最后一任社长野泽正平在公布停业的记者招待会上，一开始一直镇定地进行答疑。当被记者问到"准备如何向贵社员工说明情况"时，终于忍不住号啕大哭道："这是我们经营层的过失，员工是无辜的。我对这些善良且有能力的员工感到由衷的抱歉。在此我想恳请大家伸出援手，帮助员工再就业，哪怕一两个也行。"在此之前，金融机构发生负面新闻时，从头到尾只顾着逃避责任的经营者占据了大多数。在这种形势下，真诚地谢罪并为员工们今后的生活殚精竭虑的经营者成为大家热议的话题，这次见面会的画面后来也被反复播放。

金融体系安定化政策的进展

鉴于这种情况，金融体系安定化政策在试错中摸索推进。首先是 1998 年 2 月，作为紧急措施而制定的两部有关限时金融安定化的法律出台——《存款保险法修正案》与《金融机能安定化紧急措施法》，设定了 30 万亿日元的公共资金框架，并设置了金融危机管理审查委员会对其进行管理。同年 3 月，该委员会对 21 家银行投入总额 1.8 万亿日元的公共资金，但是由于资金投进了经营正常的银行，从结果来看并没有充分发挥作用。

1998 年夏，日本长期信用银行（以下简称"长银"）的经营危机暴露。政府提出将其与住友信托银行合并以解决问题，但以失败告终。为应对这一事态的发展，在 10 月的金融国会上颁布了《金融再生法》。部分原因是"扭曲国会"①，最终大幅吸收了在野党方面的意见得以出台。根据这条法律，破产

---

① 即众议院与参议院的多数派不为同一派别。

银行暂时收归国有，形成了在特别公共管理下，严格追究经营者责任或因减资而产生的股东责任的方案。长银在这项方案实施的当日被国有化，12月，经营危机表面化的日本债券信用银行也被国有化。

金融国会中，还导入了金融机构经营的早期纠正措施和早期健全化计划。早期纠正措施是当自有资本比率低于一定水准时，监督当局发出改善命令的措施。将业务拓展到海外且有海外分店或当地法人的国际性金融机构与国际决算银行 BIS 规定的自有资本比率8%保持一致，除此以外的以4%为底线。早期健全化计划旨在活用公共资金来设法增强金融机构资本的制度，试图将在此之前已开始实施的公共资金投入变得透明化、条文化。

公共资金的投入额依据1998年3月确立的金融安定化两部法律，发行总额30万亿日元，其中10万亿日元为国债发行，20万亿日元为政府保证，金融国会后这个额度倍增至60万亿日元。这些公共资金一分为三，分别为用于存款者保护的17万亿日元、应对金融机构破产处理的18万亿日元以及破产前处理的25万亿日元。据此，政府1999年3月对15家大型银行投入了约7.5万亿日元的公共资金。

经过如此大刀阔斧的整改，日本的金融总算免于陷入危机状态。但是这个时期不良债权问题并未得到根治，这项任务由小泉政权接手。

通货紧缩的发生与金融政策

对泡沫经济破灭后的日本经济而言，1997 年的金融危机是突如其来的大事件，政府疲于应对。与此同时，还面临通货紧缩这一棘手的课题。

通货紧缩争论的前史

2000 年前后，人们才开始认识到物价下跌的趋势对经济而言是一个应该被纠正的大问题。在此之前，物价问题指的是物价上涨状况，与物价相关联的经济政策就是指下调物价上涨率的政策。因此，包括泡沫时期在内，在物价持续稳定的情况下，物价下跌趋势并未被当作一个大问题。

在这种情形下，作为通货紧缩争论的前史，笔者在这里先介绍三个问题。第一是"内外价差纠正论"，第二是积极下调物价的"实际所得倍增论"，第三是"反通货膨胀论"。

内外价差的纠正

将内外价差这个问题意识表面化的一个契机，是 1980 年下半年日元的升值。日元升值使得日本人均收入水平大幅提高。比如在 1985 年时基于美元与美国的人均 GDP 相比，日本低于美国 36%。但是到 1990 年时，日本比美国高 6.1%，1995 年时比美国高 51%，在当时诸多发达国家中收入水平最高。但是从国民的实际感受来看，人们完全不觉得本国是世界上数一数二的高收入国家。由此出现了内外价差论，"从国际上来看，我国收入水平很高，但是民众并没有收入高的实感，是因为日本的物价水平处于高位"的说法获得了人们的赞同，成为说服力很强的观点。

纠正内外价差被认为是给国民带来富裕感的政策。比如 1994 年 9 月，村山富市首相在施政演说中说道："内外价差妨碍了国民生活的富裕感，并且让产业背负高昂的费用。政府应该尽快调查，将调查结果公布于世。与此同时，采取消除障碍的对策，积极地纠正、缩小内外价差。"

但是，这是一项不符合经济学常识的政策。因为无法分辨这是针对个别物价的讨论还是一般物价的讨论，其与汇率之间的关系弄不清楚。

不过关于这一点，政府的官厅经济学家们有着清醒的判断。比如在 1995 年度的《经济白皮书》对内外价差进行了分析，得出了以下结论：现在，要将构成物价的商品与劳务分为制造业的贸易产品与非制造业的非贸易产品。由于贸易产品根据汇率长期来看应该是"一物一价"的形式，原本就不存在内外价格。但是如果汇率过度波动，过度波动的部分就会以内外价差的形式出现。制造业与非制造业的生产率增速不同导致了价格变动的差异（非制造业容易上涨），这就是内内价差。如果日本的内内价差程度与其他国家相同，内外价差也不会出现。但是，在日本的内内价差相对较大的情况下，内内价差就会成为内外价差产生的原因。

由此，内外价差的原因只有汇率过度波动和内内价差程度较大这两点。《经济白皮书》中的分析结果为，1985年以后扩大的内外价差中的四成来源于汇率过度波动，剩下六成来自日本的内内价差。也就是说，内外价差的本质是国内的制造业和非制造业的生产率差异。进一步说，提高非制造业的生产率将内内价差缩小，内外价差就会随之缩小，国民的福利水平就会提高。但这并不是首相演说中所说的"内外价差若得以纠正，国民生活就会变得富裕"，而是"非制造业的生产率提高，国民生活才会变得富裕起来"。

羽田政权的"实际收入倍增计划"

进一步来看，已经深知摆脱通货紧缩是如何不易的我们，大概无法相信，1990年中期，曾有过将下调物价作为整个内阁重要目标的动向。

1994年4月，羽田内阁正式组阁，随后在5月召开的阁僚恳谈会上，羽田首相强调："今后应该以经济低速增长及不涨薪为背景，将下调物价作为目标。"在此基础上，努力在五年内将物价下调二成至三成；明确将探讨实施与池田内阁"收入倍增计划"相匹敌的"实际收入倍增计划"意向。他似乎认为如果物价水平降为原来的一半，那么实际收入就会翻倍，民众的生活水平就会发生质的飞跃。从后来占据主流的"通货紧缩才是万恶之源，要全力以赴摆脱通货紧缩"的观点来看，下调物价完全是让人摸不着头脑的想法。

经济企划厅被指定负责实施羽田首相的这份计划。他们说服首相，由于给下调物价设定目标数值极其困难，作为替代方案，他们以在物价安定政策会议上探讨纠正内外价差而使此事得以平息。

这些讨论并未引起太大异议，说明当时根本不认为物价下跌是个问题，甚至可以说物价下跌才是众望所归。而且，希望物价下调的讨论大行其道，让人们很难认识到通货紧缩的弊端，也因此导致了应对通货紧缩措施的延误。

反通货膨胀的争论

虽然不像之后出现的"通货紧缩论"那般明确，但是物价不上涨对于实体经济而言也是负面要素的讨论在 1993 年开始陆续出现的。

比如 1994 年度的《经济白皮书》中写道，物价上涨率低下可能会通过如下两种途径对实体经济产生负面作用。一个是实质利率上升。《经济白皮书》指出，"通货紧缩持续的情况下，人们的预期物价上涨率也会逐渐下降。当名义利率的下降赶不上预期物价上涨率的下降时，实质利率就会上升，从而抑制投资"。还有一个是，实质负债金额的增加。《经济白皮书》中写道："比起借入时的期待，通货紧缩加重的情况下，对债务者而言，将来的债务负担会更大。这种趋势会对投资者的投资热情产生负面影响。"正可谓是终于出现的螺旋式"通货紧缩论"的开端。

金融政策框架的再构筑

在 1990 年下半年，金融政策框架发生了两个较大变化。一个是修正了《日本银行法》，明确了日本银行金融政策的独立性；另一个是大藏省的金融检查、监督部门独立出来，正式成立了金融监督厅。

日本银行被赋予独立性

1997 年日本大幅修改了《日本银行法》，并于 1998 年 4 月开始实施。据此，在此之前并不明确的日本银行政策决定独立性被明确化了。在经济理论中，中央银行的理想状态为排除政治方面的影响，以其专业见地对金融政策进行运营。因为如果受政治影响，特别是紧缩性政策运营就会被妨碍，从而导致政策向通货膨胀方向走偏。这也是国际潮流所在。

但是，当时日本银行之所以被赋予独立性，与其说是出于这种理论探讨的结果，不如说是源于大藏省频出的负面新闻。有关事项如下文所述。1996 年 2 月，自民党、社民党、先驱新党三党的联合执政党大藏省改革问题项目团队成立。成立的契机源于大藏省的丑闻。1995 年 3 月，大藏省的两名干部被爆出于前一年 12 月，受到经营破产的东京协和信用合作社高桥治则理事长的高规格款待。同时，大藏省为处理住房专用借贷公司的问题投入了6850亿日元的公共资金，由于住房专用借贷公司的历代社长大多为大藏省出身，因此大藏省招致了国民们的强烈反感。

当时有媒体评论认为，这支项目团队当初废止了大藏省的银行局和证券局，试图将金融监督行政改为其他组织，从而招致了大藏省、自民党的强烈反对，于是只能改成推进反对声较弱的《日本银行法》修正案。

继村山富市之后担任首相的桥本龙太郎，作为继承这支项目团队讨论的形式，设置了首相私人咨询机构"中央银行研究会"，首相直接负责并讨论《日本银行法》的修正事务。

《日本银行法》修正案（第三条）中规定"必须尊重日本银行在货币以及金融调节中的自主性"，这是为了保证日本银行的独立性。金融政策运营由行长、副行长（2名）、审议委员（6名）参加的金融政策决定会议决定。政府代表可以出席会议但没有决议权，政府能做的仅为要求将决议延期到下一次会议，即决议延期请求权。

从金融监督厅到金融厅

1995年，政府向住房专用借贷公司注入公共资金后，经历了诸多迂回曲折，金融行政的架构也得到了大幅整改。在此之前金融行政由大藏省银行局和证券局分工负责，银行局负责金融制度的企划立案和银行的监督检查，证券局负责证券交易制度的企划立案及证券公司的监督检查。

关于如何改革，在三党联合内阁的背景下，大家各执己见，意见很难统一。但是1996年12月政府做出了决定：一是在首相府设置负责对民间金融机构进行检查、监督的新机构金融监督厅；二是将大藏省的银行局和证券局统合为金融局。其结果，民间金融机构的检查和监督职能由金融监督厅履行，企划和立案职能由大藏省金融局履行，于1998年6月开始实施。

1998年12月，日本正式设立金融再生委员会，委员长为金融担当大臣，负责管理金融监督厅。该委员会以《金融再生法》为基准，负责金融机构的破产处理、暂时国有化等，以早期健全法为基准向金融机构注入公共资金，设置时限为两年。

两年后，2001年1月金融再生委员会的业务移交到金融监督厅，这时，曾经归大藏省负责的与金融相关的企划和立案职能也移交给了金融监督厅。

货币宽松的进展

20世纪90年代后半期的金融政策从下调利息转向零利率，这项政策曾被暂时解除，但之后不久又被实施，并且越过零利率向着量化宽松的方向转变。

向零利率政策迈进

新《日本银行法》中最先进行的政策变更是1998年9月的政策决定会议。由于国内经济低迷，确定了"促进无担保隔夜拆借利率平均朝0.25%左右发展"这一金融政策的运营方针。

此外，1999 年 2 月的政策决定会议中，决定"实行更充裕的资金供给，促进无担保隔夜拆借利率尽可能向更低的方向调整。在此期间，为了防止短期金融市场发生混乱，一方面需要用心维持其职能，另一方面以当初 0.15% 左右为目标，根据随后的市场状况，向更低的利率水平慢慢推进"。这就是所谓的"零利率政策"的开始。虽然并没有具体设定"零"这个数字目标，但是"尽可能向更低的方向调整"，也就是尽可能地接近零，考虑到短期拆借市场的交易手续费，从实质上来说 0.15% 已经约等于零了。而且在政策决定会议后的记者见面会上，面对记者"根据情况……是不是 0% 的利率也可以接受"的提问，速水优行长没有给出否定回答，这一点更是加深了人们对事实上已经是零利率的印象。

速水行长在 4 月政策决定会议后的记者见面会上发表感想："在通货紧缩的担忧解除之前，一直会继续实行零利率政策。"大家接受零利率后，市场上会出现"不会比零利率更宽松的金融政策"的"停滞感"，这可能引发对长期利率上升的担忧。为了规避这种情况的发生，速水行长公开声称零利率政策将会在一段时期内持续施行。这是一种通过承诺将来的政策走势来推动市场期待的行为，即实施以"时间轴效应"（政策持续效应）为目标的政策的雏形。

零利率政策的结束

零利率政策在 2000 年 8 月的政策决议会议上被终结。这是由于景气处于持续缓慢恢复状态，"已经到了可以展望打消通货紧缩顾虑的形势"成为政策决定会议的主旋律。政府方面的出席者因为对景气扩大的持续性和广泛性并无把握，对结束零利率的意见为"希望（日本银行）实施丰富而弹性化的资金供给，继续现行的金融市场调节方针"；大藏省代表的意见为，"现在这个时期，利息动向与金融政策变动，哪怕只是些轻微调整，都会被解读为以景气为轴心的政策发生了方向转变，包括心理层面在内，其影响之大无法衡量"；经济企划厅代表表示"在现在这个时间节点结束零利率政策还为时过早"等，可见，各方都发出了强烈的反对呼声。

然而即便有政府内部的反对意见，议长依然坚持结束零利率的提案，即"促使无担保隔夜拆借利率平均值向 0.25% 左右发展"。对此，大藏省、经济企划厅代表提出了"将决定有关金融市场调节方针的政策委员会决议，延期至下一次金融政策决定会议"的提案。无法参与表决的政府行使了仅存的抵抗手段——决议延期请求权。但是，这个政府提案遭到了否决，而议长的提案得以通过。

金融政策出台的背景

就这样，零利率政策在政府与日本银行史无前例的针锋相对中被终结。但是之后由于美国的互联网泡沫破灭等缘故，景气再度低迷，股价也迎来再次下跌。因此，日本银行在 2001 年 3 月时重新实施零利率政策，同时朝着量化宽松的方向前进。关于量化宽松的进展，笔者放在第三部分中叙述。零利率政策结束后不到一年时间就再次重启，而且不得不扩大宽松力度，从结果来看，可以说政府的反对论是正确的。"即便忤逆政府也要贯彻日本银行的意志，结果却是一个错误"，这一记忆给日本银行留下了持久的阴影和创伤。

那么为何就算违抗政府也要结束零利率政策呢？我们认为这是因为受到了以下两点的影响。

第一，日本银行获得政策运营独立性后开始自我膨胀。如前所述，由于《日本银行法》修正案得以施行，1998年4月起日本银行被赋予了金融政策运营的独立性。这次独立性的赋予，可能让其产生了不应对政府言听计从的"气魄"。

比如2000年6月继小渊惠三首相之后执掌政权的森喜朗首相，在6月12日党首讨论会中做了要求继续施行零利率政策的发言。对此，日本银行的速水行长在6月14日召开记者见面会，发表了以下言论：零利率政策是非常事态下制定的紧急对策，就算为了复活金融政策自由度，也不应该继续推行零利率政策。这番言论很明显是对政府侵犯其独立性的反抗。

第二，速水行长的发言中也提到，零利率政策是在非常时期紧急避难性质的措施，重返正常时期即刻结束零利率政策是理所应当、众心所向的。别说零利率了，在这之后不但量化宽松长期化，甚至出台了负利率政策。从这些发展来看，速水行长的这一番认识也应当称为更健全的认识。

向受挫的结构改革发起挑战

1996 年 1 月上任的首相桥本龙太郎，试图在涵盖多个方面的结构改革中发挥领军作用。桥本在内阁担任过邮政大臣、运输大臣、大藏大臣和经济产业大臣，在党内担任过干事长和政调会长，是一位有着丰富经验的"政策通"。桥本首相想利用这些经验，一口气将酝酿已久的诸多改革付诸行动是再自然不过的事了。

六个领域的结构改革

桥本首相的目标是在六个领域实施结构改革。他在 1997 年 1 月的施政方针演说中说："身处于世界一体化的社会背景下，在人、物、资金、信息均可自由流通的时代中，很明显，现在的体制已成为我国发展的障碍，我们必须争分夺秒地创造出引领世界潮流的新经济社会体系。改变根深蒂固的体制，必然伴随着巨大困难。而且，这些体系之间盘根错节、紧密关联。正因如此，我声明将坚定不移地在行政、财政、社会保障、金融体系以及教育这六个方面进行整体改革。"

本章就为经济社会带来的巨大影响的这六个方面改革中的

行政改革（省厅再编）、金融体制改革（金融大爆炸）、财政结构改革进行说明。

省厅再编与金融大爆炸

行政改革与省厅再编的讨论

桥本首相上任后立即成立了首相直属的"行政改革会议"，开始了省厅再编的讨论。行政改革会议由首相担任会长，武藤嘉文总务厅长担任会长代理，还有13名民间委员。这13名民间委员中不包括官僚，事务局的调查员人数也与官民人数相同。这是桥本首相理念的有力体现，即中央省厅再编不应由官方主导，而是在超越各部门利益的国家立场上进行。

行政改革会议如火如荼地推进讨论，1997年12月，向首相提出了最终会议报告：将22个省厅改编为1府12省厅。以此为基准，1998年6月出台了《中央省厅改革基本法》，1999年7月出台了17部《省厅改革关联法》。实施改革中的主干如下。

第一，强化内阁机能。关于政策基本方针，首相的倡议权和内阁官房的企划立案权得以明确。

第二，省厅再编。由之前的中央政府1府22省厅改编为1府12省厅。

第三，导入独立行政法人。在省厅的业务实施部门中导入独立行政法人制度。

　　第四，改革公务员制度。国家公务员编制在 10 年内削减
25%。

　　据此，1 府 12 省厅体制由 2001 年 1 月 6 日起正式实施。
同年 4 月，政府关联特殊法人中，57 个法人转为独立行政法人。

　　另外，设置在内阁府的经济财政咨询会议被寄予了跨省厅
进行企划或调整的厚望，期望其能在由官邸主导下的预算编制
及宏观经济运营基本方针等方面发挥作用。这个咨询会议在之
后的小泉内阁中发挥了巨大的作用。

回顾省厅再编的讨论

　　省厅再编的讨论在社会、媒体中颇受关注，成为结构改革
中的象征性课题。回顾这次省厅再编讨论，不禁引人深思：在
这个时期向该问题分配巨大的政策资源到底是否合适。

　　省厅再编的激烈讨论发生在 1997 年，正值消费税上调、
亚洲金融危机与日本金融危机爆发等席卷日本经济的时期。但
是官僚们无法对左右自己所属省厅未来的讨论置之不理。各省
厅东奔西走，忙着向行政改革会议委员、执政党在野党的干部
们表明自己的立场。毫无疑问，官僚们不得不将大量的精力耗
费在省厅再编上。

　　那么结果如何呢？根据之后事情的发展而言，一方面，
官邸的领导力看似有了很大提升，咨询会议、"骨太方针"（经
济财政运营和改革的基本方针）等为经济财政运营所设置的
新体制开始发挥职能也是毋庸置疑的。但是另一方面，他们
也因此失去了经济审议会和经济计划等职能。

而且，对于厚生劳动省、国土交通省等新诞生的省厅来说，这些省厅所管理的行政运营的效率通过这次改革究竟提升了多少，也有待考察。

日本为什么要在这个时期大刀阔斧地进行政治体制改革呢？其原因如下：1990 年下半年证券公司及银行丑闻频发，因金融破产处理而投入公共资金等问题，问责大藏省监督责任的呼声高涨；金融机构宴请大藏省干部等丑闻事件加剧了舆论对行政的不满，这些都成为促成省厅再编的巨大社会推动力。

围绕大藏省，1998 年日本将金融监督部门剥离出来设立了金融监督厅，2000 年金融行政整体独立，成立了金融厅。2001 年省厅再编时，大藏省更名为财务省。人们普遍认为这些改革与大藏省的丑闻有着密切的关联。

在以对行政不满的社会舆论为背景实施的改革当中，顺应经济社会环境变化而最大程度优化行政组织的初衷到底起到了多大效果，这一点还有待考证。

金融大爆炸

1996 年 11 月，桥本首相对大藏大臣三塚博和法务大臣松浦功发出指示，到 2001 年，以日本金融市场重生为与纽约和伦敦比肩的国际金融市场为目标，着手开始金融体制改革，即所谓的日本版金融大爆炸。

这次金融体制改革的原则有以下三点：

自由：让自由市场发挥作用的自由市场；

公正：公正的市场；

国际化：引领时代的国际化市场。

据此，证券交易审议会、企业会计审议会、金融制度调查会、保险审议会以及外国汇率等审议会对此展开研讨，1997 年 6 月汇总了这些会议的答复和报告，明确了改革的具体内容与日程安排。

从"用户立场的改革"这个角度，可将改革的具体内容分为以下四点。

第一，扩大投资者、资金周转商的选择范围。让投资信托的商品多样化，引入"证券综合账户"，对金融衍生商品全面解禁，实现外币业务自由化。

第二，提高中介服务质量并促进竞争。允许证券公司的业务多元化发展，允许股份交易委托手续费自由化，允许证券公司的股票发行从资格制向注册制转型，允许其进入银行、证券、保险等领域。

第三，整顿市场，使其更便于利用。撤除交易所集中业务，整顿未上市或未注册的股票市场等。

第四，调整制度规则，使其公正透明并值得信赖。修正合并财务报表制度，调整并扩充证券交易的公正交易原则，设立投资者保护基金以及保险投保人保护机构等。

上调消费税率与财政结构改革

桥本首相执着于财政再建。本节关注桥本政权下的财政重建计划，先聚焦短期的消费税增税政策，再论述相对长期的财政重建计划。

消费税上调与特别减税废止

桥本政权成立之初，就将消费税税率从 3% 上调到 5%，这一事项已经在 1994 年修改税制时出台的《所得税法以及消费税法的部分修正案》中做出了明确规定，但是并没有立刻得到执行，也就是说消费税上调并非那么简单。

作为与消费税增税配套的动作，从 1995 年度开始先一步实施了所得税、个人住民税的永久性制度减税，而且 1994—1996 年作为景气对策已经实施了减税（1994 年为 5.5 万亿日元，1995 年和 1996 年分别为 2 万亿日元）。如果要上调消费税税率就必须先决定这些减税该如何处理。

而且，前述的法律附则中有以下规定：从确保社会保障等所需费用财源的观点，评定行政以及财政改革的进展状况并加以综合研判，一旦认定有必要，则应在 1996 年 9 月 30 日前采取必要措施。

也就是说，消费税增税是与所得税、个人住民税的永久减税、特别减税打包在一起公示给国民的，而且将消费税增税延至 1996 年，并将在此期间寻求国民对结构改革开展的理解作为附加条件。

鉴于这种状况，政府在税制调查会上确认了截至 1996 年为止应该综合研讨的项目之后，于 1996 年 12 月作出了如下答复。

第一，如果不按照法律规定执行消费税增税，将使岌岌可危的财政体制进一步恶化，因此消费税上调的实施时间定于 1997 年 4 月 1 日。

第二，关于所得税、个人住民税的特别减税，由于日本经济处于恢复过程中，特别减税的财源只能依赖于赤字公债，从而导致财政状况进一步恶化，因此这一规定被废止。

基于这个答复，1996 年 6 月桥本内阁决议通过自 1997 年 4 月 1 日起上调消费税率的提案。

消费税率上调后经济形势的恶化

1997 年 4 月 1 日上调消费税率之后，日本的经济景气进入倒退局面，事后判明的景气高峰也被设定为 1997 年 5 月。因此，这时的景气后退难免被认为是消费税率上调的缘故。确实，消费税上调，加之增税前突击消费的反作用，以及物价上涨使得人们的实际可支出的家庭收入减少，以消费需求为中心，景气开始减退。根据现在已经查明的实际数据，1997 年 1—3 月的家庭最终消费支出比前期增加了 7.0%，4—6 月减少了 10.1%。GDP 也从增加了 1.4% 变为减少了 2.9%。

最终，景气倒退持续至 1999 年 1 月，整体的 GDP 增长率也从 1996 年度的增加 2.8% 变成 1997 年度的 0%，再到 1998 年度减少 0.9%。

但是将如此严重、长期的景气倒退的原因只归结于消费税率上涨是很牵强的。除消费税以外，前述的特别减税废除（1997 年 2 万亿日元增税效果）、社会保险费率上涨（增加了 1.5 万亿日元的负担）等也是原因之一。在 1997 年夏以后，还有亚洲货币危机造成股价下跌、秋后金融机构陆续破产、金融危机深化等原因。在这些景气倒退因素的复合作用下，景气大幅度衰退。

财政结构改革法的讨论

桥本首相于1997年1月设置了由他本人亲任议长的财政结构改革会议，就从长期观点来看财政再建和财政结构改革，并开始推进讨论。会议经过讨论，于1997年11月颁布了《财政结构改革法》（即关于推进财政结构改革的特别措施法）。将具体的财政改革措施写进法律，展现了桥本首相过人的气魄与胆识。其内容主要有以下几点。

第一，到2005年度，财政赤字的GDP占比应控制在3%以下，抑制赤字国债发行，公债依存度要在2005年度为止下调到1997年度的水准。

第二，1998年年度预算的财政支出要控制在前一年的水平以下，而且，社会保障支出中的国民负担率要控制到50%以下。

关于主要预算项目，对预算的上限目标值也做了明确规定。"1998年度的社会保障相关预算与前年相比，增加额度不超过3000亿日元"；"公共事业费与上一年度相比控制在93%以内"；"政府开发援助（ODA）预算削减10%"；"科学技术振兴费前年比要控制在105%以内"；"对地方公共团体的补助金从1998年到2000年每年削减10%"等。

但是这项财政改革法的颁布生不逢时。景气已经进入衰退局面，且经过亚洲货币危机、股价下跌等事件，1997年11月三洋证券、北海道拓殖银行、山一证券陆续破产，金融体系危机迎面而来。

1997 年 12 月 15 日，在马来西亚首都吉隆坡召开了东南亚国家联盟（ASEAN）非正式领导人会议，会议在次日发表了由"东盟 10+3"的国家领导人发起的"关于货币危机对策，请求国际货币基金组织的各主要成员国家一同携手共渡难关"的特别共同声明。为此，桥本内阁于 17 日宣布在 1997 年度补正预算中实施 2 万亿日元的所得税、住民税特别减税的政策。而且在 1998 年 4 月，作为追加对策，决定实施 16.6 万亿日元的"综合经济对策"，为了实施该对策而提出了 1998 年度补充预算，并于 6 月实施。

当然，桥本首相当初的财政结构改革路线已经走到了尽头，这件事大家都心知肚明。1998 年 4 月以后，财政结构改革会议讨论了财政结构改革法弹性化，并向国会提出了这一改革法的修正案。其内容为：在发生明显的经济停滞时（近期的 GDP 增长率连续两期与前期相比增幅不足 1%），放宽赤字国债缩减规定；根据财政收支预算金额，将财政健全化的最终年限由 2003 年延长至 2005 年；放宽投入与社会保障相关费用的上限等。

由于景气恶化与经济政策混乱，桥本内阁的支持率急剧下降。1998 年 7 月参议院选举中自民党议席减少，没能等到《财政结构改革法》在国会通过，桥本首相便引咎辞职了。

继桥本首相之后上任的小渊惠三首相，转为走财政扩张路线，在 12 月颁布了《财政结构改革法停止法》，由桥本政权主导的财政结构改革之路就此中断。

以上这些经验告诉给我们很多道理。

其一是社会舆论的支持出乎意料得不可靠。1997 年桥本财政的改革路线被热议时，社会舆论和媒体都倾向于财政重建路线越严格越好。连政府内部都受此氛围的影响，支持财政改革路线。举个例子来说，1997 年被热议的《财政结构改革法》中，有一条是关于在景气恶化时是否应该加入中断这一法律职能的"弹性条款"的争论。据时任经济企划厅调整局长的盐谷隆英说，在法案协议阶段，他向大藏省提出了应该加入这一弹性条款，但被以"在坚决进行财政结构改革的当口，不该进行'打退堂鼓'式的讨论"为由断然驳回。有着相同想法的通产省局长给首相的秘书官打电话时，对方回答说，"完全不是能说这种话的场合"。难道不是社会舆论越向一边倒时，就越不该忘记不同的声音吗？

其二是"法律保障"的无力感。一般情况下按照议程表推进计划的时候，最强有力的做法是将其写进法律。日本是法治国家，不能违背法律中的规定。因此，为了能法律立案并提交国会审议通过，需要耗费巨大的政策力量。但是就算法律通过，一旦被其他法律所覆盖就会前功尽弃。桥本首相费尽心血的《财政结构改革法》，就被随后出台的一纸法律条文轻易埋葬了。

向积极财政转向

"世界第一的借款大王"

继任桥本内阁的小渊惠三首相，在就任之初便明确表示要转向积极的财政政策。在 1998 年 8 月的施政方针演说中，他将本届内阁定位为"经济再生内阁"，以冻结《财政结构改革法》为前提，制定了超过 10 万亿日元的第二次补正预算，实施超过 6 万亿日元的永久性减税等大规模财政措施。

在小渊内阁的领导下，1998 年 11 月出台了总额超过 20 万亿日元的"紧急经济对策"，1999 年 6 月颁布了"紧急雇用对策以及产业竞争力强化对策"（总事业费 5400 亿日元）。

对于这些大刀阔斧的财政动作，小渊首相很清楚地认识到了自己的责任，他自嘲为"世界第一的借款大王"。只是，他也觉得这个词不太合适，在 2000 年 2 月的党首会议上，被民主党代表鸠山由纪夫攻击时便回应道："如果我用词不当，我愿意将话收回。"

2000 年 4 月小渊首相暴病，之后不久就离开人世。其后继者森喜朗首相继承了小渊首相的积极财政政策，于 2000 年 10 月制定了以推进公共事业为中心的 11 万亿日元规模的"为促进日本新生的新发展政策"。进入 2001 年后，受美国互联网泡沫破灭的影响，日本国内股市低迷。在景气衰退担忧加剧中，4 月的经济对策阁僚会议再次制定了"紧急经济对策"，但随后森喜朗首相很快卸任，该对策由后继的小泉纯一郎内阁负责实施。

其结果是财政形势发生了翻天覆地的变化，财政赤字大幅扩大。1997 年度（桥本内阁时期）与 1999 年度（小渊内阁时期）相比，一般会计核算的财政支出由 78.5 万亿日元（决算基准）扩大到了 89 万亿日元。另外，财政收入由 53.9 万亿日元减少至 47.27 万亿日元，财政赤字（公债发行额）由 18.5

万亿日元扩大到 37.5 万亿日元。公共事业相关费用也从 1997
年度的 10.5 万亿日元增加到 1998 年的 14.9 万亿日元、1999
年的 12.2 万亿日元。

表 6-1　1997—1999 年的经济对策

对策名称	出台日期	内阁	事业规模	经济效果
开辟 21 世纪的紧急经济对策	1997 年 11 月 18 日	桥本龙太郎	※	—
综合经济对策	1998 年 4 月 24 日	桥本龙太郎	国家经费 4.6 万亿日元 事业规模超过 16 万亿日元	名义 GDP 约 2%（今后一年内）
紧急经济对策	1998 年 11 月 16 日	小渊惠三	补正 7.6 万亿日元 事业规模超过 17 万亿日元	根据社会资本调整与所得课税等对今后一年内的 GDP 效果，名义 GDP 约 2.5%，实质 GDP 约 2.3%
经济新生对策	1999 年 11 月 11 日	小渊惠三	国家经费 6.5 万亿日元 事业规模约 18 万亿日元	根据社会资本调整在今后一年内的 GDP 效果，名义 GDP 约 1.7%，实质 GDP 约 1.6%

注：※ 部分表示结构性措施（法令修正等），无法明确其事业规模。

地域振兴券的发放

1998 年 11 月的"紧急经济对策"中，实行了发放地域振兴
券（总额 7000 亿日元）这样前所未闻的方案。具体来讲，向有
未满 15 周岁儿童的家庭，以及有超过 65 周岁且满足条件的高龄

者的家庭发放每人 2 万日元的区域限定商品券。

为什么不直接发现金而是发商品券呢？还有，为什么发放商品券能刺激个人消费欲望和激活地区经济呢？回顾当时的国会会议，可以得出以下几个原因。

首先，发放商品券的方式比减税更具有刺激个人消费的效果。减税有流向储蓄的可能，而商品券则肯定会被全额消费。而且商品券的发行主体是市町村，其使用范围也限定在本市町村。这样一来，因为商品券只能在当地使用，所以迄今为止在外地消费的部分就可以重回当地商业街。而事实上，这项政策在推广至全国范围之前，已经在几个市町村中试行，被认为有一定效果。但是，当时就被指出从经济学角度来看，这项政策包含两个低级错误。

第一，政府没有想到"商品券也可以用于储蓄"。乍一看商品券似乎无法用来储蓄，但是仔细一想，如果用商品券来购买平时买的东西，那么商品券所冲抵的那部分钱就可以用来储蓄。关于这一点，经济企划厅调查局就"商品券实际是如何被使用的"进行了调查，结果显示"振兴券中有三成是消费净增部分，另外七成用于替代既存的消费（也就是存起来了）"。而且有分析进一步指出，振兴券刺激的消费效果和减税的效果相同。也就是说，完全没有必要特意发行地区振兴券。

第二个原因是它成为"合成谬误"。"合成谬误"是指仅就个人（或者部分人）而言成立的事物，但是就全员（或者是全体）而言并不总是成立的情况。地区振兴券如果只在部分地区发行，本来在其他地区消费的居民消费就可能回归到当地，由此存在增加该地区消费的可能性。但是如果在全日本发行，从 A 地区商业街回到 B 地区的部分，与 B 地区回到 A 地区的部分相互抵销，那么地区振兴效果就消失殆尽了。

　　日本在面临经济困难的窘境时，总相信有起死回生的妙手，从而推行一些奇招。在经济政策发布时，如果不提前采用最低限度的经济学理论来检验这些奇招，就很可能会走弯路，这次地区振兴券的发放便给了我们这样的教训。

第三部分 小泉结构改革与不良债权处理（21世纪初前半期）

21 世纪初前半期主要经济事件及其他事件

年份	月份	经济事件	其他事件
2001	4	—	小泉政权成立
2002	9	—	内阁改造，竹中平藏经济财政担当大臣兼任金融担当大臣
	10	金融再生计划出台	—
2003	3	福井俊彦就任日本银行行长	—
2004	9	内阁会议通过邮政民营化基本方针	—
	11	出台政府、执政党、地方财政"三位一体"的改革措施	—
2005	3	主要银行不良债权减半目标达成	—
	9	—	众议院（邮政选举）中自民党获得压倒性胜利
	10	邮政民营化法案成立	—

2001 年 4 月，小泉纯一郎内阁正式成立。小泉首相将经济财政咨询会议这一体制加以利用，确立了官邸主导的政策运营模式，开始着手所谓的结构改革。

2000 年上半年的政治状况

在第三部分，我们主要论述从小渊首相去世到小泉纯一郎政权结束的这段时期的政治、经济情况。

继桥本龙太郎之后执掌政权的小渊惠三首相在 2000 年 4 月，与自由党的联合决裂，次日突发脑梗，将首相职位让给了森喜朗，于同年 5 月去世。

　　森喜朗政权因其自身失言以及爱媛丸事件 ① 的处理问题等备受质疑，支持率走低，政权仅维持了一年便走向终结。在2001年4月的自民党总裁选举上，小泉纯一郎在与麻生太郎、桥本龙太郎、龟井静香的竞争中取得胜利，小泉纯一郎政权正式诞生。

　　小泉首相打着"粉碎自民党"的旗号上台，获得了国民压倒性的支持，用"从官到民""地方能做的就交给地方"等鲜明的口号，不断推进改革。

　　其中，政治上的压轴戏应该就是2005年解散众议院和总选举。小泉首相提出了酝酿已久的邮政民营化法案，法案在众议院以微弱优势得以通过，但是在参议院被否决了。小泉首相竟然为此而解散了众议院。在这次选举中，自民党获得压倒性胜利，随后邮政民营化法案在国会中通过。

---

① 在夏威夷海域，日本高中的实习船"爱媛丸"号撞上了美军的核潜艇，导致9人死亡。

第七章　什么是小泉结构改革

第二次世界大战后持续时间最长的景气扩大

森喜朗政权下的经济政策

在此，先就小泉政权之前森政权下的经济政策进行总结。从事后来看，1997 年 5 月以后卷入亚洲货币危机及日本发生金融危机的高度景气倒退，于 1999 年 1 月触底，截至 2000 年 11 月，景气均处于上升期。但是，政府认为这还称不上真正的景气上升，必须持续关注景气的变化。

在这样的经济形势下，森政权的经济政策基本沿袭了前任小渊政权的积极财政路线。森喜朗首相在 2000 年 4 月的施政方针演说中，虽然表明了对景气逐渐趋于明朗的认识，但仍坚称"要平稳交接从公需向民需的接力棒，竭尽全力将景气纳入真正的恢复轨道。雇用对策也要力求周全，为消除国民对雇用的不安而努力"，全方位朝着成为 21 世纪新型社会资本的战略性调整进发。另外，关于财政运营方面，"财政结构改革是一个必须实现的重要课题，这一点不言而喻。首先在将我国经济放入真正的恢复轨道基础上，不只是停留在财政方面，还应将税制和社会保障归置于其应有的状态，进一步说还有中央和地方的关系及经济社会的理想状态，都应进行解决"，显示了首相虽然承认财政结构改革的重要性，但当下要先着力恢复景气的明确态度。

2000 年后，受美国互联网泡沫破灭的影响，日本的股价也持续低迷。进入 2001 年后，日本社会对景气后退的不安感越来越强烈。事后来看，2000 年 11 月为景气顶峰。鉴于如此严峻的形势，森内阁于 2001 年 4 月制定了"紧急经济对策"。对策提出：彻底治理金融机构的不良债权，证券市场的结构改革，都市再生、土地的流动化，构筑创造雇用安全网等，朝着通过补正预算追加财政支出方向一路发展。但是，森内阁在发布完这项对策后不久就被迫下台，后继的小泉内阁接手了这项对策。

第二次世界大战后持续最久的景气扩大

小泉内阁于 2001 年 4 月上台，直到 2006 年 9 月小泉辞去首相职务。在论述其政策运营之前，先就这期间的经济形势进行概述。

小泉政权时代的景气，虽然至 2002 年 1 月一直处于倒退期，但 2002 年 1 月之后景气进入长期扩大期，这个景气扩大期一直持续至 2008 年 2 月，共计 6 年多（73 个月）。超过了泡沫时期的 51 个月、1965—1970 年伊弉诺景气的 57 个月，成为第二次世界大战后持续时间最长的景气扩大时期。小泉内阁时代的大部分时间都处于这个第二次世界大战后最长的景气扩大期当中。这次第二次世界大战后最长的景气扩大有以下几个特征。

第一，持续物价下跌倾向中的景气扩大。消费者物价指数从 2000 年到 2005 年连续六年为负值，2006 年到 2008 年或为零或为正值，2009 年又再度转为负值。景气扩大期间的大部分时间，物价上涨率都处于负值状态。

第二，物价下跌必然会引发实际增长率高于名义增长率的现象，即"名实逆转现象"的持续。（参照图 7-1）GDP 通货紧缩从 1999 年到 2013 年连续 15 年为负值，这在世界范围内也是极其罕见的现象。在此期间"名实逆转"一直持续。这意味着尽管景气在上升，但是名义 GDP 基本没有增加。事实上，2000 年的名义 GDP 为 527 万亿日元，2006 年也为 527 万亿日元。

图 7-1　名义增长率与实际增长率的推移

出处：内阁府"国民经济计算"

第三，缺乏景气复苏的实感。2007 年度的《经济白皮书》中写道："这次的景气复苏是第二次世界大战后持续时间最长

的一次，其时长可比肩伊弉诺景气。另一方面，人们也指出对
这次景气复苏缺少实感。"该《经济白皮书》中还给出了缺少
复苏实感的理由。实质增长率很低（从景气复苏期的平均增长
率来看，伊弉诺景气时为 11.5%，泡沫景气时为 5.4%，这次
为 2.2%）；人们的薪资或企业的收益等名义值并未提高；企
业的业绩复苏状况因企业规模及行业不同而差距明显；企业部
门的良好形势很难惠及生计方面等。

第四，中途出现了两次平台期。第一次是 2000 年下半年
到 2003 年上半年，第二次是 2004 年下半年到 2005 年上半
年，这两次平台期均因受出口停滞的影响而形成，它们使得景
气整体的增长速率减缓。

另外，此次长期景气扩大期的特征与安倍经济学下的景气
扩大有很多共同之处。

雇用形势的改善与非正式雇用的增加

回顾长期景气扩大开始之前的雇用形势可知，在亚洲货币
危机、日本金融危机等窘境中景气陷入萧条，雇用形势的恶化
程度也随之加剧。1997 年上半年 3.2%—3.4% 的失业率（季
节调整值）持续上升，2002 年 6 月上升至 5.5%，之后还有些
许变动，2003 年 4 月也为 5.5%。有效招聘倍率也从 1997 年
上半年的 0.74 倍逐渐下跌，1999 年 5 月为 0.46 倍，2002 年
上半年为 0.50 倍。

随后，在 2002 年之后的长期景气扩大中，雇用形势也自

然而然地得到了改善。失业率从 2003 年 4 月的 5.5% 峰值开始回落，2007 年 7 月降至 3.6%。有效招聘倍率从 2002 年 1 月的 0.5 倍开始上升，2006 年 5 月达到了 1.07 倍。

但是，这期间雇用形势改善的特征是以非正式雇用为中心的。从 2002—2007 年雇用者的变化来看，雇用者（公务员除外）在此期间增加了 229 万人，但是细观其构成可知，正规雇用者减少了 93 万人之多，非正式雇用者增加了 320 万人。劳动者中非正式雇用的占比从 2002 年的 28.7% 上升到 2007 年的 33.7%。

关于非正式雇用扩大的原因，较为常见的解释为受小泉改革将派遣行业类别规制取消的影响。有关这一情况需要留意以下两点。

第一，有人指出派遣自由化有所发展是在小泉改革之前。的确，《劳动者派遣法》被修改了，之前原则上禁止的有偿职业介绍或劳动者派遣行业，在 1999 年发生了"原则自由、例外限制"的政策转向。

第二，就是数量问题。2002—2007 年，派遣社员的增加数停留在 82 万，非正式雇用增加人数的大部分（277 万人）来自临时工、短期兼职、合同工等。

这种雇用扩大以非正式雇用为主是因为企业对未来状况持有不确定性的态度，想规避长期雇用所蕴含的风险。在之后登场的安倍经济学时代，雇用形势虽然大幅改善，但是同样是以非正式雇用为主。

非正式雇用的扩大在此之后也一直持续。图 7-2 显示了非正式雇用比率的长期变化。如图所示，非正式雇用比率在 20

世纪 90 年代后半期开始持续上升。非正式雇用的扩大，与其说是这一时期的特征，不如说是泡沫破灭后平成时代雇用复苏的共同特征。

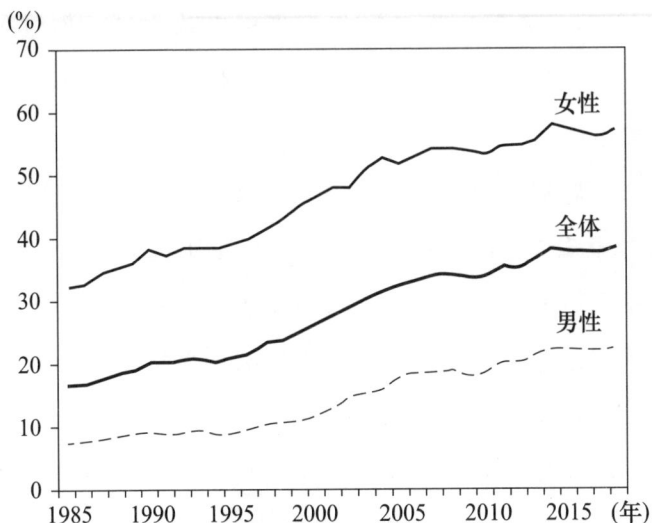

图 7-2 非正式雇用比率的变化

（除去公职人员的雇用者中，非正式职员、从业者的比重）

出处：总务省《劳动力调查（详细统计计算）》

"三项过剩"的消除

在小泉政权时期，给经济带来巨大困扰的"三项过剩"问题基本得以解决。

泡沫破灭后，日本企业存在着"三项过剩"问题，即雇用过剩、设备过剩和债务过剩。这三项问题制约企业活动开展、阻碍日本经济增长的负面作用，已成为人们的共识。确实，就算景气有所好转，在雇用过剩的状态下雇用不会增加，在设备过剩的状态下设备投资也不会增加。而在债务过剩的状态下，企业无法承担风险，也失去了积极向前的势头。

"三项过剩"在 2003—2004 年基本被消除干净。在 2005 年度的《经济白皮书》中有"可以认为'三项过剩'已基本消除"的表述。该《经济白皮书》对"三项过剩"的状况，有如下概述。

第一，雇用过剩。根据日本银行的"短期经济观测"（以下简称"短观"），1993 年起回答"雇用过剩"的企业超过回答"雇用不足"的数量，到 2004 年末，这两种回答的数量基本持平，这时雇用过剩已经基本消除。据推测，2005 年 1—3 月有超过 40 万人的雇用不足。

第二，设备过剩。根据日本银行的观察，通过抑制新投资与报废老化设备等调整，进入 2005 年以后，回答"设备过剩"的企业和回答"设备不足"的企业数量已经基本相等。

第三，债务过剩。从企业的视角来看，金融机构的不良债权就是债务过剩。泡沫时期企业的贷款或公司债券等造成了负债规模膨胀。当初，资产方面有着与负债相平衡的土地和有价证券等，但在泡沫破灭后由于价格下跌造成了资产蒸发。结果，负债的本利偿还限制了企业收益，某些情况下让自有资本受损，陷入资不抵债的危机当中。为了调整这种债务过剩，企业将利益的一大部分用来清算负债或处理资产问题。其结果是，企业保有的有息负债占现金流的比率也回到了泡沫时期之前的水平。

小泉结构改革的基本方向

最初提出的经济运营的基本方向

小泉政权的经济政策基本方向，在 2001 年 5 月 7 日的小泉施政演说中多次被提及。首先，其改革志向非常鲜明。演说的开头是："我将珍视自由民主党、公明党和保守党坚固的相互信赖关系，组建一个齐心协力进行'无圣域构造改革'的内阁。"

随后其口号被张贴在各种地方。"基于我一直主张的'不进行结构改革景气就无法恢复''民间能做的就交给民间，地方能做的就交给地方'的原则，来实现行政的结构改革"等，就是其中的典型表现。

整体而言，小泉政权推行"小政府"的志向十分强烈。他说道："我国正承受着巨额财政赤字，改善这一状况，建设适合 21 世纪的简单高效的政府是财政结构改革的目标。"

小泉在政权成立之初便对不良债权的处理干劲十足。他在演说中讲道："以两到三年内完成不良债权的最终处理为目标。为此，在政府的运作下，推动出台以银行为首的相关人士就企业再建进行商议的指导方针，形成促进不良债权最终处理的框架。"

在这次演说中，他表明要尽快实施森内阁的"紧急经济对策"，随后为了实施这项紧急经济对策，2001 年度增加约 1.7 万亿日元公债为补充预算。但是，舆论普遍认为这并非小泉内阁真正想要做的事。他在演说中讲道："近年，在经济停滞中，政府实施了公共投资或减税等扩大需求的政策。但是在很长一段时期内，迫不得已重复施行了这一政策，使得我国陷入了巨额财政赤字困境。为了改善这种状况，建设适合 21 世纪的简单高效的政府是财政结构改革的目的。"小泉首相试图叫停这种每当经济前景堪忧就反复实施扩大需求的对策。

另外，小泉在演说中表明，作为财政健全化的第一步，在 2002 年度预算中将以"国债发行额控制在 30 万亿日元以下"为目标，并且"为实现可持续的财政平衡，例如，将过去借款的本利偿还以外的财政支出不依赖于新的借款作为下一阶段的目标等，真正着手财政重建"。这一论述即基础财政收支的赤字清除的内容，之后被作为政府财政运营方面的目标反复提及。

七项改革计划

小泉内阁的基本政策方向正式通过内阁会议是在 2001 年 6 月。经济财政咨询会议审议并制定了最初的"骨太方针"。在这个方针中，将不良债权处理定位为首要的优先议题，并设定了以下七项改革计划，其概要如下。

第一，民营化、规制改革项目。在"民间能做的就交给民间"的原则下，推进邮政事业民营化，推进关于重估公共金融职能的讨论，向医疗、护理、福祉、教育等领域引入竞争原理。

第二，挑战者支援计划。为了构筑不打击个人积极性的"有奋斗价值的社会体系"，推进金融从储蓄向投资转变，推进公正交易委员会体制的强化，大力实施竞争政策。

第三，保险职能强化计划。为实现"平易近人且值得信赖的社会保障制度"，形成可持续且令人放心的公共年金制度，谋求效率化的医疗服务。

第四，知识资产倍增计划。推进教育改革，以生命科学、IT、环境、超微技术材料四个领域的战略重点为目标。

第五，生活革新计划。男女共同参与社会生活，为实现幸福自由的未来生活蓝图，推进"保育所待机儿童零作战"与无障碍设施的发展。

第六，地方自治、活性化计划。为了促进"有地方特色"的自立发展与活性化，实行市町再编、国库补助负担费用统整合理化。

第七，财政改革计划。改善政府的巨额财政赤字状况，为建构简单高效的政府，重估特定财源以及公共事业相关的长期计划。

另外，关于财政方面，明确了 2002 年度国债发行额为 30 万亿日元以下，之后将基础财政收支转换为黑字的目标。

进一步来看，这份"骨太方针"中具有鲜明特征的部分有以下几点。

第一，重视市场机能的态度十分鲜明。也就是说，取代停滞产业、商品的新兴增长产业、商品不断登场的"创造性破坏"作为经济增长的源泉。关于这一点的论述如下，"资源的流动基本上是通过市场实现的。要清除市场的障碍或抑制增长的因素。市场失灵时政府要进行干预。要创造付出智慧和努力就能得到回报的社会。通过这些举措来让经济资源迅速流入增长领域，这正是经济的'结构改革'。尽管结构改革伴随着伤痛……但是能够催生革新与需求的良性循环。不进行结构改革就无法实现真正的景气复苏，也无法实现持续增长"。

第二，出台抑制公共投资的方针，这也是小泉改革的特点。围绕公共投资，"浪费大""成本高""无叫停机制"等批判声不绝于耳，"在国家主导的催生'全国统一化设施'机制，在受益者的费用负担微乎其微的制度之下，动辄就容易启动必要性较低的公共投资，存在很多诸如此类需要改善的地方。……我国的公共投资在经济中所占比例和其他主要发达国家相比处于极高水平。……有必要将公共投资的 GDP 占比下调到中等水平"。

第三，关于地区振兴，也一改以国土均衡发展为目标的传统观念。具体来说，"迄今为止我们一直重视'均衡的发展'。今后将朝着'独具地方特色的发展'与'智慧与匠心的竞争带来活性化'的方向转变"。

第四，将经济财政咨询会议明确定位为推动结构改革的基本审议机关。具体来说，"经济财政咨询会议的重要任务是，调查并审议有关经济财政运营和经济财政政策相关的重要结构改革的基本方针。……咨询会议的答辩内容通过内阁会议决议后，成为内阁的基本方针。各省厅据此推进具体的制度制定，咨询会议跟进各省厅的研讨情况并予以反馈。通过这样的路径，确保结构改革能够得到强力且一体化的推进"。

回顾这些文件，小泉结构改革确实显示出想要改变传统的"公共投资依存""国土均衡发展志向""财务省中心的财政运营""弱者救济型政治"的模式。小泉首相"粉碎自民党"
的口号并未夸大其词。

行动中的新生统治力量

小泉改革的内容自不待言，其改革的一个重要之处是，政
策出台的流程也是新机制开始发挥职能的过程，其中最具代表
性的就是经济财政咨询会议。

经济财政咨询会议

省厅再编是在桥本内阁领导下设计的改革蓝图，正式启动
是在 2001 年 1 月的森内阁时期，而其真正实现运转则是在小
泉内阁时期。在小泉政权下，导入了一直持续到现在的经济政
策运营方面的若干机制（政策基础构造），但在 2009—2012
年民主党执政时代中断过一段时间。

最具代表性的就是经济财政咨询会议（以下简称"咨询会
议"）。作为桥本行政改革的成果之一，咨询会议于 2001 年 1
月省厅再编时设立于内阁府。其目的在于，在经济财政政策的
综合战略，特别是预算编制中强化官邸的职能，即强化首相的
领导地位。

在中央省厅等改革基本法中，咨询会议的任务是"对经
济整体的运营基本方针、基本的财政运营、预算编制的基本方
针等经济财政政策相关事项进行审议"。成员包括担任议长的
首相及 10 名议员。议员中，由法律规定的成员有官房长官、

经济财政政策担当大臣等，成立时又加入了总务大臣、大藏大臣、经济产业大臣、日本银行行长。民间议员占议员人数的四成以上，成立时有牛尾治朗（牛尾电机会长）、奥田硕（丰田汽车会长）、本间正明（大阪大学教授）、吉川洋（东京大学教授）四位。

小泉政权成立之初，特别是由经济财政政策担当大臣竹中平藏负责咨询会议时，通过以下方式咨询会议的机能得到了充分发挥：民间议员提出"民间议员方案"。这份方案经过深思熟虑，在咨询会议中当然会观点不一。竹中大臣的做法是，先在记者见面会上介绍争论的内容，同时诱导包含舆论在内的群体朝着自己预定的方向发展，最后再由小泉首相定夺。

清水真人在《经济财政战记》中这样写道："从在事前举行的'幕后战略会议'上精心酝酿的民间议员方案切入，讨论在'进二退一'的步调中逐渐成熟后，用'竹中总结'推进到背水一战的境地。最后由小泉定夺，一锤定音。用这套组合拳将负隅顽抗的各省及阁僚逼入绝境，使咨询会议作为官邸主导的政策决定机制引擎充分发挥作用。"

时至今日，"骨太方针"依然是重要的政策工具。"骨太方针"的正式名称为"关于经济财政运营以及经济社会结构改革的基本方针"。之所以被冠以"骨太"这个稍显怪异的名称是由于一个插曲。在森内阁时代的咨询会议上，民间议员提出，诸如预算大纲这类文件今后应该由咨询会议、内阁府来制定，但是这一提议遭到了财务省的强烈反对。这时宫泽喜一说道："不要说预算大纲之类生硬的话题，不如我们就在这个会议上一边喝茶一边聊聊'骨太'之类的话题如何？"　"骨太方针"一词就此问世。这个"骨太方针"，每年作为明确内阁经济运营基本方针的文件一直有效地发挥着职能。

财政中期展望（正式名称为"关于中长期经济财政的验算"）也沿用至今，是每年年初和8—9月两次筹划制定的重要政策工具，其旨在预设的宏观经济框架下，对中期的财政状况从数值上进行展望。毋庸讳言，财政与宏观经济密切相关。比如名义增长率和税收相关，名义长期利率的动向决定了财政利息开支。相反地，消费税率提高或社会保险费增加，家庭可支配收入就会相应减少，由此对宏观经济造成负面影响。这些关系不可能通过手工作业来计算，所以内阁府事务局通过计量模式对未来形势进行展望。对于财政的中期性目标来说，财政中期展望是判定现实的财政状况伴有多大程度的目标实现可能性向前发展的强有力材料。

财政咨询会议的特征

在此将再次整理咨询会议的机能和特征。将咨询会议与其前身——经济审议会进行比较，以便大家能清楚地了解其特征。两者的差异如下：

第一，经济审议会仅由权威人士构成，而咨询会议中有首相和有力阁僚、日本银行行长等政策执行责任者参加。在这点上有着政策实效性明显提高的优点。另一方面，有首相或有力阁僚在场，当面公开唱反调较为困难，其结果就是存在沦为只能就现状进行追认性讨论的危险。正如已经说过的那样，竹中大臣为了回避这种问题，采用并无现任阁僚参与的民间议员方案来激活咨询会议具有的功能。

第二，咨询会议没有劳动代表参与，经济审议会中必定有工会代表委员。从一方面来说，这是为了让企业和生产者更便于进行经济活性化讨论；但另一方面，也难免存在劳动者和生产者方面的意见很难反映在经济政策上的弊端。

我们已经知道，咨询会议能否充分发挥其潜能因内阁不同而不同。且不说咨询会议进入休眠状态的民主党执政时期，即使在森内阁时期，咨询会议也并未引起关注。小泉内阁时期，咨询会议成为焦点，但是小泉内阁之后再未发挥过亮眼的作用。由此可见，虽然咨询会议这一机制有着成就巨大成果的潜力，但是要想让其发挥出潜力，首相的领导能力及合理的运用方式缺一不可。小泉政权时代的咨询会议，应该说是在首相与各省及党的反对势力相抗衡、坚定不移地推行自己的政策时，最引人注目吧。

由于咨询会议与"骨太方针"已成气候，预算编成的机制也发生了较大的变化。在这一点上发挥巨大作用的是每年6月汇总出台的"骨太方针"。在此之前的预算编成机制中，首先，财务省向各省厅公示有关来年预算要求的《概算要求基准》，各省厅根据《概算要求基准》中的框架，在8月末前向财务省提交概算要求。秋后，经过财务省的"听证会→干部谈判→大臣谈判"等流程，最终朝着年末预算政府方案的制定推进。由此可知，财务省掌控着预算的入口和出口。

　　在咨询会议上讨论并制定的"骨太方针"，在 6 月前后就提前确定了概算要求基准。小泉首相尽可能地将自己的具体方针反映进"骨太方针"中，并据此来决定预算编成方针。这个方针得以确定的结果是，各省厅都开始将"骨太方针"作为目标。为了能赶上"骨太方针"的审议，各省厅积极推进讨论，并设法推动讨论内容被收进"骨太方针"，以便能通过内阁决议，成为内阁整体的方针，对之后的预算谈判进程也较为有利。如此一来，预算编制基本框架部分的讨论任务，就交给了咨询会议。

拜新生统治力量所赐

　　小泉内阁启动了新生统治力量计划，然而回顾时就能发现，在省厅再编中，此前一直发挥作用的几项经济政策的机能已不复存在。接下来，笔者根据自己的经验，指出旧经济企划厅被内阁府吸收的过程中失去的几个机能。

　　第一，经济审议会不复存在，经济计划这一机能销声匿迹。经济审议会作为首相的咨询机关，是由学者、经营者、工会代表、记者、官僚出身者、消费者团体代表等成员构成的权威机关。成员们均为广受认可的人。笔者曾经作为事务局的一员，有过为拜托别人就任委员而奔走的经历，无论是谁都会因"成为经济审议会委员是莫大的荣誉"而爽快地接受邀请。

　　经济审议会每隔三四年便会着手制订经济计划。日本第二次世界大战后共出台了 14 期经济计划，最后一期经济计划是小渊内阁时代 1989 年制定的《经济社会应有的姿态与经济新生的政策方针》，政策施行期为 1999—2010 年。这里不展开详细说明，仅将经济计划发挥的作用总结如下：一是政府在展现长期性经济展望中发挥着领导民间的作用；二是发挥了将当时内阁的长期性经济运营方针向内外公开的作用；三是制订计划时通过各界代表交换意见，使得经济运营方针能够取得国民一致认可的作用。以上作用在熟悉经济计划的人当中已成为共识。

经济审议会与咨询会议的机能相比，咨询会议因为有首相以下的责任者加入，其政权的意志更容易得到反映，并且也很难出现唱反调的相关言论。经济审议会是基于各界代表的委员们一致认可的，其结论更符合常识。像小泉政权时期那样，首相有着明确的政策基本方针，当其理念在与政府、执政党的调整中无法实现时，咨询会议的特征就容易展现出来。而政府、执政党团结一致推进政策时，就无法寄希望于咨询会议出手阻止，在政策开展上容易存在片面性。

比如，在后面论述的安倍经济学中，由安倍政权主导的财政启动、推迟提高消费税、导入减轻税率等举措，基本没有经过经济学上的论证就已展开。这时，如果经济审议会的机能还存在，对于这些问题就有可能出现反对意见。

第二，《经济白皮书》从 2001 年以后改名为《经济财政白皮书》。若详细论述颇费笔墨，在此只作简单说明。经济企划厅时代的《经济白皮书》，在长久以来的传统下，担纲执笔的课长言论自由度较高，有着浓厚的"提供能成为社会热议话题的分析，试图唤起广泛议论"的色彩。与此相反，《经济财政白皮书》连续五年以小泉内阁的"无改革、无成长"这句口号作为副标题。正如这句口号所表示的那样，某种程度上其中心内容是为内阁所推政策提供支持的分析。在此笔者无意评价这一点的好坏，但是毫无疑问它使得人们对《经济白皮书》的关注度日益减退。

第三，官厅经济学家黯然失色。在企划厅时代，以香西泰、金森久雄等为代表的众多经济学家十分活跃，以他们为榜样的下一代经济学家也都成长起来了。

在被内阁府整合之后，官厅经济学家们的活动变得不再引人注目。可能是因为接近政策运营的中枢，言论的自由度变低了。而且，内阁府除了经济任务以外，还有防灾、男女平等参与、消费者问题等种类繁多的任务。因此，就算进了内阁府也不一定能被分配到经济相关领域，进而网罗经济学人才变得困难重重。今后，如果考虑到基于证据的政策讨论必要性会不断增加，那就很难否定作为拥有巨大能量的人才——经济学家在政府存在的重要性，这样的人才没有得到培养才是令人深感遗憾的事情。

第八章 不良债权处理与结构改革

小泉政权的闪光点在于，处理了泡沫破灭之后很长一段时间内让日本经济不堪重负的不良债权问题。小泉政权致力于建设小型政府，并为财政的再建工作倾注心力，但在小泉首相卸任后这些内容被彻底剔除。

着手不良债权的根治处理

解决不良债权问题

小泉政权将解决通货紧缩作为经济政策的最优先课题，因此，将不良债权的根治处理摆在了首要位置。2002年2月15日咨询会议召开，并以文件的形式介绍了《关于通缩对应政策的首相指示》。在指示中，将摆脱通货紧缩定位为集中调整期间内（2001—2004年，从泡沫破灭后的遗产中挣脱出来，为实现民间主导的经济增长的时期）最重要的课题，在此基础上，"为了解决通货紧缩，着手解决金融问题是当务之急"，认为"关于眼下最重要课题的不良债权处理，必须要有具体的进展";"关于进一步促进不良债权处理、金融体系安定等以月内为目标尽早讨论,作为政府将尽快付诸实施"。

于是,2月27日的咨询会议报告了"应尽早着手的通货紧缩对策"。其中以尽早终结"所谓的不良债权问题"为目标,提出了"严格公正地实施特别检查";"进一步促进不良债权处理";"由(整理回收机构RCC)积极收购不良资产";"推进企业再生基金的设立"等方案。

加之,在2002年6月制定的2002年度的"骨太方针"中,提出了"在结构改革集中调整期结束后的2004年,努力让不良债权问题正常化"的目标。

表 8-1　从森政权到小泉政权期间的经济对策

对策名称	出台日期	内阁	事业规模	经济效果
面向日本新生的新发展政策	2000年10月19日	森喜朗	国家经费3.9万亿日元事业规模为11万亿日元	通过社会资本调整在一年内对GDP的效果,名义GDP为1.3%,实质GDP为1.2%
紧急经济对策	2001年4月6日	森喜朗	※	—
改革先行计划	2001年10月26日	小泉纯一郎	国家经费1万亿日元事业规模为5.8万亿日元	在公共机关中扩大雇用,创立官民基金等
紧急应对计划	2001年12月14日	小泉纯一郎	国家经费2.5万亿日元事业规模为4.1万亿日元	今后一年中名义GDP为1.2%,实质GDP为0.9%,雇用人数11万左右,失业率降低0.1%
面向尽早处理通货紧缩问题的对策	2002年2月27日	小泉纯一郎	※	※

续表

对策名称	出台日期	内阁	事业规模	经济效果
关于推进当前的经济活性化对策，着手解决通货紧缩	2002年6月17日	小泉纯一郎	※	※
面向加速改革制定的综合对策	2002年10月30日	小泉纯一郎	※	※
加速改革计划	2002年12月12日	小泉纯一郎	国家经费3万亿日元 事业规模4.4万亿日元（包括融资、保证规模，事业规模为14.8万亿日元）	通过公共投资一年后对GDP的效果，名义GDP1.0%，实质0.7%GDP 通过公共投资一年后对雇用的影响，雇用人数增加9万，失业率降低0.1%

注：※部分表示结构性措施（法令修正等），无法明确其事业规模。

金融再生计划的实施

关于不良债权的处理，2002年10月出台的金融再生计划为此提供了一个重要契机。这是在2002年9月的内阁改造中，由时任金融担当大臣的竹中平藏领导推出的计划。

在这份计划中提出了在2004年度将当时8.7%的主要银行（15家）的不良债权比率降低一半。并且提出了以下严格的方针。

第一，强化资产评估。2002年3月实施的特别检查，在2003年3月再次实施，此外，集中统计金融厅评估结果与主要银行自我评估的差额并予以公布，同时要求纠正差额，对无正当理由而不纠正差额的银行，下达业务改善命令。

第二，扩充自有资本。将"去除递延税款资产（将以增加收益为前提的法人税预付部分纳入自有资产）"纳入统计，要求正确计算自有资产。为了让金融机构平稳地将所持的股份削减到一定数额以下，由日本银行收购股份。2002 年 11 月至 2004 年 9 月共计 2 万亿日元。

第三，强化统治力。强化外部监查人员的职能，对于经营健全化未达标的企业，对其实施包括明确责任等严格管理。

在以上方针的实施中，金融担当大臣竹中平藏于 2002 年 11 月完成了工作进度表，并据此设置了"金融问题临时机构"，将不良债权处理的问题具体化。

着手产业、企业的再生

金融再生计划，成为这个时期出台的"面向加速改革的综合对策"中，将金融安定化政策的详细内容另列出的计划。在这份综合通货紧缩对策中有"面向产业、企业再生的早期对策"的条目。这是出于以下考虑，即从贷方来看，应加快不良债权处理。而从借方来看，产业、企业的再生也是当务之急。两者必须同步进行。

综合通货紧缩对策的支柱措施为"促进向 RCC 抛售不良债权"和"面向产业、企业再生的早期应对"。其中"促进向 RCC 抛售不良债权"的详细内容在金融再生计划中也有提及。

综合通货紧缩对策中"面向产业、企业再生的早期对策"中，设置了"产业再生、雇用对策战略本部"，制定了关于产业再编及早期再生的基本方针，以此来推进产业、企业的再生，而且新设了"产业再生机构"。这个机构被要求在归为"需要管理"的企业中，原则上由非主体银行以企业再生为目标的适当时价来购入被判断为有再生可能的企业的债权。在此基础上，要求拥有相当一部分企业债权的机构和主体银行推进企业的结构调整和经营体制的重建。

另外，金融再生计划中，在推进贷出债权表外交易化的同时，还促进向 RCC 抛售不良债权和活用企业再生基金，快速调整和活用政府序列金融机构对再生对象企业的支援等促进企业再生的机制。

促成金融体系安定化的举措

我们来简单回顾泡沫破灭后金融体系的稳定措施。于 1995 年以后，东京共同银行成立，设置整理回收机构一起推进金融体系安定化，于 1998 年出台了《金融机能早期健全化法》。这之后，金融机构的不稳定状况依然在持续，2002 年 1 月设立了"银行等所持股份取得机构"。1997 年的金融危机告诉我们，如果金融机构持有股票，股价上涨时未实现收益的部分可被当作缓冲，而一旦股价下跌，自有资本比率降低，金融机构的经营就会变得不稳定。因此，有必要让银行减少其保有的股份，但如果银行抛售所持股份，短期内又可能导致股价下跌。因此才决定设置公共股份收购方案。

同时，在金融体系的稳定措施中，也包括推进存款保险机构的有效利用。根据 1997 年金融危机后出台的《金融再生法》，在 2001 年 3 月之前限时进行金融机构的破产处理。为了让其长期稳定，在 2001 年 4 月实行了包括"金融危机应对措施"的《存款保险法》修正案。

在这份应对危机的措施法案中，有对濒临危机的金融机构，实行通过存款保险机构来增强资本的措施（第 1 号措施）；超过清偿成本的资金援助，也就是存款的全额保护（第 2 号措施）；在应对依然困难重重的情况下，实行强制取得银行全部所持股份的特别危机管理，即暂时国有化（第 3 号措施）。这份特别危机管理是将其前身——《金融再生法》的特别公共管理的规定永久化而形成的。成为特别危机管理对象的银行，通过向整理回收机构出售不良债权等方式谋求经营重建，与其他银行合并或摸索业务让渡等方案。

关于第 1 号措施，实际实施的有 2003 年的里索那银行，而特别危机管理的对象仅有同年 11 月的足利银行。

我们以里索那银行为例。监管部门对里索那银行进行了严格核查，认为有必要将自有资本的一部分计入延期税金资产的大幅消耗。其结果显示，自有资本比率跌破 2% 的可能性极高（国内基准为 4%），里索那银行根据上述的第 1 号措施申请了政府资本投入。政府批准了申请后，将约 2 万亿日元投资于其中，与此同时对其发起了早期纠正措施和业务改善命令。

通货紧缩对策的定位

实施以上措施的结果是，2005 年 3 月主要银行（13 家银行）的不良债权比率为 2.9%，达成了"2004 年度主要银行的不良债权比率减少至一半程度"的目标。此后，不良债权比率持续下降，2008 年 3 月降至 1.4%。

2005 年 4 月，日本有条不紊地实施了解除存款保险制度，可以看到，金融体系的不稳定基本告一段落。

在此，我们再次回顾 2002 年 10 月的综合通货紧缩对策。正如前文所述，这项综合通货紧缩对策以及同时出台的金融再生计划有两个目标，一个是处理借款方的金融机构的不良债权，另一个是贷款方的企业再生。加之，同一天日本银行施行了初步货币宽松政策，也就是说，此时的综合通货紧缩对策是融合了企业再生、不良债权处理和货币宽松三项政策的一套"组合拳"。

对于日本经济的巨大课题——"脱离通货紧缩"来说，这三项措施被定位为有效政策。随后，企业再生、收益改善、不良债权处理也彻底终结。尽管如此，日本仍然未能脱离通货紧缩的危机。剩下的就只有货币宽松这一个手段。于是，"货币宽松才是正式脱离通货紧缩的正途"的认识得以加强，最终在安倍经济学中朝着异次元宽松迈进。

财政改革的进展和界限

对财政改革的基本态度

小泉政权对财政结构改革也很热心。其对财政改革的态度有如下特征。

第一是以小型政府为目标，特别致力于削减财政支出。

以小型政府为目标的思路已在"小泉改革的基本方向"中叙述过。

着力于削减财政支出的另一方面，坚决给上调消费税率这一财政再建的另一有效手段画上了句号。小泉公开宣称："无论争论有多激烈，我也不会在首相任期内上调消费税率。如果现在开始上调消费税率，就会使削减年支出的缰绳松弛。"

第二是几乎没有施行过动用国家财政的景气对策。2001年12月小泉刚就任后出台的"紧急对策计划"是个例外，当时决定追加4.1万亿日元的公共投资。这是由于2001年9月11日美国发生多起恐怖袭击事件，世界一齐陷入空前高涨的萧条危机感。在此以后，景气处于持续的长期扩大中，因此再也没有采取过动用国家财政的景气对策。

相反，关于公共投资，小泉政权始终保持着抑制态度。国家及地方的整体公共固定资本形成（几乎与公共事业费用相当）的名义GDP比率，从2001年的4.9%下降到2006年的3.3%。

国债发行 30 万亿日元的框架

财政改革中设置具体数值目标是必不可少的环节。小泉首相最初提出的目标是"将国债发行额控制在30万亿日元以内"。这个目标在自民党总裁选举时已经作为公约被披露，在小泉政权成立之初的2001年"骨太方针"中再次明确"平成十四年（2002年）的预算中，作为健全财政的第一步，将国债发行额控制到30万亿日元以下作为目标"。

关于这条公约中的预算目标，2002年一开始勉强算实现了，但因为之后的补充预算，最终国债发行额达到了 35 万亿日元。在此之后一直到 2005 年国债发行都超过了 30 万亿日元。在国会被追究违反公约一事时，小泉首相在众议院预算委员会上回答"这种程度的公约不遵守也没什么"，这引起了议论。

围绕增长率和利息的讨论

在邮政民营化选举中获得压倒性胜利后，第三次小泉内阁成立，竹中平藏调任负责邮政民营化的总务大臣，与谢野馨取而代之担任金融经济财政担当大臣。与谢野在此之前任自民党政调会长一职，他主张党和政府应作为一个整体推进政策，对之前咨询会议主导型的政策运营方式持批判态度。

由于换成了与谢野负责运营咨询会议，咨询会议和自民党的关系也发生了变化。竹中大臣一手负责咨询会议时，咨询会议主导讨论，党被排挤到从属地位。但是自从与谢野大臣接手以后，变为以党内的讨论为基础确定方向，避免了咨询会议和党之间的对立。与其说这是大臣的个性差别造成的，不如说是在此之前的以邮政民营化为代表的改革中，很难避免走上与党对立的路线，所以走向了"竹中型"的咨询会议。但是自从 2005 年 10 月在邮政民营化选举中大获全胜以后，小泉首相对党的影响力显著提高，因此使政府与执政党合作推进政策成为可能。

与谢野体制下的目标是进行财政收支一体化改革。围绕一体化改革，在经济财政咨询会议上展开了激烈的讨论。翻阅当时公开发表的议事记录，让人倍感震惊的是，这与之后咨询会议的计划调整类的讨论截然不同，是真刀真枪的讨论。具有代表性的交锋是总务大臣竹中平藏和咨询会议民间议员吉川洋之间关于增长率和利息的争论。其原委大致如下。

我们来看为什么经济增长率和利率的关系成为财政改革中重要的争议点。衡量财政健全性的代表性指标是政府债务余额与名义 GDP 的比率。如果这个比率不断增大，财政总有一天会崩溃，所以首先要将这个比率维持在稳定的数值范围内。这里就不展开详谈了。如果财政收支平衡，这个比率的分子（政府债务余额）会以长期利率的比例增加，作为分母的名义 GDP 会随着名义增长率的增加而增加。如果长期利率和名义 GDP 增长率持平，上述比率就能固定下来而且不会增大。因此，设计财政重建改革之路时，首先让财政收支均衡或者变为黑字是必要的。这也是财政收支平衡黑字化时期成为重要争论点的原因。

但是，即便财政收支均衡化也不能保证上述比率能一直固定在一个范围内。在这一点上，长期利率与名义 GDP 增长率的关系有着重要意义。长期利率比名义 GDP 增长率高时，基础财政收支将呈现不平衡趋势，这时有必要让其转为黑字。相反，名义 GDP 增长率高于长期利率时，只要基础性收支均衡，上述比率就会下降。也就是说，财政再建是有进展的。

关于这一点，竹中总务大臣认为应该以名义 GDP 增长率高于利率为目标，而吉川则认为理论上利率要高于名义 GDP 增长率才符合标准，两人因此展开了激烈争论。这在咨询会议上是有些不合时宜的、属于理论且具有分析性的争论。之所以会有这个讨论，是因为围绕财政重建，双方背后的"竹中路线"和"与谢野路线"在本质上就不同。也就是说，竹中主张在基础收支平衡的基础上，通过缓和金融政策抑制利率，通过经济增长政策来提高名义 GDP 增长率，从而债务占 GDP 的比率就会下降，财政重建就能达成。另一方面，与谢野主张，应该以控制经济增长率为前提，只要保持财政收支的均衡化发展，GDP 比率就会持续上升，有必要考虑削减财政支出或者增税。

争论的结果以 2006 年的"骨太方针"中"在考虑财政健全化时，关于经济的预测，既不能过度乐观也不能过度悲观，以名义 GDP 增长率 3% 左右的前提为基础，采取必要的改革措施"这一表述落下帷幕。

2006 年"骨太方针"中财政收支一体化改革的形态

在与谢野的领导下引发争论的财政收支一体化改革的目标，体现在 2006 年的"骨太方针"中的财政再建计划当中。笔者将其特征整理如下。

第一，明确了 2007 年以后实现财政健全化的时间轴和目标。也就是说，2007—2010 年为财政健全化第 II 期（第 I 期为 2001—2006 年），明确了 2011 年度切实实现基础财政收支黑字化的目标。接下来的第 III 期（21 世纪 10 年代初期到中期）也要确保基础财政收支达到一定黑字幅度，稳定下调债务余额的 GDP 占比。"先以基础财政收支的黑字化为目标，接着下调债务余额的 GDP 占比"这个目标设定方式，在之后也基本得以传承。

第二，提出了财政改革的基本原则。原则中也有几个特点：彻底的小政府化（原则1）、强化增长力（原则2）、确立不将负担推给下一代的社会保险制度（原则5）等，通过这些措施尽可能减轻国民负担，同时"在彻底削减财政支出的基础上，判断有必要增加财政收入时，为实现目标可采取税制上的措施"。也就是明确了方针：先削减财政支出，削减后依然残留的部分，则以增税来应对。

第三，通过财政收支一体化改革，明确了今后具体需要多大程度的金额调整。也就是说，以名义经济增长率3%为前提对今后进行展望，2011年为实现基础财政收支黑字化的必要应对额为16.5万亿日元。另外，"削减了财政支出后，所需应对额仍不足的部分，通过财政收入改革以增收措施来应对"。所谓的增收措施，也就是增税，一般而言就是提高消费税率。

第四，分领域设定削减财政支出目标。"骨太方针"的附件"今后五年财政支出改革的概要"中明确分为社会保障、人员开支、公共事业、其他等四类项目，并公示了这四项在2011年度"自然状态"下的推移金额与"改革后的金额"。"自然状态"下与"改革后"的差额即为通过政策努力达成的支出削减额。例如，关于社会保障，按照自然状态下的推移，2011年度的财政支出规模为39.9万亿日元，改革后变为38.3万亿日元，五年内的支出削减额为1.6万亿日元。这个社会保障中的支出削减额后来成为具有深刻意义的事件，不过这是小泉内阁之后的事情了。

合计各个领域的数字，在自然状态下，2011年的财政支出额达到128.2万亿日元，而改革后为113.9万亿—116.8万亿日元。五年间财政支出削减额的合计数值为 11.4 万亿—14.3 万亿日元。整体的所需应对额为 16.5 万亿日元。也就是说，所需应对额的七成到九成由财政支出削减额抵销，剩下的一成至三成通过增税来筹措。

这份计划在公布之初得到了众多专家的高度评价。该计划在"提出了先通过财政支出削减来应对大部分所需调整额，剩下的一小部分通过增税来应对的方针"；"超越了以往要求增加财政支出的政治诉求，明确了不同领域的财政支出削减目标"等方面得到了肯定。但是，这份计划在小泉内阁之后以破产而告终。

图 8-3 展示了国家、地方综合的财政收支变化。图的上方显示的是黑字化的变化、下方显示的是赤字化的变化。比如，1998 年度在小渊内阁下有大幅财政支出增加，可以看到由于财政支出因素导致的大幅赤字化变动。而在 2001—2006 年的小泉内阁时期，财政支出基本始终保持黑字化，小泉政权下，由财政支出削减来进行财政重建的动向清晰可见。

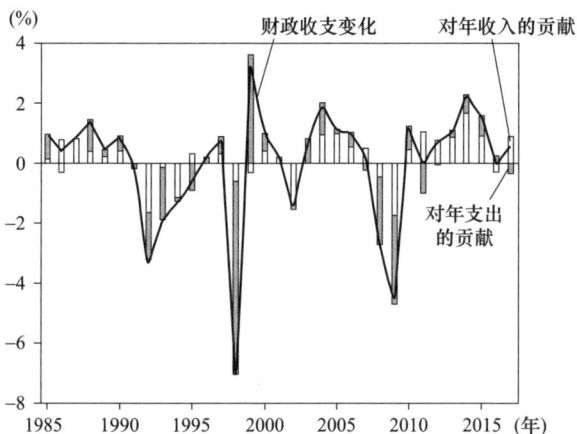

图 8-3 对财政收支变化的贡献

出处：内阁府"国民经济计算"

各领域中的改革动向

本节将对尚未谈及的几个领域的改革动向进行介绍。

邮政民营化的改革举措

由于小泉首相的强烈意志，邮政三大业务（邮政事业、邮政储蓄、简易生命保险）的民营化成了小泉政权最重要的政策课题，被称为"改革的母舰"。那么其改革的目的究竟是什么呢？在《邮政民营化的基本方针》（2004 年 9 月内阁会议决议）中，提出了以下四点：第一，提高国民的便利度，提高市场的经营自由度，使民众以更加低廉的价格获得优质且多样的服务；第二，将"看不见的国民负担"最小化，废除邮政公社享受的种种免课税措施；第三，从官方向民间资金流向的变化，让流入公共部门的邮政储蓄金等资金在经济活性化中发挥作用；第四，实现小型政府，大幅削减国家公务员编制。

但是，这份改革计划真要落地时，来自各方的反对意见也接踵而至。小泉政权在没有取得自民党同意的情况下，在咨询会议中提出将邮政改组为储蓄、保险、邮政、窗口网络等四个股份制公司的基本方针，并一鼓作气使之通过了内阁会议。这个基本方针被法律化后提交国会，但是在国会审议时，甚至在执政党议员中也出现了投反对票或弃权的情况。因此，虽然在众议院以微弱优势获得通过，但是因在参议院被否决而最终成为废案。

此时小泉首相出其不意，以在参议院中被否决为由解散了众议院。闻所未闻的作战策略竟获得了巨大成功。小泉首相在反对民营化的自民党前议员的选区内推举了对立候选人，也就是所谓的"刺客"。人们被这场自民党党内的改革派与抵抗派之间的斗争完全吸引，各大媒体也对自民党党内的对决进行了大肆报道。甚至有关自民党关系的报道太过密集，有在野党要求媒体均衡报道以维持选举的舆论平衡。小泉政权在众议院选举中获得了压倒性胜利。在选举后的2005年10月的特别国会中，邮政民营化法案在两院中都以多数赞成获得通过。

当时出台的邮政民营化的主要内容如下。

第一，2007年10月开始，在持股公司日本邮政下，设置四家股份制公司（邮政事业公司、邮政局窗口网络服务公司、邮政储蓄银行、邮政保险公司）。

第二，在成立后的10年内，政府将持股公司的股份、持股公司将邮政储蓄银行和邮政保险公司的股份分批次抛售。

第三，从10年后开始，邮政储蓄银行和邮政保险公司分别根据银行法、保险法开展业务，政府拥有持股公司股份的比率超过三分之一。

最终，日本邮政的三项业务被民营化，到2007年10月，拥有邮政储蓄银行和简保生命保险公司的日本邮政集团正式成立。

接下来介绍的内容都发生在小泉政权之后。当时本已成定局的邮政民营化，其关键部分在之后却被剔除。也就是说，民主党政权在 2009 年 10 月出台的邮政改革的基本方针将邮政局窗口网络服务公司定位为国民共有财产，邮政事业、邮政储蓄、简易生命保险等一体化服务可以在遍及全国的邮局中公平利用。在 2012 年 4 月，出台了《邮政民营法》等部分法律的修正案。当初计划中虽提到将持有邮局房地产的邮政股份公司从邮政、银行、保险事业中独立出来，统一用一个窗口为民众提供可以销售金融商品的"金融便利店"，但这次修正将其与邮政事业公司进行了合并，当初建立邮政局窗口网络公司向民间开放的这一构想受阻。而且在当初的民营化法中，日本邮政的邮政储蓄银行和简保生命保险公司截至 2017 年 9 月会被完全售卖，两家公司的股份也被改成"综合考虑对履行经营状况、普通服务等职责履行的影响等，尽早地进行处理"。在执笔本书时（2019 年初），两家公司的大部分股份仍由日本邮政持有，而日本邮政的大部分股份由政府持有，邮政储蓄银行和简保生命保险公司依然是国家的子公司。

"三位一体"改革

关于和地方财政的关系，2002 年的"骨太方针"中提出了"三位一体"改革。这是试图将补助金、地方税和地方交付税三个方面作为一个整体进行的改革，即减少补助金，向地方转移税源，同时进行地方交付税制度改革，也可以说是"地方能做的就交给地方"这一小泉改革口号的具体表现。

原来打算分别进行补助金、税、交付税的改革，但是由于三方互相牵制而动弹不得，由此诞生了"三位一体"改革的构想。也就是说，关于削减补助金，管辖省厅声称这是国家的任务而拒绝配合，因为削减补助金会减少该省厅的工作和预算。转移税源遭到了财务省的反对，理由是如果不在削减交付税提高地方的财政效率之后再转移税源，就会造成对浪费的姑息。地方交付税改革遭到了总务省的反对，其主张是，废止补助金和转移税源在前，转移税源从而使地方自由度得以提高，肯定会各自裁夺而使其效率化。

来看看对这些反对声的应对。关于削减国库补助金，在2003 年的"骨太方针"中，明确了截至 2006 年以 4 万亿日元左右为目标，实行废止、缩减政策。据此，2004 年大约废止、缩减了约 1 万亿日元，2005 年时也进行了约 1.8 万亿日元的改革。转移税源方面，2004 年通过约 4000 亿日元的出让所得税创设（2007 年废止）来转移税源，2005 年为止总计约1.8 万亿日元的税财源移交给了地方。地方交付税改革中，在2005 年和 2006 年，在确保地方团体稳定的财政运营所必需的一般财源总额的同时，推进地方财政计划向着合理化、透明化发展。

规制改革的推进

小泉政权的基本哲学是"自由的市场是根本""民间能做的就交给民间"，所以修正和废止与时代不相适宜的规制也就是推进规制改革。截至 2004 年 3 月，推动规制改革是通过综合规制改革会议进行的，之后是放在规制改革、民间开放推进会议进行的。

这时规制改革的远大目标是将公共部门参与较深入的领域定位于"官制市场",在这个领域中注入民间的活力,让其效率化发展。这是小泉内阁"从官方向民间"哲学的具体体现。此时出台的独特方案是结构改革特区和市场化试验。

在结构改革特区中,地方自治体为了加强本地区的活力,将废除、缓和原先规制的方案作为地区构想并提出申请,如果能得到国家认可的方案就可以作为地区限定的规制缓和试行。规制改革的争论很容易变成"总论赞成、各论反对"的状况,赞成派和反对派之间相互抬杠,因此应先通过限定地区来运行。如果反对派所说的弊端没有发生,实验就是成功的,规制改革就可以在全国范围推广。这一举措的另外一个目的是,希望其成为各地区自发利用地区资源推进活性化发展的有效手段。

在市场化试验中,将原本被公共部门垄断的公共服务,改为由官方和民间在同等条件下投标,让价格和品质更优的一方来提供服务。2005 年,公共职业安定所、社会保险厅相关部门(国民年金收纳事业等)、处罚设施相关部门等三个领域被选定为样本事业。

社会保障改革

接下来看社会保障改革。2001 年 6 月,小泉内阁社会保障改革的基本方向,在该内阁最初的"骨太方针"中有说明。该方针中有关社会保障改革的内容如下。

"长期来看,社会保障支出持续增长且超过经济增长,实际上是不可能发生的。在社会保障方面，今后也不会出现'财政负担重，国民负担轻'的状况。社会保障的三大支柱——年金、医疗和护理要以'自助和自立'原则为根本……每个国民都要深刻理解社会保障的意义、作用和内容，秉承分担痛苦、支持制度的自觉性是很重要的'"。

其中鲜明地体现了"将社会保障支出控制在经济增长的范围内"，"为建设可持续的社会保障制度，增加国民的负担是不可避免的"等思路。以下关于其具体内容，就医疗制度改革与年金制度改革进行介绍。

关于医疗制度改革，在2002年7月出台了医疗制度改革相关法案，采取了提高工薪族自费的额度（报销额度从2成提到3成），提高高龄医疗制度的对象年龄（从70岁提高为75岁）等措施，而且在2002年的医疗报酬修订中首次下调。在2006年上调了与在职人员收入相当的高龄者自费的额度（从2成提高到3成），提高了70岁到74岁的高龄患者的自费额度（从1成提高到2成），设立了75岁以上高龄者适用的新保险制度，引入了有关65岁到74岁前期高龄者的发放金和后期高龄者的支援费等财政调整机制。

关于养老金，2004年在"百年安心年金"的宣传口号下，进行了大幅度的制度修订，其主要内容如下。

第一，设置未来的保险费用上限为18.3%，规定在此范围内支付。

第二，关于支付，引入"宏观经济浮动制"。通过减少养老金随薪资和物价浮动的幅度来抑制发放。

第三，截至 2009 年度，基础养老金的国库负担占比上调 50%。

然而，第四条附加了未来的发放水准是至少确保在职期间平均收入的 50% 以上，这一条件导致无论是发放还是负担都设定了一定的门槛。因此，由于经济状况的变化，计划最终无法实施。事实上，在此后物价下跌的基调中，宏观经济的下滑机制并未被采用，所以"百年安心年金"计划的实施也就陷入了僵局。

同时，国库负担增大，当初设想的是将上调消费税率用作其财源，但因为迟迟未能实现上调消费税率而不了了之。

在此省略更加详细的说明，日本除了上述改革措施以外，还尝试了其他一些大的改革。比如曾经的特殊法人"道路四公团"，在 2004 年民营化法出台后，实现了民营化。

而且在推进小型政府中，还推行了政策金融相关的改革。2005 年 11 月出台了《政策金融改革基本方针》，2006 年 6 月出台了《政策金融改革关联法案》。其结果是，日本政策投资银行和商工组合中央金库被改组为股份责任公司，公营公库通过自治体共同出资，改头换面为地方公营企业等金融机构，国民生活金融公库、农林渔业金融公库、中小企业金融公库、国际协力银行等被统归为一，日本政策金融公库就此诞生。以完全的民营化为目标，政策投资银行与商工组合中央金库进行了改革。

通缩的持续和量化宽松政策

在第二部分中已经说过，日本银行不顾政府的反对结束零利率政策。从零利率状态脱离不久，金融政策一举超越零利率政策，踏入了量化宽松政策这一未知领域。

量化宽松政策的引入与扩大

量化宽松政策的引入

日本银行在 2000 年 8 月宣告结束零利率政策。通过景气重归增长轨道与物价上涨率的稳定，可以预见日本经济即将摆脱负增长，量化宽松政策就是由此来判断并确定推出的。但是，事后来看，日本的景气在 2000 年 11 月，也就是零利率政策结束后不久，越过峰值进入衰退局面。而且，消费者物价（除生鲜类食品外综合）的前年比也在不断下降。

在推出量化宽松政策之前的 2001 年 2 月 9 日，日本银行下调了基准贷款利率，从 0.5% 调至 0.35%，并宣布实施"伦巴第型贷款制度"，这是谁也未曾料到的举措。所谓"伦巴第型贷款制度"，是指针对各金融机构提出的借款申请，日本银行通过基准贷款利率进行资金供给的制度，但是要在抵押价值的范围内。这样可以保证短期利率不超过法定利率。如果利率超过了基准贷款利率，就不会通过市场借款，而会通过基准贷款利率从央行借入资金。从市场的角度看，与其说这是进一步的量化宽松，不如说这一制度的出台允许金融机构即便因财务状况恶化或到期等造成融资利率上升时，也有基准贷款利率作为保底，从而起到稳定市场的作用。

之后，由于股价进一步下跌，2001 年 3 月 19 日，官方终于决定引入量化宽松政策。就其顺序来讲，本应从上调后的利率状态先返回到零利率状态，但官方直接颁布了突破零利率的政策。其决定如下。

第一，调整金融市场的操作目标，从无担保隔夜拆借利率变更为日本银行活期存款余额。

第二，持续实施量化宽松政策，直到消费者物价指数的前年比上涨率稳定在 0% 以上。

当初设定了 5 万亿日元的活期存款余额目标。为了容易达成目标，长期国债的购入金额也从之前的月额 4000 亿日元增加至 6000 亿日元。

这个量化宽松政策的引入是小泉内阁成立之前实施的，下面将叙述小泉内阁时代的金融政策的变化。

表 8-2　金融政策的变化（2000—2006 年）

日期	行长	政策的变更内容
2000 年 8 月 11 日	速水优	结束零利率政策
2000 年 10 月 13 日	速水优	公布《对经济、物价的未来展望及风险评估》
2001 年 2 月 13 日	速水优	下调贷款基准利率（0.5% → 0.35%）
2001 年 2 月 9 日	速水优	导入"伦巴第型贷款制度"（3 月 16 日开始实施）
2001 年 2 月 28 日	速水优	下调无担保短期利率的指导目标（0.25% → 0.15%）下调贷款基准利率（0.35% → 0.25%）
2001 年 3 月 19 日	速水优	决定实施量化宽松政策（政策目标变更为活期存款余额 5 万亿日元。恢复零利率政策，直到消费者物价指数超过 0%）
2001 年 5 月 18 日	速水优	证券业务利息从 0.01% 级变为 0.001% 级，7 月 23 日完全实施，购入中期债务，6 月 5 日开始
2001 年 8 月 14 日	速水优	活期存款余额目标为 6 万亿日元，长期国债购入为每月 6000 亿日元
2001 年 9 月 18 日	速水优	活期存款余额目标为超 6 万亿日元。下调贷款基准利率（0.25% → 0.1%）
2001 年 12 月 19 日	速水优	活期存款余额目标为 10 万亿—15 万亿日元，长期国债购入为每月 8000 亿日元
2002 年 1 月 16 日	速水优	将 ABCP、ABS 定为证券业务购入对象（2—3 月依次开始）
2002 年 9 月 18 日	速水优	银行的保有股票购入（2002 年 11 月—2004 年 9 月实施）
2002 年 2 月 28 日	速水优	长期国债购入增额至每月 1 万亿日元。变更流动性利息最高限度
2002 年 10 月 30 日	速水优	活期存款余额目标为 15 万亿—20 万亿日元。长期国债购入为每月 1.2 万亿日元
2003 年 3 月 5 日	速水优	活期存款余额目标为 17 万亿—22 万亿日元（4 月 1 日以后，2 万亿日元为邮政公社份额）
2003 年 4 月 30 日	福井俊彦	活期存款余额目标为 22 万亿—27 万亿日元
2003 年 5 月 20 日	福井俊彦	活期存款余额目标为 27 万亿—30 万亿日元

续表

日期	行长	政策的变更内容
2003 年 6 月 11 日	福井俊彦	资产担保证券购入（1 万亿日元规模。实施到 7 月末，加倍到 B 轮）
2003 年 10 月 10 日	福井俊彦	活期存款余额目标为 27 万亿—32 万亿日元。明确承诺继续量化宽松政策（CPI 上升率稳定到 0% 以上的三要素）
2004 年 1 月 20 日	福井俊彦	活期存款余额目标为 30 万亿—35 万亿日元
2005 年 5 月 20 日	福井俊彦	允许活期存款余额目标下限降到 30 万亿日元以下
2006 年 3 月 9 日	福井俊彦	政策目标从活期存款余额目标变为无担保隔夜拆借利率大约为 0%。作为物价稳定的目标，明确 CPI 上升率前年比为 0%—2%

被变更的通货紧缩定义

正如第七章所述，小泉政权成立之后的日本景气从 2002 年 1 月起，成为日本第二次世界大战后持续时间最长的景气扩大时期。这个长期景气上升的最大特征是，在物价回落的情况下长期的景气扩大。

小泉内阁将"脱离通货紧缩"作为经济政策中最重要的课题，那么通货紧缩到底是什么？其实，通货紧缩的定义多种多样。在小泉政权之前，通货紧缩被认为是"伴随物价下跌的景气衰退"，但是景气循环即便进入扩大局面时，仍能观察到物价持续下跌的现象，这让人们认识到景气与物价之间不存在绝对的关联。补充说明一下，国际决算银行（BIS）和国际货币基金组织对通货紧缩的定义为"至少两年持续的物价下跌"。

鉴于这种情况，内阁府在 2001 年 3 月每月例行的"本月话题"中写道："关于通货紧缩，迄今为止在日本因讨论者不同使用的定义也不同，如果将通货紧缩定义为'持续的物价下跌'，那么现在日本就处于平缓的通货紧缩当中。"次月，也就是 4 月的"本月话题"中写道："综合来看这些动向，从持续的物价下跌这个意义说，日本处于平缓的通货紧缩当中。"这包含了两个重要含义：一是政府宣称现状为通货紧缩；二是将通货紧缩的定义变更为"持续的物价下跌"。

从之后的变化来看，"平缓的通货紧缩"这一表述持续到 2006 年中，同年 7 月改成了"消费者物价的前年比……除去特殊因素外，基本都在零上下浮动，需要密切关注之后的物价动向"。在这一表述中，"通货紧缩"这个字眼消失了，更往后一些，再次出现物价持续下跌，2009 年 11 月"从持续的物价下跌这个意义上说，日本处于平缓的通货紧缩状况"这样的表述再次出现，这一内容将在第四部分论述。

量化宽松政策的推进

小泉政权将克服通货紧缩作为经济政策方面最优先的目标，与处理不良债权政策同步，日本银行也在进一步推进量化宽松政策。

首先，作为金融市场调整目标的活期存款余额，从最初的 5 万亿日元左右持续上调，2002 年 8 月为 6 万亿日元左右，9 月为 6 万亿日元以上，12 月为 10 万亿—15 万亿日元，2003 年 3 月为 17 万亿—22 万亿日元，4 月为 22 万亿—27

万亿日元，5月为27万亿—30万亿日元，10月为27万亿—32万亿日元，2004年1月为30万亿—35万亿日元。

活期存款余额的增额，被认为是为了配合2003—2004年大规模介入外汇市场的步调。也就是说，财务省在这一年间以35万亿之多的日元规模购入美元，进行外汇市场干预。如此这般，这些干预部分的资金可为外汇市场提供货币支持。日本银行由于在此期间持续增加活期存款余额目标，导致这部分干预资金留在了外汇市场，维持了量化宽松政策的效果。这也就是人们说的"不胎化政策"。

同样，长期国债的购入额度也在不断增加，2001年12月为8000亿日元，2002年2月为1万亿日元，10月达到了1.2万亿日元。

不仅量化宽松政策的规模不断扩大，而且接连采取了改变原有框架的措施。举个有代表性的例子，2002年9月，日本银行因银行所持股份资产的减值会对自有资本产生负面影响而实施了购入银行所持股份的措施，总额2万亿日元，之后在2003年3月增加为3万亿日元。

2003年4月决定购入资产担保证券（ABCP），具体实施时间为同年6月。资产担保证券，主要是中小、中坚企业为了获得金融机构的短期资金周转所发行的需要担保的商业证券。日本银行将其购入后，金融机构持有的面向中小企业的部分债权从其资产负债表中分割出来，由此产生了新的贷款富余，让赊款的现金化更为容易，从而有望对中小企业的资金筹措有所帮助。

同年 10 月，对时间轴政策①的干预更加明确，量化宽松政策解除有两个条件。

第一，最新公布的消费者物价指数与前一年的比率在 0 以上，且连续数月平均值都在 0 以上。

第二，经过预测，消费者物价指数的前年比上升率在将来不会再出现负值。

量化宽松政策的解除与争论

量化宽松政策的解除

2004 年以后，日本逐渐具备了解除量化宽松政策的条件。

首先，由于不良债权处理的进展，金融变得不稳定。在 2004 年中，出现了购入国债的投标额低于预期额（即"下调投标额"）的现象。这意味着市场不再需要增加该部分的流动性。

物价也摆脱了持续下跌的状态。消费者物价指数上升率（除生鲜食品外的综合物价）2006 年上半年在 −0.1%—0% 浮动，下半年维持在 0.1%—0.2%。2002 年 1 月以后长期性景气扩大依然在持续。

当时的日本银行行长是福井俊彦。福井行长从 2005 年末开始陆续在发言中渗透"解除量化宽松政策的时期将近"这一

---

① 指金融政策中主要着眼于零利率和持续量化宽松的时间长短的政策。

信息，同时开始打探政府的态度。2006 年 3 月"政策决定合会"中，决定将金融市场的操作目标从日本银行活期存款余额变更为无担保隔夜拆借利率。由此，量化宽松政策告一段落，重新回到零利率政策。而且，2006 年 7 月，无担保隔夜拆借利率的目标被定为 0.25%，这意味着金融政策已经脱离了零利率政策。2007 年 2 月无担保隔夜拆借利率的指导目标被进一步上调为 0.5%。

在 2006 年 3 月解除量化宽松政策时，公布了"新金融政策框架"，在政策运营中，若中长期物价趋于稳定，则将各政策委员所理解的物价上涨率以"中长期性物价稳定的理解"的形式来定期公示。在这时，其具体形式是"用消费者物价指数前年比来体现，在 0%—2% 的范围内"，其中心值则表述为"大概分布在 1% 左右"。

围绕解除量化宽松政策的争论

围绕着解除量化宽松政策，政府、执政党内也出现了"现在实施还为时尚早"的意见。例如，总务大臣竹中平藏为了不侵犯日本银行的独立性而谨慎用词，但仍反复重申通货紧缩还在持续，日本银行应该继续设法增加货币。

但是，"政府财务大管家"——与谢野馨对日本银行的态度表示理解。而且，由于竹中总务大臣没有直接参与围绕金融政策的讨论，因此解除量化宽松政策以及脱离零利率政策都较为顺利地得以实现。

然而，时任官房长官的安倍晋三对解除量化宽松政策表现出坚决反对的态度。当时日本银行违抗政府意愿结束了零利率政策，结果很快就意识到必须撤回该方针，其原因可能是为了不重蹈覆辙而反对结束零利率政策。另外，安倍强烈反对解除量化宽松政策，也说明了他坚持认为只有货币宽松才是摆脱通货紧缩的关键。最终，在 2012 年末，第二次安倍政权成立之后，在安倍经济学的纲领下进入了异次元货币宽松政策的世界。

围绕金融政策的讨论

本节将介绍当时成为议论焦点的金融政策的几个讨论。

关于量化宽松政策的效果

正如之前所述，所谓的量化宽松政策，是指日本银行提供给金融机构的活期存款（超额存款准备金）大幅度超出金融机构必须存入日本银行的金额（法定存款准备金）。并承诺这样的政策将一直持续到消费者物价上涨率稳定在 0% 以上。

在对金融系统不安感强烈的时期，通过灵活应对金融机构的流动性需求，发挥了稳定金融市场的效果。这可以说是后面一般所说的"审慎政策"。这个时期的量化宽松政策，一方面是为了实现脱离通货紧缩这一政策目标，同时它也被期待作为"审慎政策"发挥作用。

那么，在紧要的脱离通货紧缩方面是否发挥了作用呢？量化宽松政策是在下调利率面临零利率制约，无法更进一步的情况下被推上台面的。关于下调利率带来的政策效果，专家们的意见基本一致。利率变低会造成投资的机会费用降低，从而唤醒设备投资、住宅投资等。而且利率低下，企业筹措资金也会更容易，积极发展事业的可能性也会提高。

与此相对，量化宽松政策如何影响经济却并不明朗。这个所谓的"非传统手段"在日本并未被实际应用过。从这个意义上来说，也可以说这是实验性的政策。

有关量化宽松政策对脱离通货紧缩来说是行之有效的政策手段，2005年的《经济财政白皮书》中给出了以下三个理由。

第一，"时间轴政策"的效果，让利率水平长期走低。中央银行许诺继续实施量化宽松政策，直到可以确定不再返回通货紧缩时期。如果市场信赖这一点，就能更长期地让金融市场环境稳定，也能达到让利率更容易回落的效果。

第二，有价证券的再平衡效果。金融机构的资产构成（有价证券）中，如果日本银行的活期存款中这种安全性较高但收益性为零的资产逐渐增多，金融机构就会改变资产结构，增加相对而言风险高、收益也高的资产。

第三，有改变人们期待的效果。中央银行明确了脱离通货紧缩的态度，人们就会产生"中央银行这么努力，最终物价肯定会上涨"的信念，从而可以使人们的通货紧缩心理得以转变。

这三种政策效果的路径在之后的安倍经济学时期，由黑田东彦行长主导施行的异次元宽松政策中也会出现。也就是说，这时的量化宽松与黑田行长主导下的异次元宽松政策，尽管内容不同，但人们对其机制所寄予的厚望和期待是一样的。

围绕通货膨胀目标的议论

通货膨胀目标是政府和中央银行明确的应该达成或维持的特定物价上涨率目标。英国、加拿大、澳大利亚、瑞士等诸多国家都引入过，因此这并不是一项很新颖的政策。采用通货膨胀目标是为了将中央银行的独立性固定在一定的框架之内。也就是说，在以特定的物价上涨率为目标的前提下，应承认其政策决定的独立性。

日本的通货膨胀目标导入论建立在其本身是脱离通货紧缩的政策手段的理念之上，这是它的一大特征。政府和日本银行明确共同的物价上涨率目标，其本身就能提高人们对通货膨胀的期待。而且，通过明示特定目标，日本银行也会更加认真地朝着达成目标的方向努力，积极采取货币宽松政策的措施。

对于这番讨论，日本银行相关人士总体而言持谨慎态度。速水行长在 2003 年 3 月的记者见面会中被问到通货膨胀目标时，回答称"这是轻率的赌博"，从而回避了这个问题。由于物价中包含诸多变动因素，因此仅靠金融政策控制的程度有限。明知如此依然用金融政策来许诺特定物价上涨率未免太过出格，这是多数日本银行相关人士的想法。

也有人指出"事实上已经在实施类似通货膨胀目标的政策了"。确实，为了发挥"时间轴政策"效果，日本银行表示以消费者物价上涨率稳定控制在 0% 以上为目标。这虽然不是恒常维持的物价目标，但是基本等同于，应该将通货膨胀目标设定为 0% 左右。

围绕通货膨胀目标的讨论在之后也一直在持续，在第二次安倍政权时期，2013 年 1 月明确设定了物价上涨率目标。

有关出口的讨论

当时，解除量化宽松进展较为顺利，也是因为朝着出口的步伐比较平稳。作为非传统手段的量化宽松政策实施之后，再次回归到出口这个传统手段。在 2019 年初，围绕异次元宽松的出口"是否应该认真讨论出口的问题？还是为时过早"以及"在通往出口的路上，究竟还有怎样的困难在等着我们"等讨论流行一时。与此相比，2006 年解除量化宽松政策时，虽然 2003 年 6 月存在长期利率急剧上升（从 6 月到 8 月，维持 10 年之久的国债利率从 0.4% 急剧上升至 1.4%），即在风险价值（VaR）遭受冲击的局面下，围绕出口的讨论较为平静。

这可能是因为，量化宽松相对持续时间较短、日本银行购入国债的到期剩余时间也较短，持有的部分很快就能依次偿还，因此持有余额也相应减少。恐怕从安倍经济学的异次元宽松政策到出口的路径中，面临着这段无可比拟的严峻考验。

第四部分 民主党政权的诞生和雷曼冲击

（21世纪初后半期到21世纪10年代初）

21 世纪初后半期到 21 世纪 10 年代初主要经济事件及其他事件

年份	月份	经济事件	其他事件
2006	9	—	第一次安倍内阁成立
2007	7	—	参议院选举中，民主党成为第一党，形成"扭曲国会"
	8	—	巴黎银行事件
	9	—	福田内阁成立
	10	邮政民营化	—
2008	4	白川方明就任日本银行行长	—
	9	—	雷曼冲击和世界金融危机、麻生内阁成立
2009	1	—	奥巴马就任美国总统
	3	日经平均股价达到泡沫经济后最低值	—
	9	—	民主党鸠山政权成立
	11	菅直人发表通货紧缩宣言	—
2010	6	—	菅内阁成立
	7	—	在参议院选举中，执政党（民主党）议席跌破半数
	10	日本银行开始实行综合的量化宽松	—
2011	3	—	"3·11"日本大地震
	9	—	野田内阁成立
2012	6	民主党、自民党、公明党三党在消费税增税法案上达成一致	—
	12	—	自民党在众议院选举中大胜，政权交替

政治局势的概况

在第四部分论述内容的时期内，政治形势可谓瞬息万变。在此对其概况进行整理。

2006 年 9 月小泉首相卸任后，自民党政权经历了安倍晋三、福田康夫、麻生太郎三届短期政权。

2006 年 9 月，第一次安倍政权诞生。成立之初内阁支持率很高，不过，由于允许反对邮政民营化的议员复党、养老金记录消失问题、阁僚的丑闻等事件接连发生，再加上首相病情恶化，安倍于 2007 年 9 月辞任。

在野党方面，2003 年自由党（党首为小泽一郎）和民主党（代表为菅直人）合并，在 2007 年的参议院选举中，民主党成为第一大党。此时，产生了众议院中自民党占多数、参议院中民主党占多数的"扭曲"现象。

民主党打出了深受国民欢迎的宣言，在 2009 年 8 月的众议院选举中获得压倒性胜利，实现了第二次世界大战后初次真正意义上的政权交替。但是民主党的治国理政破绽明显，还伴随着党内斗争，因此在 2010 年夏的参议院选举中败北。这一次，再次发生了"扭曲"现象——众议院中民主党为第一党，参议院中自民党为第一党。首相从鸠山由纪夫到菅直人再到野田佳彦，其交替速度令人惊讶，小泽一郎等 50 人组成新党并脱离了民主党。在 2012 年 12 月的众议院选举中民主党一败涂地，自民党东山再起，重回第一党的位置。

第十章 政权交替前夜

自民党政权逆风高涨

小泉政权结束后，在自民党三位首相几乎一年一换的频率下，其支持率也随之逐渐下降。在本章节讲述的诸多事件中，我们选出事后从日本经济角度来看很重要的三个事件，即扭曲现象、差距问题、财政重建路线的停滞进行介绍。

"扭曲国会"的影响

2007 年第一次安倍政权在参议院选举中大败，出现了民主党等在野党在参议院占多数的局面。所谓的扭曲现象就此诞生。在这个时期，政策运营会出现何种程度的困难取决于众议院的情况。

先来梳理一下众议院和参议院的关系。首先，众议院有权提出内阁不信任案，提案一旦获得通过，就将面临首相解散国会或者内阁集体辞职的情况。但是，参议院不能提出不信任案。因此，即使在参议院中在野党占多数，也不会直接动摇政权。

关于预算，规定由众议院先进行讨论，即使参议院否决，也会优先考虑众议院的决议。因此，即使在野党在参议院中占多数，也构不成阻碍。或者甚至会出现涉及本质的疑问——关于预算，只要存在众议院优先的原则，那么参议院审议预算究竟有没有意义？

问题的关键在于法案的审议和国会人事任免。即使在众、参两院决议不同的情况下，如果众议院中有三分之二以上的票数再次通过，那么其决议也会成立。

总之，如果在众议院中执政党占三分之二以上席位，即使发生扭曲现象也不会出现太大的问题。但是，如果在众议院执政党未达三分之二的情况下，参议院中在野党占多数时，就会出现所谓的真正的扭曲现象。在法案审议和人事任免上，参议院拥有实际的否决权，因此议会运营就会变得极度困难。即使众议院可以优先处理预算案，但是如果预算相关法案在参议院被否决，预算也不能被执行。2007年的扭曲现象是真正的扭曲现象，因而成为一个大问题。

围绕日本银行行长人事任免的混乱

扭曲现象对经济产生重大影响的是关于日本银行行长、副行长进行任免的国会批准。要得到批准则必须获得众、参两院的同意。

2008年3月，日本银行副行长即将结束任期。4月，日本银行行长福井俊彦也将结束任期。于是，2008年3月，政府将这两个职位的继任人事安排提交至国会进行审议。人事提案的内容为，由迄今为止一直担任副行长的前财务次官武藤敏

郎接任行长一职，由京都大学教授白川方明（日本银行前行长）
和东京大学教授伊藤隆敏担任副行长。

在"扭曲国会"的背景下，这一人事案在众议院获得通过，
但是在参议院，白川副行长的任职获得了批准，而武藤行长和
伊藤副行长的任职却被否决。由于没有相关文件存留，参议院
否决的理由不详。关于武藤，据说是因为从金融政策独立于财
政的立场来看，前财务次官继任行长是不合适的。而伊藤的任
职被否决据说是因为他曾是自民党政权下的经济财政咨询会议
议员。接下来，政府再次提案——任命财务省前次官田波耕治
为行长候选人，任命从东京大学教授转而担任日本银行审议委
员的西村清彦为副行长。结果西村的提案获得了批准，但田波
的提案没有通过。当时，第二次世界大战后首次出现日本银行
行长空缺的状况（白川副行长代理职务）。接着，政府认为担
任副行长的话，即使是财务省出身的人应该也能得到认可，于
是怀着这样的期待再一次提交提案——任命白川方明为行长，
前财务官渡边博史为副行长。结果，关于白川行长的提案得到
批准，但渡边副行长的提案再次被否决了。

扭曲现象在民主政权时期也曾发生过。民主党在2009
年的众议院选举中获得了压倒性胜利并取得了政权，但是在
2010年的参议院选举中败北，从而造成了扭曲状态。这次作
为在野党的自民党在参议院转为攻势，民主党的国会运营屡次
陷入瘫痪，政策执行能力被削弱。

扭曲现象是在政权交替的过渡期出现的。在这种扭曲状态
下，实现建设性的国会讨论是一个大课题，目前还没有找到解

决方法。仅从过去这两个例子来看，可以说这种扭曲通过剥夺执政党的权力加速了政权交替。

有关贫富差距争论的高涨

话题回到小泉政权时代。从小泉政权时代开始，"日本变成了差距社会"，"小泉政权的自由市场型经济政策助长了贫富差距扩大的态势"，这些批判声越来越强烈，成为政权交替的大背景。

再往前追溯，贫富差距开始引起人们重视，始于 20 世纪 90 年代末。1998 年，橘木俊诏所著的《日本的经济差距》出版后成为热门话题。橘木指出，20 世纪 80 年代以后，从基尼系数的上升趋势可知，日本收入分配的不公程度正在加剧。从国际上来看，日本的分配不公程度在发达国家中是最高的。在此之前，日本被公认为是"一亿总中流"国家，所以橘木先生的这一说法给大家带来了巨大的思想冲击。

到了 2006 年，贫富差距的争议波及国会。这次国会讨论显示了当时贫富差距争论的性质。争论始于 2006 年 1 月的自民党大会，公明党代表神崎武法提出问题，"泡沫经济崩溃后，富裕阶层和贫困阶层的两极分化正在逐渐扩大"。

因此，内阁在 2006 年 1 月的有关月例经济报告的相关阁僚会议上，就贫富差距的现状进行了非常详细的说明①，其内容如下。

---

① 中间大概有种种原委，在讨论景气现状的月例经济报告会上，关于贫富差距的报告极其少见。

第一，贫富差距的扩大，无法从统计数据上得到确认。

第二，统计上显示收入差距在缓慢扩大，但这主要受老龄化和家庭规模缩小的影响。年龄层越高，收入差距就越大，高龄家庭的增加导致了宏观上收入差距进一步扩大。家庭规模缩小和单身家庭的增加导致低收入家庭的增加，这也导致了贫富差距的扩大。

第三，认为个人属于中流生活水平的比例，在过去 10 年间几乎没有变化。

第四，需要注意的是，"啃老族"、自由职业者等年轻人的就业、生活状态的变化里蕴含着将来贫富差距进一步扩大的重要原因。

关于内阁府的这一观点，神崎代表批判道："（根据）我走遍全国，实地倾听现场的声音后的真实感受，以及在这之后看到的民间数据，很明显可以看出，贫富差距正在扩大。"2006年 1 月 23 日，民主党的前原诚司在众议院的代表提问中问道："（小泉首相）在任时，对于'啃老族'、自由职业者慢慢形成和贫富差距扩大这一点是如何认识的？"对于这个问题，小泉首相回答说："我接到的报告称，从统计数据来看并未确定贫富差距在扩大，资产方面也没有存在明显的差距。"

在这场对话中值得注意的是，神崎代表反复强调了"现场的声音""真实感受"。比起内阁府式的统计技术性说明，他更了解国民的真实感受。可是，这种真实感受之类的东西作为经济讨论的凭据来说其说服力是很有限的。例如，普通民众对经济的真实感受最具代表性的一个方面就是薪资。但是在持续通货紧缩的情况下，名义工资从 1998 年开始到 2004 年连续七年都在下降。结果，2005 年的工资水平与 1997 年相比下降了 7.5%。面对收入减少的普通民众，如何判断这到底是由于"整体的收入减少了"还是由于"相对的贫富差距扩大导致收入减少了"？在神崎代表所谓的"真实感受"中，可能是将"整体收入的减少"误认为是"由于贫富差距扩大导致仅个人收入的减少"了。

再者，原本整体上的贫富差距并没有扩大，因此，有关主张自由市场的小泉改革的推进而导致贫富差距扩大的社会议论也应当被否定。

加剧的自由市场批判

尽管提供了关于经济差距现状的信息，也并没能推翻作为"真实感受"的差距意识。"日本变成了差距分化社会"，其根源是"小泉政权推进的自由市场性改革"，这些争议席卷了整个日本。

这种差距社会论和自由市场批判，对自民党产生了不利影响，这也导致了之后民主党在选举战中获胜以及政权交替的局面。

在此我们就当时对自由市场观点的批判进行回顾。民主党的代表鸠山由纪夫于选举前的 2009 年 8 月 27 日在《纽约时报》上发表了一篇文章，其中有如下内容，"'冷战'后，日本人被称为'全球化'的美国自由市场主义之风击垮，失去了作为人的尊严。这次的经济危机（雷曼冲击）是由以下这种思想导致的——唯有美国式的自由主义经济学才具有普遍性，各国都应该按照这个全球化标准来修改传统和国内相关规定"。这几乎是对自由市场经济的全盘否定。这篇文章在民主党获得政权之后，在美国也引发了"新一届日本首相是这样想的吗"的热议。

鸠山在政权交替后发表的施政演说中有以下内容："市场中的自由经济活动催生了社会活力，丰富了国民生活，这是不言而喻的。但是，将一切交给市场，适者生存的想法，以及即使牺牲国民的生活也要追求自由经济的想法，很明显已经无法成立了。"

更令人惊讶的是，连原本一直支持小泉改革的自民党内部，也被批判自由主义经济之风所笼罩。例如，麻生首相就在2009年8月的总选举之前，接受了《日本经济新闻》的采访。就小泉改革的评价论述如下："虽然也有成功的部分，但是由于过度的自由市场主义而使日本产生了贫富差距。对地方和中小企业造成的负面影响应该予以修正。"

自民党在当时的众议院选举提出的宣言中有这样的表述："我们为将第二次世界大战后的日本建设成世界上屈指可数的大国而深感骄傲。但是我们也认识到，这造成了这个国家的负面状况，我们应该与近年来过度的自由市场主义彻底诀别。"仅从这段文字就可看出，在当时的众议院选举中，自民党不仅接受了在野党对自由市场批判和贫富差距的批判，并且正在向在野党的主张靠拢。

对抑制社会保障费的批判

在"后小泉政权"之下，对小泉政权下出台的社会保障费削减方针的批判声越发强烈。本书第八章已经提过，在小泉内阁的统治下，2006年的"骨太方针"中提出了财政改革的基本方针，其中，2011年为了使基础财政收支黑字化，必要的对应额（财政支出削减或财政收入增加的必要金额）为16.5万亿日元左右，其中11.4万亿—14.3万亿日元通过财政支出削减来应对。在"骨太方针"中明确了五年间不同领域的削减额。其中特别成问题的是关于社会保障费的削减方针，削减目标为国家和地方合计1.6万亿日元（其中国家为1.1万亿日元）。

问题在于社会保障费该如何削减。关于这一点，在2006年的"骨太方针"中特意写明，"今后五年间应该实施的财政支出改革内容，并非在五年间机械地均等地进行财政支出削减"。关于社会保障费，按照该方针，最初是每年弹性地削减。比如，2003年是3000亿日元，2004年是2200亿日元，2005年是1254亿日元。但是2007年以后，最高限额就被设定为每年削减2200亿日元，2200亿日元直接变成了削减目标。

这种完全按照纸上谈兵式的计算来削减社会保障，引起了人们的强烈反感。其结果为麻生内阁提出2009年的"骨太方针"以后，削减目标被撤回。这也意味着小泉政权下的财政改革计划已然破产。

再者，关于这种对社会保障支出的机械性削减，当时有人批评"每年机械性削减社会保障支出是一种冷酷无情的政策"，但是2200亿日元的削减在"与什么比较之下的削减"上招致了很多误解。例如，民主党樱井充议员在2008年3月

28 日召开的参议院预算委员会上进行了如下发言："将 2200
亿日元作为每年常规减额，厚生劳动省的预算不断减少，因
此产生了'穷忙族'，经济停滞不前，个人消费也带动不起
来。其始作俑者不正是经济财政咨询会议吗？"但是，这并
不是与前一年度相比来进行削减。"在什么都不做的情况下，
将社会保障增加额（即伴随老龄化等的"自然增加"）削减
2200 亿日元，由于自然增加额超过 2200 亿日元，所以削减
后的社会保障相关支出仍会增加。不是坚决做到"通过削减
使其不再增加"，而是"想办法抑制增加幅度"。所以，并
不会发生樱井议员所说的那种"厚生劳动省的预算不断减少"
的情况。

这个经验说明了什么呢？把现状和目标进行比较，并将
这一差距机械地分配到每年的做法是行不通的。或者从本质上
说，在通过削减支出来进行财政重建时，如果削减的对象涉及
社会保障支出，实现的障碍就有可能突然提高。

就这样在"扭曲国会"下，自民党的政策执行能力变弱，
对贫富差距社会、社会保障费削减的批判等重重交织的结果就
形成了向民主党政权交替的经济背景。

雷曼冲击的发生

2008 年秋，美国的雷曼冲击使日本经济受到了巨大的打
击。这次冲击的负面影响延续到了一年后的民主党政权。先来
回顾一下雷曼冲击的经过和对日本经济造成的影响。

雷曼冲击的经过应该分为两个层面来考虑。一个是次贷危机，另一个是雷曼兄弟公司对这一危机的处理。没有次贷危机就不会发生雷曼冲击，而假如雷曼兄弟公司的处理得当，经济冲击的影响应该会更小。

次贷危机

先从次贷危机开始思考。次贷是指面向信用能力较低的人群发放的贷款，其放贷的对象包括曾有拖欠钱款、抵押、破产经历的人，或从收入中扣除借贷相关支出后连生活费都无法保障的人等，也包括在日本根本贷不了款的人群。

在美国，这些次贷从 20 世纪 90 年代后半期开始急剧增加，通常来说，其背景有以下两点：住房价格上涨和长期利率持续下降。

次贷大多在最初的两年为固定利率，之后为浮动利率。在这种条件下，如果两年间努力支付了利息，两年后房价上涨而利率下降，就可以更有利的条件来借新债还旧债。只要房价上涨和利率下降一直持续，这种机制就能持续运转。在这期间，债务人可以用非常少的负担维持贷款。不仅可以维持贷款，借新债还旧债之后，手头甚至还留有可以自由使用的现金流。

其次思考贷款证券化的发展，就此也做简单说明。住房贷款借贷机构贷出次贷，随即把债权出售给"房利美"和"房地美"等政府住房金融机构。这些金融机构以房贷债权为担保，将符合条件的房贷组合打包成房地产抵押贷款证券（MBS），然后出售给金融机构等投资者。此外，还通过与其他各种各样的债权（车贷、国债等）组合，组成债务担保证券（CDO）出售给投资者。单独的次贷存在一定被赖账的风险，但是通过与其他多种债权相组合的方式，风险就被分散了，信用等级也高了，自然就成为高收益、低风险的证券。

购入这些证券的投资者，并不清楚所购买的证券中包含多大比率的次贷，所以也无法正确评估风险。就这样，原本风险巨大的债权就被分散给众多的投资者。

但是，长期利率下降和房价上涨导致住宅贷款增加和贷款证券化，最终使债务人负担减轻和风险分散，这样乍一看皆大欢喜。在2006年下半年以后，房价上涨率开始减缓，部分地区房价下降，导致了这一机制失灵。次贷的借款周转期变得艰难，延后还款率急剧上升，拖欠债务不断增多。住宅金融借贷机构经营恶化，甚至开始出现破产。对于由这些次贷组合打包而成的MBS和CDO等证券化商品，投资者难以把握其中含有多少次贷的坏账风险，他们越发不安。后来房价急速下降，而大量持有这些证券的对冲基金、商业银行、投资银行、保险公司由此遭受了巨额的损失。

2007年8月，由于欧洲大型金融机构法国巴黎银行旗下的投资基金宣布冻结偿还等（即所谓的"巴黎银行事件"），金融机构之间也陷入疑神疑鬼的状态，出现了控制信用交易的迹象，由此导致短期金融市场流动性不足，市场利率急剧上升。

面对这样的危机事态，以美国政府、美国联邦储备委员会（The Board of Governors of The Federal Reserve Board，简称 FRB）为首的各国中央银行相继采取了对策。2007 年 8—9 月，美国政府出台了以扩充住房贷款融资保险制度等为支柱的面向住宅所有者的支持政策。此外，以 FRB 为首，各国中央银行紧急供给了大量的资金。

雷曼冲击

2008 年 9 月发生的雷曼冲击是有伏笔的。2008 年 3 月，大型投资银行贝尔·斯登被摩根大通集团（JP 摩根）并购。在这时，设立了不良债权的接盘公司。JP 摩根对这家接盘公司的出资很少，大部分是由纽约联合银行进行融资以及公共资金的实际注入。很多人认为大型金融机构"规模巨大，不可能倒闭"。因此对于雷曼兄弟公司，大家也认为一定会有来自政府的救济措施。

但是，财务长官保尔森表示不使用公共资金，而是朝着"最终由英国巴克莱银行收购"这一方向交涉。然而，英国监督当局没有批准该收购，因此该公司 9 月就沦落至申请破产的地步，曾期待政府施以援手，现在希望完全落空。金融机构之间相互不信任，出现了全世界美元资金枯竭的异常事态，雷曼冲击一触即发。

金融危机波及全世界。在欧洲，由于交易对手风险高涨（客户破产的风险），短期金融市场的资金开始枯竭，中央银行成为唯一的贷款机构。

在新兴国家，最初大家认为持有的次贷相关债券较少，因此受美国发生的金融危机的影响有限，但是在新兴国家也发生了股价和货币下跌的现象。这是由于受到金融危机的影响，欧美金融机构的投资行为开始倾向于回避风险，对新兴国家的投资越发谨慎，并转而增加对发达国家的国债等安全资产的投资。

美国当局为什么没有出手救雷曼呢？对此说法不一，总而言之这是一个谜。财务长官保尔森、纽约联合银行总裁盖特纳、FRB主席伯南克等人的说辞是，由于没有足够的担保就无法进行紧急融资，也就是说没有法律可救济的手段。对此还有证言称，对于最高840亿美元的必要金额，至少需要1140亿美元的资产作担保。

人们普遍认为，当时的舆论、政治状况不允许对雷曼实行救济。在当时的议会上，就金融机构进行官方救济会遭到强烈批判。在"不允许用税金拯救贪婪的华尔街"的舆论背景下，针对有利政治家的官方救济的批判性发言接连不断。因此，为了支援两家住宅公社法案，在议会上引发了纠纷。

雷曼公司的破产给整个世界带来了巨大的负面影响，这一状况发生后，2008年10月，美国投入7000亿美元的公共资金来阻止金融危机的新法案得以通过。由此，美国开始向大型金融机构注入资本。

与日本泡沫经济的对比

美国次贷危机的爆发及引发次贷危机的雷曼冲击，不禁让人想起20世纪80年代后半期，日本的泡沫经济及泡沫崩溃后出现的不良债权问题等金融方面的混乱状况。关于这一点，当时在日本银行担任危机应对前线指挥的中曾宏指出，美国的次贷危机有以下几点和日本金融危机相似。

第一，2007 年 7 月，试图用民间金融机构的融资度过德国产业银行的经营危机。这类似于 1994 年日本的两家信用合作社（东京协和信用合作社、安全信用合作社）破产时，金融当局通过给民间银行做工作，以民间银行捐献的方式来应对危机。

第二，2008 年 3 月，以官方干预的方式救济贝尔·斯登的行为受到批评，这也是之后政府投入公共资金时犹豫不决的原因之一。这也与 1996 年日本政府为了处理住房专用借贷公司的不良债权投入 6850 亿日元的公共资金而备受指责，之后公共资金投入跟不上的情况如出一辙。

第三，雷曼破产后，使用公共资金救济的道路被打开，保险巨头美国国际集团（AIG）得到了救济。这与 1997 年 11 月，三洋证券、北海道拓殖银行、山一证券等破产后，开始形成公共资金投入的大致情况相似。

另外，中曾宏说，20 世纪 90 年代日本的金融问题被认为是固有的问题，日本承受着来自世界的压力，当局"绝不允许日本引发金融恐慌"并拼命地应对，而对于美国的金融危机扩散至全世界，则使用了"复杂的心情一言难尽"这种微妙的表述。

笔者试着以自己的理解来解读这一微妙的表述。以美国为首的发达国家认为，泡沫经济的产生和崩溃是日本特有的现象，是日本经济运作失灵导致的。为了不让自己受到影响，要求日本采取万全之策加以应对。

现在回想起来，这种看法是片面的。出现泡沫经济不是日本特有的现象，美国也以次贷问题的形式造成了泡沫经济崩溃，这一事实足以证明这一点。而且，泡沫破灭之后的政策性应对非常困难，这也不是日本独有的问题。因为美国在泡沫经济崩溃之后的应对，从结果而言，使整个世界经济陷入了大混乱。对日本的责难就好像变成了"回旋镖"，给美国等发达国家造成了有力回击。

雷曼冲击的经济影响和政策应对

雷曼冲击的经济影响

雷曼冲击发生后的一段时期内，人们普遍认为其对日本经济的影响没有那么大。财务大臣与谢野馨作为自民党总裁选举的候选人在街头演说时（2008 年 9 月 17 日），对雷曼兄弟的经营破产这样评论："对日本当然造成了影响，但这影响的程度就像被蜜蜂蜇了一下那么轻。日本的金融机构绝对没有因此而受损。"的确，日本的金融机构在对待包括次贷在内的金融商品时较为消极，与欧美的金融机构受到的影响相比不值一提。因此，财务大臣与谢野这样说也不无道理。

但是，日本经济大幅衰退是不争的事实。从 2009 年初开始，经济低迷的状态就已经很明显，而且其程度远超想象。就在受雷曼冲击之后的 2008 年 10—12 月，GDP 呈现 9.4% 的负增长（实际年率，以下同），2009 年 1—3 月进一步衰退，实际 GDP 变成了 17.8% 的负增长。从年度平均来看，2008 年为 −3.4%，

2009 年为 −2.2%，即连续两年为负增长。2009 年 1 月 20 日公布的政府月例经济报告使用了"景气急速恶化"这种尤为严峻的表述，传达严峻的景气形势。与此同时，雇用形势也急剧恶化。在 2008 年 9 月时，有效招聘倍率为 0.83 倍，至 2009 年 8 月，下降到 0.42 倍，同一时期失业率从 4.0% 上升到 5.4%。

当初认为"世界金融危机对日本的影响相对较轻"的想法是一个出人意料的错误。确实，它对日本金融方面的影响相对较轻，但对日本实体经济的影响可以说是发达国家中最大的。尤其令人震惊的是，日本的经济衰退比爆发危机的当事国美国还要严重。那么，为什么日本的经济衰退会如此严重呢？其理由有以下三点。

第一，出口的下滑。雷曼危机之后日本出口下滑的严重程度令人难以置信。物价水平上涨影响到的出口下降，2008 年 10—12 月呈现 42.0% 的负增长，2009 年 1—3 月呈现 69.3% 的负增长，都出现了前所未有的锐减势头。照这样下去，甚至会让人担心日本的出口会不会就此消失。拥有世界第一经济规模的美国发生经济下滑的结果是，各国对美国的出口都在减少，高度依赖出口的日本和亚洲各国的经济规模不断缩小。

第二，设备投资的存量调整。设备投资（实际前期比年率）也同样陷入低迷，2008 年 10—12 月呈现 14.3% 的负增长，2009 年 1—3 月呈现 22% 的负增长。由于以出口为中心的需求骤然下降，设备资产猛然过剩，流动的设备投资很快就陷于瘫痪[1]。

---

[1] 设备投资的加速度原理。为应对资产设备不足情况的发生，设备投资要按需求增加，成比例地变动。因此，当需求减少时，设备投资会减少得更多。

第三，库存调整。雷曼冲击导致美国的需求减少，这种需求的减少通过贸易活动，渐增式地波及各国，然而这种情况在最初很难被预测。于是，生产的调整赶不上需求的减少，导致积压库存大幅上升。之后，为了减少库存，有必要使生产方面减少的量多于需求减少的量，这就导致了生产的急剧下降。

政府的政策性应对

面临这样的经济衰退，麻生政府和日本银行（白川行长）都陆续进行了政策性应对。其中，关于金融政策将在本书第十二章集中叙述，在此主要介绍关于财政方面的应对措施。雷曼冲击之后（2008 年 9 月 24 日）成立的麻生内阁，在"痊愈需三年"的判断下，表示将把经济重建置于最优先位置，并于 2008 年 10 月 30 日出台了经济应对政策史上事业规模最高的 27 万亿日元（包括融资范围的扩大）的"生活对策"。主要内容为，用于让人们安心生活的定额补助金实施等方面为 3 万亿日元，面向中小型企业和政府系金融机构的贷款范围扩大等金融、经济的稳定强化方面为 21.9 万亿日元。同年 12 月 14 日，公布了作为补充的事业费 23 万亿日元的"生活防卫对策"，不过，其中 6 万亿日元与 10 月的生活对策重复。

2009 年 4 月，为了支撑急剧恶化的经济形势，麻生内阁公布了事业规模为 56.8 万亿日元的追加经济对策。在这个对策中，扩充雇用补助金、促进人们基于环保积分的节能家电的购买、促进换购低能耗汽车的环保车减税、扩充育儿支援、减少赠予税、向地方发放临时补助金等广泛的对策被动员起来。

为了实施这些对策，4月27日编制了增加财政支出规模14.8万亿日元的史上最高补充预算。这个补充预算虽于5月通过，但在政权交替后成立的鸠山民主党内阁对此进行了修改。

表 10-2 日本政府的经济对策（2008—2012 年）

对策名称	出台日期	内阁	事业规模	经济效果
强化增长力的早期实施政策	2008年4月4日	福田康夫	※	※
为实现安心的紧急综合对策	2008年8月29日	福田康夫	国家经费1.8万亿日元。2020年度财政投入追加0.2万亿日元，事业费11.5万亿日元	GDP增长率提高1%
生活对策	2008年10月30日	麻生太郎	国家经费5.0万亿日元，事业费26.9万亿日元	—
生活防卫的紧急对策	2008年12月19日	麻生太郎	财政措施4万亿日元，事业费37万亿日元	—
经济危机对策	2009年4月10日	麻生太郎	国家经费为15.4万亿日元，事业费56.8万亿日元	增长率提高2%左右（创造需求等），创造40万—50万个工作岗位（截至2011年的3年间共惠及390万人）
紧急雇用对策	2009年10月23日	鸠山由纪夫	※	目前创造工作岗位惠及人口为截至2021年末10万人
面向未来的安心和增长的紧急经济对策	2009年12月8日	鸠山由纪夫	国家经费为7.2万亿日元，事业费24.4万亿日元	创造工作岗位惠及人口为20万人
为实现新增长战略的三段式经济对策，日元升值、通货紧缩的紧急应对	2010年9月10日	菅直人	国家经费为9150万亿日元，事业费9.8万亿日元	实际国内生产总值为0.3%，创造工作岗位惠及人口为20万人（其中含应届毕业生5万人）

名称	通过日	内阁	事业规模	经济效果
应对日元升值和通货紧缩的紧急综合经济对策—为实现新增长战略的第二步	2010年10月8日	菅直人	国家经费为5.1万亿日元左右，事业费21.1万亿日元	实际国内生产总值0.6%左右，创造工作岗位惠及人口45万—50万人
日元升值的综合应对政策—构筑强抗风险能力的社会	2011年10月21日	野田佳彦	国家经费为2.0万亿日元，事业费23.6万亿日元	实际国内生产总值0.5%左右，创造工作岗位惠及人口30万人
加速日本再生项目	2012年11月30日	野田佳彦	国家经费为1.3万亿日元，事业费2.0万亿日元（包括中小企业金融等融资规模在内的事业规模为5万亿日元）	实际国内生产总值0.4%，创造工作岗位惠及人口12万人

注：※ 部分表示结构性措施（法令修正和银行不良债权的应对等），无法明确其事业规模。

为应对金融危机的国际合作

针对雷曼事件后世界性的美元资金枯竭，包括日本在内的发达国家的中央银行都采取了紧急应对措施。日本、美国、英国、瑞士、加拿大、欧洲这六个国家及地区的中央银行反复商议，在雷曼破产仅仅三天之后的2008年9月18日，于各国家、地区间缔结了交换协定，建立了各中央银行发行的货币与纽约联邦储备银行兑换美元，再将其提供给金融机构的体制。通常，中央银行在发生危机时被期待充当本国货币的最后贷款人，在这时却充当了美元的最后贷款人。

　　当时的国际合作迅速而紧密，特别是这项工作的当事人被给予了很高评价。时任纽约联邦储备银行总裁盖特纳说："在危机之时，美国向世界的中央银行和大型金融机构提供了大量美元货币，再通过主要的 20 个国家、地域（G20）等框架，谋求财政、金融政策的紧密合作，这是非常重要的……这与 1929 年的全球金融危机有很大的不同。"当时的欧洲中央银行总裁特里歇也说，"发达国家的中央银行在应对危机中发挥了重要作用"。

政权交替和开始行动的民主党政权

在 2009 年 8 月的众议院选举中，民主党在 408 个席位中获得 308 个席位，可谓大获全胜。通过与社民党、国民新党的联合政权实现了政权交替。民主党计划推行"玫瑰色公约"，但由于遇到诸多阻碍，逐渐失去了当初的气势。为什么民主党会夺取政权？为什么此后失势了？究竟是哪里出了问题？

从官僚统治到政治主导的尝试及其挫折

宣言主张摆脱官僚主义

回顾当时，民主党的执政宣言以令人震惊的决心，强烈主张脱离官僚统治以及实现政治主导。宣言开头就提出了五大原则和五大措施，这些大多都与摆脱官僚和政治主导相关。

五大原则的第一项是，从完全依赖于官僚主导，到由政权党负责的政治主导；第二项是，从政府和执政党并立的二元体系到内阁的一元化管辖；第三项是由各省分割的部门利益到官邸主导的国家利益。（第四项和第五项省略）

再来看五大措施。第一大措施是，政府设置大臣、副大臣、政务官、大臣辅佐官等国会议员约 100 人，以政治为主导，制定、调整、出台政策。第二大措施是，通过灵活利用阁僚委员会，让阁僚自行协调困难的课题。废除事务次官会议，由政治家进行决策。第三大措施是，强化官邸功能，设置直属首相的"国家战略局"，集结官民优秀人才，描绘新时代的国家蓝图，在政治主导下制定预算框架。第四大措施是，事务次官、局长等干部人事，在政治主导下确立基于业绩评价的新干部人事制度。制定政府干部职员的行为规范。第五大措施是，全面禁止以上压下，拉关系。……设置"行政革新会议"，详查所有的预算和制度，消除浪费和腐败。……修正《国家行政组织法》，构建可以机动调整的省厅编制体制。

五大原则和五大措施共 10 个项目中，有 8 个是试图打破官僚统治、确立政治主导的内容。

从这里可以看出，民主党认为官僚统治才是万恶之源。但这种判断是正确的吗？

迈向政治主导的步伐

刚刚掌权的民主党政权迅速迈出了执政宣言上提出的政治主导步伐。2009 年 9 月 16 日的初次内阁会议上出台的"内阁基本方针"中明确提出，有必要重新审视政府和官员的关系，通过确立政治主导，实现真正的民主主义。由此，这个宣言成了政府的正式实施方针。

官僚的行动受到了限制。在这个基本方针中，具体规定了"表明府省意见的记者招待会由大臣等'政客'来负责，不举办事务次官等的定期记者招待会。只是根据专业性等其他状况，在大臣判断为合适的情况下，可由'官僚'负责"。

在政治主导的背景下，也出现了直接推翻实施已久的政策的状况，典型事例是中止八场水库建设。国土交通大臣前原诚司在就任后立即明确表示要中止八场水库的建设。在2009年的宣言中，鸠山代表表示："我想做的不是重视混凝土的政治，而是重视人的政治。"这就是"从混凝土到人"这一口号的由来，而前国土交通大臣将其付诸实践了。

国家战略会议的失速

民主党政权上台后不久，就出现了难以按照执政宣言推进的现象。

宣言所包含的核心组织——"国家战略局"被定位为超越了省厅部门利害关系，由首相直接领导的决定预算框架和国家前景的组织。但是为了明确权限就必须先修改法律，所以从成立"国家战略室"开始，民间人士也被吸收为工作人员，尽管终究没能充分发挥作用。

根据宣言，将官民优秀人才集结到国家战略局中，开创新时代的国家蓝图。然而，这实在并非像写理想主义作文那么简单。即便要聚集官民优秀人才，在没有充分的身份保障的情况下，也难以网罗到优秀人才。据统计，到2009年11月初，民间录用者5名、财务省等机关借调者5名，共计10名，到2月末终于募集到20名（除支援人员）。

2009 年 10 月，内阁会议通过了"关于预算编制的基本方针"，其中有"预算编制的基本方针""各府省预算执行情况的明示方针""预算执行效率化监督组的方针""政策达成目标明示制度的方针"等内容，全部由国家战略室负责。此外，它还要负责确定截至 2020 年的增长战略框架。如果是在旧经济企划厅，这些课题大概要由两个局、总共 100 名以上的工作人员来完成。

鸠山内阁之后上台的菅内阁，重新审视了国家战略室的功能，让其通过收集信息和提出政策建议来辅佐首相。也就是说它对政策本身进行综合调整的作用已不复存在。

国家战略室在野田内阁下再次变身。野田内阁于 2011 年 10 月设置了"国家战略会议"。这是由 14 名议员组成、首相担任议长、日本银行行长和有识之士参与的组织，类似于经济财政咨询会议。由此，国家战略室就变成了"国家战略会议"的事务局。

就这样，在对国家战略局寄予厚望的同时，自民党时期的经济财政咨询会议难免被忽视。鸠山内阁虽然没有废除咨询会议，但是因为没有任命议员，所以该会议处于"休眠"状态。这或许是由于自民党时代的政策不合心意，导致参与其决定的咨询会议也无法入其法眼吧。

摆脱官僚、政治主导也有阴影

摆脱官僚的走向也渐渐变得扑朔迷离。福田康夫内阁在"扭曲国会"的背景下，在财务省出身的武藤敏郎等人涉及的日本银行行长案中，民主党以摆脱官僚、摆脱财务省"统治"为理由持续反对，从而导致日本银行行长一职空缺了三周。但是待其掌权后，将原大藏次官斋藤次郎任命为日本邮政社长，起用同为大藏省出身的坂笃郎为副社长，起用前厚生劳动次官江利川毅为人事院人事官等，摆脱官僚的主张荒腔走板了。

宣言第二大措施中的"阁僚委员会"和"废除事务次官会议"后续如何？阁僚委员会本来就没有具体的运营方针，其理念也不过是遇到涉及多省的难题，不交给官僚而是让相关阁僚们聚集一处制订方针。麻生政权成立后，召开了首相领导下的2009年度补充预算处理、地球变暖问题、防卫网的重新评估等相关阁僚会议，但之后这类会议的召开次数一再减少。

关于事务次官会议，在麻生政权成立当天即被宣布废除，同时事务次官在次长会议后进行的例行记者见面会也被取消。由这些举措可以窥见，民主党将事务次官会议当作官僚统治的象征性存在。但这是由于过高估计了次官会议的任务而产生的。观察次官会议的实际情况就会得知，在次官会议上也几乎没有进行具有实际内容的讨论。如果硬要列举其作用，可以说它是担保提交到内阁会议的议案是各部门已达成一致议案的地方。在次官会议上，如果有议案遭到某省厅的反对，该议案就不能被提交至内阁会议。

之后在2011年的"3·11"日本大地震中，事务次官也参与进来，设置了支援受灾者的各府省联络会议。在同年9月成立的野田内阁下，这个会议改名为"各府省联络会议"，定为每周五召开，次官会议由此基本"复活"。

天真的财源预测

从经济角度看，民主党政权最大的失误是在没有充分财源补贴的情况下提出了"玫瑰色公约"，并打算将公约不加修改地付诸实施。在缺乏财源后盾的情况下，为了实现公约而增加财政支出，财政赤字必然会随之增加，这是理所当然的事情。

宣言中的公约及其财源

民主党的执政宣言中，包含多个伴随巨额的财政支出增加和财政收入减少的政策。金额较大的有以下项目。

第一，发放儿童补贴（第一年为 2.5 万亿日元，2011 年以后为 5.5 万亿日元）——儿童每人每月发放 2.6 万日元直至中学毕业。但是第一年为半额支付，发放生育临时补助金（生产时发放 55 万日元）。

第二，高中免费制（0.5 万亿日元）——公立高中免费制，私立高中每年发放 12 万—24 万日元。

第三，废除或降低汽油税等暂定税率（2.5 万亿日元）。

第四，高速公路免费化（分阶段实施，2012 年度以后为 1.3 万亿日元）——原则上免费。首都高速、阪神高速等，一边实施试行（五折、三折）确定影响，一边实施免费化。

这些政策合计，第一年度即 2010 年度所需金额为 7.1 万亿日元，2011 年度为 12.6 万亿日元，2012 年度为 13.2 万亿日元，2013 年度为 13.2 万亿日元。

那么，这些资金从哪里获得？资金来源有三大支柱。

第一是节约。将国家总预算 207 万亿日元（2009 年）效率化，避免浪费，杜绝无必要不紧急事项。具体来说，通过重新评估公共事业中的水库事业、道路整备等 1.3 万亿日元，人员费用等 1.1 万亿日元，补助金等 6.1 万亿日元等，一共能节省9.1 万亿日元。

第二是消耗政府资产，即活用所谓的"储藏金"。在消耗 2009 年补充预算成立的基金类、财政投融资特别会计资产时，确保有 5.0 万亿日元的存余。

第三是重新考虑征税特别措施。重新审查所有不透明的税收特别措施，通过废止无用措施，保证了 2.7 万亿日元的可用资金。

另外，还有令人难以察觉的一点，就是在宣言中明确表示"不会削减 2200 亿日元的社会保障费"。如本书第十章所述，在自民党政权下，为了重建财政而决定了各个领域的财政支出缩减目标。在社会保障费方面，目标为每年削减 2200 亿日元。民主党批判这是冷酷无情的机械性削减，从这个态度来看，他们是不会进行 2200 亿日元削减的。但是，只是宣称"不做"是不能解决问题的。这也如第十章所述，所谓削减 2200 亿日元是指将每年大幅增加的社会保障费削减掉 2200 亿日元。即使削减，社会保障费也会持续增加。当然，如果不削减 2200 亿日元，社会保障费就自然会大幅增加。

民主党的宣言完全缺失了对这一社会保障支出自然增加的观点。他们认为，财政支出增加的主要因素只是来自宣言所提出的一系列政策。但是，即使从政策上不予增加，社会保障支出也自然会增加。民主党似乎完全没有考虑如何应对此事。

暂时性财源和永久性财源的区别也欠分明。削减浪费，削减的是经常性支出，也就是永久性财源，修改税制也是同理。但"储藏金"是不可靠的，因为它只是在消耗存量，是暂时性举措。如果想将此作为财源继续下去，就必须不断寻找新的"储藏金"。

2010 年度预算的估算要求和事业区分

民主党宣言的好大喜功和不完善的财政准备等问题，在民主党负担的 2010 年度预算编制上显露无遗。同时也显现出当初所标榜的"政治主导"的局限性。

关于 2010 年度预算，在制定预算编制方针阶段，便要求"各大臣对于原有预算要从零开始，重新严格研究优先顺序，尽可能从需求阶段开始进行积极的减额"。到 10 月合计需求目标时，结果需求总额（总额要求）达到 95 万亿日元。另外还有暂且只罗列了项目，没有明示金额的"事项要求"，如果加上这些，预算规模将在实质上继续扩大。这大大超过了自民党时期编制的 2009 年度最初预算的 88.5 万亿日元，比成为一纸空文的麻生政权时代的 2010 年度需求估算额 92.1 万亿日元还多。

这是在政治主导的名义下，将处理预算要求的任务交给各大臣所导致的结果。国土交通省大臣前原诚司最终实现了 15%的预算削减，得到了以下结果：按照方针认真行事的省厅减少了预算，无视方针试图增加预算的官厅增加了预算。因为本来各省厅就没有对削减预算的奖励，全权交给大臣，结果预算规模因大臣制衡政府的能力而大有不同。

鸠山内阁为了将大幅膨胀的 2010 年度预算的概算要求削减 3 万亿日元以上，决定通过行政革新会议来进行事业分类，该事业分类成为很大的话题。其设置了由民主党议员和民间有识之士组成的三个工作小组，以听取各省的意见为基础判定事业需要与否。这个事业分类会场也向一般民众开放，作为会场的市谷国立印刷局体育馆挤满了记者和听众，热闹非凡。在新一代计算机开发的审议中，莲舫议员的"力争世界第一的理由是什么？世界第二就不行么"的发言引起了热议。

莲舫议员作为"分类人员"的小组成员，对陈述要求的官僚进行质问，接连做出废除要求的结论。这种姿态给人一种大刀阔斧力图削减浪费的印象，民主党的政治主导形象由此深入人心。

然而问题在于，其实际成果远远未能达成目标。行政革新会议于 11 月 30 日召开全体会议。根据当时的报告，在 447 项事业当中，对缺乏必要性的事业进行"废止"或"削减预算"，由此削减了约 7400 亿日元。而且，会议要求将公益法人和独立行政法人的基金中约 8400 亿日元返还国库。两者合计，分类效果为总额约 1.6 万亿日元，未能达到 3 万亿日元的目标。

这说明，只靠"削减浪费"的口号来压缩预算的效果是不够的。原本，各个事业是根据某种必要性来进行企划编制预算，而不是能简单将其划分为"这是浪费"或"这不是浪费"。"削减浪费"这样的想法未免太过天真。

宣言的修正和财政赤字的扩大

分类工作无疾而终，2010 年预算编制工作依旧困难重重，财政运营的问题点逐渐明朗。其中之一是完全按照民主党宣言来实施是不可能的。另外，天真的财源预测的结果是财政赤字逐步扩大。

关于财政赤字，作为 2009 年度第二次补充的财源追加发行了国债，所以 2009 年度新发行的国债额为 53.5 万亿日元，远超以"借钱大王"自称的小渊政权的 37.5 万亿日元（1999 年度基准预算），成为史上最大的发行额。由于雷曼冲击的负面影响远超预期，因此只归咎于民主党的财源预测有失公允。2009 年 12 月 8 日，日本财务大臣藤井裕久公布的 2009 年度税收预测值，从当初设想的 46.1 万亿日元调整为 36.9 万亿日元，下调了 9.2 万亿日元。

关于 2010 年度预算编制，2009 年 12 月 16 日小泽一郎干事长进入官邸，提交了民主党的请愿书。这份请愿书中，包含了在相当程度上就执政宣言核心部分进行修改的内容。其中的要点是，汽油等暂定税率维持现有水平；变更儿童补贴并导入收入限制；高中教育免费化按照公约执行；一边确认影响，一边实行高速公路免费的政策；农业户别收入补偿制度则采取将土地改良的预算要求（9889 亿日元）减半充当财源等。

根据这个"小泽裁定"，开始启动编制预算，最终在政府的预算案中，就主要公约的处理变为以下几个方面。

第一，原计划废除的汽油税等暂定税率维持不变，仅汽车重量税的国税部分减半。

第二，原计划废除的抚养费扣除，23—69岁的人群可以继续享受。

第三，原定下调的中小企业法人税保持不变，至于下调与否将在今后讨论。

第四，原计划讨论导入的环境税被推迟到今后讨论。

经过重新修正，公约第一年需要的 7.1 万亿日元财源，减税部分被压缩为 3.1 万亿日元。但财政支出总额比 2009 年的最初预算高出 3.75 万亿日元，新发行国债额为 44.3 万亿日元。政府计划将新发行国债额控制在 44 万亿日元以内，这个目标大致达成，但是留下了很大的财政赤字。另外，根据行政革新会议上分类的财政支出削减额，从预算基数来看只减少了约 7000亿日元。

根据 2012 年 11 月民主党在政策进展报告会上明确的"宣言进展到什么程度"，关于财源，第一年（2010 年）勉强筹措了 9.8 万亿日元，其明细为作为暂时财源的储藏金 6.4 万亿日元、消除浪费的 2.3 万亿日元、税制改革则只有 1.1 万亿日元。之后因为储藏金减少，第二年（2011 年）为 6.9 万亿日元，第三年（2012 年）为 4.4 万亿日元，与计划相反，财源规模逐年减小。

宣言的综合成绩

那么宣言最终结果如何？根据民主党在 2012 年 10 月总结的实际查证，将约 160 项政策分为"实现""部分实施""着手"和"未着手"四类进行评价。根据其结果，实现的政策只有 50 个。即使根据民主党的自我评价，完全实施的宣言也不过是整体的三成。

得以实施的政策有：公立高中的实质无偿化，以及对私立高中每位学生每年补助 116.88 万日元；对农户实施了填补生产费用和销售价格差额的户别收入补偿，约有 98% 的 5 公顷以上大规模大米种植户加入。

而未着手的政策，比如废除汽油税的暂定税率等，如前所述，仅几个月就被搁置了。

2010 年试行高速公路免费化，进行了大约二成，但由于"3·11"日本大地震和福岛第一核电站核泄漏事故的发生而终止。

关于育儿补贴，宣言称每位国民 15 岁之前一律每月发放 2.6 万日元。2010 年发放了一半金额，即 1.3 万日元。之后，由于"扭曲国会"和"3·11"日本大地震，从 2012 年开始引进收入限制，名称也改回原来的"儿童补贴"。

关于八场水库停建，虽然国土交通省大臣前原在入厅当日表明"宣言上有明确要求，所以停建"，但是因当地居民、自治体、一都五县共同事业者的批判而动摇。之后，工程每逢大臣交替时不断被搁置，2011 年末野田内阁的国土交通省大臣前田武志宣布启动重建，由此，停建计划以彻底失败而告终。

民主党的宣言承诺给了国民一份"超级大礼包"，因而宣言未能兑现时，国民失望至极，民主党也由此受到了无法挽回的、极为沉重的打击。

缺乏问题意识的宏观经济运营

最初的宏观经济运营

现在回过头看，上台之初的民主党政权并没有宏观经济的运营方针。

在执政宣言中几乎没有宏观经济政策的相关叙述。虽然有"日本经济的增长战略"这一项目，但其内容是"通过育儿补贴、高中教育免费化、高速公路免费化、暂定税率废止等政策，增加家庭的可支配收入，拉动消费。通过这些措施使日本经济向内需主导型转变，实现稳定的经济增长"，而且也并未给出名义、实质的增长率目标。

总之，就如同说只要照着宣言的内容做，就能自动实现所期望的经济增长一样。也是由于这一点，民主党的经济政策遭到了"没有增长战略"和"没有宏观经济政策"的批判。

民主党最初的增长战略和幸福指数

为了回应"没有增长战略"这一批评，鸠山内阁在 2009 年 12 月制定了"新增长战略"的基本方针。这是民主党最初的增长战略。有以下三个特点。

第一，出现了数值性目标。在这个增长战略中写道："截至 2020 年，要实现平均名义 GDP 超 3%、实际 GDP 超 2% 的增长，2020 年，我国经济规模（名义 GDP）要达到约 650 万亿日元的目标。"令人耐人寻味的是，这一目标与"安倍经济学"所实施的发展战略的数值目标十分相似。名义 GDP 3%、实际 GDP 2%的增长目标与 2013 年 6 月的第二次安倍政权下制定的最初增长战略目标相同；名义 GDP 650 万亿日元的目标与 2015 年秋安倍经济学提出的"新三支箭"，计划以名义 GDP 600 万亿日元为目标相似。这说明一般而言，即便政党不同，设定的增长目标也并无差异。

第二，提出了"第三条道路"的思路。根据该增长战略，"第一条道路"为基于公共事业的经济增长，从第二次世界大战后到高速增长期"第一条道路"作为增长战略是有效的。"第二条道路"是在 2000 年前后结构改革的名义下进行的基于提高供给方生产力的增长战略，导致没有实感的增长和差距扩大。因此，民主党想以"第三条道路"为目标。所谓"第三条道路"是，"截至 2020 年，在环境、健康、旅游三大领域通过 100 万亿日元以上的投入'新需求创造'来制造工作岗位、提高国民生活水平的'新增长战略'"。

但是，这"第三条道路"的逻辑实在缺乏经济依据。几乎没有经济学家认为高度增长是由公共投资带来的，突然提出的"三个领域 100 万亿日元"也是毫无根据的。结果，和当初没有增长战略时的理念一样，还是囿于"实施迎合国民的政策，经济增长就自然会实现"这一想法。

第三，提出了"幸福指数"。在"新增长战略"中关于幸福指数有如下描述："这与追求数值上的经济增长率和数量扩大的传统增长战略截然不同。民众从本质上追求的是幸福指数的提高，其背后是支撑幸福指数的经济、社会的活力。从这一观点，我们将着手开发能够代表国民'幸福指数'的新指标，并为提高这一指标而努力。"

从这段话我们能看出以幸福指数为目标，取代 GDP 增长率的决心之大。这是有原因的。例如，鸠山首相在 2010 年 1 月的施政方针演说中提到，人并非作为经济的奴隶而存在，而本届内阁的使命就是创造出能为实现人类幸福而服务的经济。

但是，对幸福指数的热情在之后逐渐平息下来。在菅内阁时代制定的"新增长战略"（2010 年 6 月）中，关于幸福指数的表述仅为"推进对新的增长和幸福指数的调查研究"。而在野田内阁的"日本再生战略"（2012 年 7 月）中，对幸福指数的描述消失不见了，只在卷末的进度表上出现。最终，幸福指数并未成为代替增长率的指标。

雷曼后遗症和"3·11"日本大地震下的经济政策运营

从某种意义上来说，民主党政权可谓运气不佳。从外部环境来看，2008年雷曼冲击爆发导致日本经济大幅衰退，民主党在经济停滞不前的情况下接替了政权。接着，2011年发生的"3·11"日本大地震也对日本经济造成了巨大的影响。

经济政策的变迁

菅内阁的方针转换

因鸠山内阁被追究政治与金钱问题，在普天间基地搬迁问题上举棋不定导致社会民主党脱离联合，2010年夏季参议院选举临近时内阁支持率低迷等原因，鸠山首相和小泽干事同时辞职，菅直人继任首相。

关于鸠山内阁统治下的经济政策、发展战略问题已在本书第十一章中进行了叙述。本章重点关注菅内阁、野田内阁下的经济政策发展。

菅内阁对经济政策进行了几次修正。

　　第一，明确了通货紧缩的危机感。菅首相从任副首相时开始，历任经济财政担当大臣、国家战略担当大臣、财务大臣等职务，对于宏观经济政策、财政政策逐渐建立了较为正统的理念。

　　在 2010 年 11 月 20 日内阁会议后的记者招待会上，菅首相发表了"我认为我们处于通货紧缩状态"的宣言。这是他接受了当天在月例经济报告阁僚会上的"综合来看我们处于缓慢的通货紧缩状态"说法而发表的宣言。

　　第二，增强了财政重建的意识。据说菅首相在出席 2010 年 2 月于加拿大召开的发达七国财务大臣、中央银行行长会议时，听到来自各国政要对日本财政状况的担忧，并由此对日本财政产生了强烈的危机意识。

　　为了 2010 年 7 月的参议院选举，菅首相在宣言中加入了名为"有力财政"的项目，决定"以早期得出结论为目标，超越党派限制，就包括消费税在内的税制彻底改革开展协商"。而且，在发表宣言的记者招待会上，他进一步说明"将自民党提出的 10% 作为当前税率的参考"。将敌对政党提议的内容写入公约，这就是所谓的"拉拢作战"。但是，这一举动太过唐突，并未经过充分的讨论。增税发言之后，支持率急剧下降，对此焦急不安的菅首相，转头又突然提到退还低收入阶层的税金。从菅首相每次发言内容不一中可以看出，他已然乱了阵脚。

　　在混乱中失去国民信赖的民主党，在参议院选举中惨败，国会再次陷入扭曲状态。在扭曲状态下，自民党采取的是自己曾饱受其折磨的战略，即通过否决参议院法案和问责决议来束缚民主党政权政策运营的手脚，这使民主党陷入了困境。曾经用来折磨自民党的工具却让自己备受折磨，可以说巨大的"回旋镖"又打了回来。

社会保障、税收一体化改革

2010 年 10 月，设立了政府执政党社会保障改革讨论本部，重启消费税问题的讨论。笔者在此将全面讨论社会保障的整体情况和财源问题。菅首相在 2011 年 1 月的内阁改造中，任命与谢野馨为经济财政担当大臣，并委托他负责本次讨论。与谢野馨是自民党政权下的财务大臣，也是当时"振兴日本"的共同代表。

这一讨论延续至野田内阁。2012 年 1 月 6 日，在政府执政党社会保障改革讨论本部制定了一体化改革草案；3 月 30 日，内阁会议通过了一体化改革法案并提交至国会。在国会审议过程中，民主党接受了自民党关于低收入者对策和保育园处理方式的修正要求，达成了所谓的"三党联合执政"。这一相关法案在 6 月 26 日的众议院中在修改基础上通过。在参议院，一体化改革的相关法案也在首相承诺"近期将向国民征求意见"的交换条件下得以通过。

这个时候小泽集团投了反对票，集体离党结成了"国民生活第一党"。野田首相按照约定解散了众议院，在 2012 年 12 月的总选举中 231 个议席减少至 57 个议席，以惨败告终。民主党政权在持续了三年零三个月后落下帷幕。

另外，根据当时的三党联合执政协议，决定从 2014 年 4 月 1 日起将消费税率从现行的 5% 提高到 8%，2015 年 10 月 1 日起提高到 10%。这一点从以下几点来看具有划时代意义。也就是说，在此之前消费税等不受国民欢迎但有必要的政策一旦成为选举的焦点，各党就会以争夺民意为先，政策迟迟得不到推进的状况反复发生。打破这个局面的一个解决方法就是执政党和在野党达成一致，共同推进政策的实行。这样一来，就很难在选举中成为对立的争论焦点。

但是，来之不易的三党联合执政协议，虽然在 2014 年 4 月实现了将消费税上调到 8% 的目标，但在之后的安倍政权执政期间，税率上调至 10% 的政策被多次推迟直至推翻。

增长战略的出台过程

鸠山内阁以后，菅内阁、野田内阁领导下的日本，每年都出台新的增长战略。

在菅内阁领导下，2010 年 6 月"新增长战略'再造辉煌的日本'"在内阁会议上得以通过。其内容包括"强劲的经济""强健的财政""强有力的社会保障"。其中，既不采用以公共事业为中心的"第一条道路"，也不采用基于过度自由市场的"第二条道路"，而是谋求构建可持续的财政、社会保障制度和充实的生活安全网来创造就业岗位的同时，消除民众对未来的不安，以成为经济增长基石的"第三条道路"为目标。这沿袭了鸠山内阁时代最初的增长战略中所提到的内容。或许，从一开始在构思"第三条道路"时，鸠山内阁就强烈反映了作为国家战略、经济财政大臣的菅直人的意图。

具体来说，7 个战略领域（环境能源、医疗健康、亚洲经济、观光立国、科学—技术—信息科技、雇用—人才、金融）的政策中，提出了 21 个特别重要的国家战略工程。至此，即使是此后在自民党政权下反复出台的增长战略，也与此没有太大差异。

在野田内阁下，2011 年 12 月，"日本再生战略—克服危机和对挑战前沿领域"经内阁会议决议通过，而且在 2012 年 7 月，"日本再生战略—开拓前沿领域，向'共创之国'进发"经内阁会议决议通过。

日本大地震与政策性应对

"3·11"日本大地震的发生

几乎所有日本人都无法忘记"3·11"日本大地震发生时自己在做什么。

2011 年 3 月 11 日，以三陆冲太平洋为震源、震级 9.0 的特大地震袭击了日本。在宫城县内观测到了地震烈度达 7 级的剧烈摇晃现象。在太平洋沿岸的广大地区涌现了高度超过 10 米的海啸，造成了巨大损失。日本受灾范围很广，12 个都道县的死亡人数共计 15897 人。首都圈交通网瘫痪，街头挤满了无法回家的人。

灾难接踵而至。遭受海啸袭击之后，各种超乎想象的事接连发生。东京电力福岛第一核电站电源全数丧失，由于原子炉无法冷却，1—3 号机炉心发生熔融反应，氢气爆炸导致建筑物倒塌，大量的放射性物质大范围扩散。

菅首相领导下的政府责无旁贷地着手应对危机。不过，这时的危机管理方式遭到了各种批判。由于该问题与本书的主题无关，所以不详细介绍和讨论其遭到的批评，将主要的批判归结为以下几点。

第一，菅首相在地震发生次日，开展了视察福岛第一核电站前线指挥行动，但这一行为难道不是给现场强加了额外的负担吗？

第二，事故发生后，陆续起用专家参与内阁官房，为应对震灾而建立多个会议组织，明显使得指挥命令系统变得复杂，带来了混乱。

第三，首相亲自给自民党总裁谷垣去电，呼吁进行"危机应对大联政"，但他的呼吁操之过急，反而使执政党和在野党的合作关系变得更加困难。

"3·11"日本大地震的经济影响

关于"3·11"日本大地震的经济影响，可以分成三个阶段进行整理。地震后的第一阶段，造成了库存损毁。虽然很难准确把握这个资本库存的损毁额，但是 2011 年 6 月内阁府防灾负责人得出了约 16.9 万亿日元的推算值。这一结果远高于 1995 年 1 月发生的阪神大地震的约 9.9 万亿日元（1995 年 4 月兵库县推算）的损毁值。不过这些库存的损坏并未反映在 GDP 中。

　　接着在第二阶段，流通也受到了打击。灾区生产、消费活动停止，物流网和生产设备受此打击生产活动停滞，同时地震给人们带来了负面的心理影响，消费变得低迷。因此增长率（实际年率）在 2011 年 1—3 月为 -5.6%，4—6 月为 -2.6%。而 1995 年发生阪神大地震后，GDP 增长率基本未受影响，可见"3·11"日本大地震对经济的影响相当巨大。

　　经济影响的扩大有两个原因，一是电力供应受限。"3·11"日本大地震后，由于海啸造成核电站受损，使该地成为灾区，更危及东日本。电力供应能力大大下降，由此实行的停电计划所带来的结果是，家庭和企业的电力需求均无法满足，严重制约了经济活动的开展。

　　另一个原因是供应链断裂。以汽车产业为例，生产一辆汽车需要 2 万—3 万个零部件。在零件供应阶段，有直接给汽车公司供应部件的一级供应商，也有给一级供应方供应部件的二级供应商，还有三级供应商等，以此类推分成了多个供应阶段。最终汽车制造商与一级供应商保持着紧密联系，能够把握一级供应的情况。但是对二级、三级的供应情况就不是那么了解了。在"3·11"日本大地震时，灾区东北地区是汽车生产中所必需且难以替代的、多为定制产品的微型电子计算机工厂所在地。由于微型电子计算机工厂受灾停止生产，整个汽车行业的生产都受到了很大的制约。

　　虽然此后短期内经济增长大幅放缓，但最终第二阶段维持了半年左右便告一段落，经济还不至于因此进入衰退局面。

　　接着是第三阶段，出现了以复兴为目的的建设需求，由于库存恢复、流通量需求增加，甚至可以说是对经济有利的局面，这一重建需求在 2019 年初仍在持续。但是，近年来整个经济遇到了劳动力瓶颈。因此，可以说复兴需求推动经济的力量几乎已经不复存在。

贸易收支的赤字化

地震发生后日本经济出现的巨大变化之一，就是贸易收支转为赤字，经常收支黑字大幅减少。

日本的经常收支从 20 世纪 80 年代以来一直保持着大幅顺差。不仅贸易收支为大幅顺差，资产收入收支的顺差幅度也有所增加。资产收入收支在 2005 年以后超过了贸易收支顺差。资产收入收支顺差增加的原因是，经常收支顺差不断累积成为存量的对外资产余额，从而增加了投资收益。也就是说，20 世纪 80 年代以后日本的国际收支，由于贸易收支和投资收益顺差，经常收支持续大幅顺差，从而能够增加对外投资，进而再增加投资收益，这种形式如滚雪球一般，使得经常收支黑字不断扩大。从地震发生前的 2006—2010 年国际收支的情况来看，贸易收支为 7.6 万亿日元的顺差、劳务收支为 2.0 万亿日元的赤字，两者相加后的贸易、劳务收支为 5.6 万亿日元的顺差，收入收支为 14.3 万亿日元的顺差，经常收支整体为 18.6 万亿日元的顺差，其与名义 GDP 的比率为 3.7%。经常收支的大幅顺差使日本政府苦恼，到 20 世纪 80 年代后半期，缩小顺差成为重大的政策课题。

2011 年以后形势突变。贸易收支转为赤字，因此经常收支的顺差幅度也急剧下降。2012 年贸易收支为 5.8 万亿日元的赤字，经常收支为 4.7 万亿日元的黑字，其与名义 GDP 的比率下降到 1.0%。

那么，贸易收支为何出现赤字？为了弄清楚这一点，我们试着利用贸易统计将进出口的变动分解为价格因素和数量因素。由于日本贸易收支赤字化是在 2011 年以后，因此将 2012 年和 2010 年的相关数据进行比较，就可以明白赤字化是以下因素相互作用的结果。

第一是出口数量减少（两年减少了 7.4%）。这是由于"3·11"日本大地震后供应链断裂，物理性限制对日本的出口产生了很大影响。

第二是进口数量增加（同比增长 5.4%）。这是地震后为了代替原子能，增加了石油、液化天然气的进口所带来的影响。

第三是由于能源价格上涨，进口价格上涨率（同比增长 10.4%）远远高于出口价格上涨率（同比增长 2.1%）。

也就是说，地震的影响导致出口减少而进口增多。再加上进口价格上涨，贸易收支赤字化，从而造成了经常收支黑字减少。

围绕这个国际收支情况的急剧变化，出现了两种具有代表性的讨论。一种是担心贸易收支赤字化的讨论。从当时报纸的标题来看，频繁出现"如果经常收支恶化持续下去""贸易收支慢性赤字化的恐慌""跌入贸易赤字"的表述。不知道有多少人是有意识地在使用这些表述。对经常收支面临赤字用"恶化"一词来表述，对赤字持续用"恐慌"一词来表述，从黑字转为赤字用"跌落"，可见他们是以"黑字是好事，赤字是坏事"的判断为前提在进行评价的。

但是，像这样将经常收支的黑字视为正面，而将赤字视为负面的想法是错误的。只有出口和进口双管齐下地扩大才能提高国民福祉，这是经济学的常识。而且日本过去实施的政策目标不就是缩小经常收支黑字吗？也有争议称经常收支黑字一旦缩小就会令人担忧，这种认识也是缺乏一贯性的。

最终，"3·11"日本大地震后的贸易收支赤字化、经常收支黑字减少只是暂时现象。图 12-1 显示了经常收支及其具体项目的长期推移。贸易收支在 2016 年重回黑字，2017 年经常收入为 22 万亿日元的顺差，与名义 GDP 比率为 4.0%，甚至高于地震前的水平。

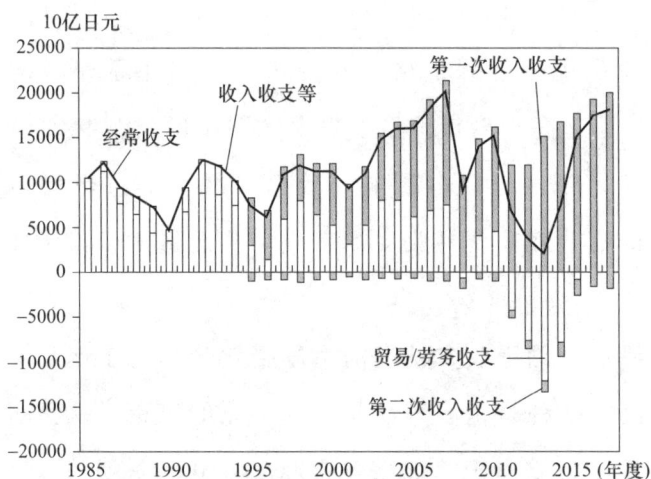

图 12-1　经常收支及其具体项目的长期推移
出处：日本银行"国际收支统计"

雷曼冲击后的金融政策

雷曼冲击发生于 2008 年 9 月，而民主党政权是从 2009 年 9 月上台的，因此雷曼冲击之后的金融政策是自民党政权下的政策，为了方便起见，在此介绍从雷曼冲击之后到安倍经济学之前的金融政策。

从结论来说，随着经济环境的变化和政治方面的压力，这一时期日本银行陆续出台了较为深入的金融政策。由于来自各方的"日本银行没有充分发挥作用"的不满情绪高涨，最终催生了安倍经济学大胆的异次元宽松政策。

雷曼冲击之后的应对

第一幕是雷曼冲击之后的金融政策。经历雷曼冲击后，全球金融危机加剧，六个国家、地区的中央银行紧急签署货币互换协议，应对危机的速度之快史上少有，这一点在前文已经说过。

2008 年 10 月 8 日，各国的中央银行同时决定采取下调政策利率这一破例的应对措施。由于当时日本银行认为日本的金融市场与欧美相比处于相对稳定的状态，所以没有降低利率。

但是，由于日元升值、股价下跌的急速发展，为与 10 月 30 日发表的政府经济对策步调相一致，在 10 月 31 日的金融政策决定会议上决定将政策利率的指导目标变为 0.3%（下调 0.2%）。而在这一调整之前，政策利率变更都是以 0.25% 为单位，所以在当时下调 0.2% 是史无前例的。正因如此，对于当时下调 0.2% 的方案，在政策决定会议上的赞成和反对票数相同，均为 4 票。在议长白川行长的裁决下，下调 0.2% 的决定勉强通过。对于为何不是 0.25% 而是 0.2%，白川行长表示"如果加大利率下调幅度，短期利率市场有可能受到负面影响"。

表 12-2　金融政策的推移（2006—2013 年初）

日期	行长	政策变更的内容
2006 年 7 月 14 日	福井俊彦	结束零利率。提高短期市场利率的引导目标（0.15% → 0.25%），提高贷款基准利率（0.1% → 0.4%）
2007 年 2 月 21 日	福井俊彦	提高短期市场利率的引导目标（0.25% → 0.5%），提高贷款基准利率（0.4% → 0.75%）
2008 年 9 月 18 日	白川方明	美元资金供应政策
2008 年 9 月 29 日	白川方明	扩大美元资金供应政策（调整与 FRB 的美元交换极限额度 600 亿美元 → 1200 亿美元）
2008 年 10 月 15 日	白川方明	绑定美元的固定利率化、积极活用商业票据（CP）回购策略
2008 年 10 月 31 日	白川方明	降低短期市场利率引导目标（0.5% → 0.3%）。引入完善活期存款制度（适用利率为 0.1%）
2008 年 12 月 2 日	白川方明	扩大民间企业债务的合格担保范围
2008 年 12 月 19 日	白川方明	降低短期市场利率引导目标（0.3% → 0.1%）、降低贷款基准利率（0.5% → 0.3%）、长期国债购买额增额（一年 16.8 万亿日元 → 21.6 万亿日元）、开始购买 CP（1 月 22 日实施）
2009 年 12 月 1 日	白川方明	固定利率方式的共同担保政策（三个月物流总额为 10 万亿日元）
2009 年 12 月 18 日	白川方明	明确"中长期性物价稳定评估"
2010 年 3 月 17 日	白川方明	固定利率方式的共同担保政策增额（三个月物流总额为 10 万亿日元 → 20 万亿日元）
2010 年 6 月 15 日	白川方明	引入支援增长基础强化的资金供应（8 月 31 日实施）
2010 年 8 月 30 日	白川方明	固定利率方式的共同担保政策增额（六个月物流总额为 10 万亿日元）

续表

日期	行长	政策变更的内容
2010年 10月5日	白川 方明	实施"综合的量化宽松政策"。降低短期市场利率引导目标（0.1%左右→0%—0.1%）。以评估物价稳定为基础的时间轴明确化。关于创设资产购入基金的探讨
2010年 10月28日	白川 方明	创设资产购入基金（总额35万亿日元）（从12月开始实施）
2011年 3月14日	白川 方明	资产购入基金增额（地震应对：35万亿日元→40万亿日元）
2011年 4月28日	白川 方明	支援灾区金融机构的资金供应政策（5月23日实施）
2011年 6月14日	白川 方明	支援增长基础强化的扩大资金供应（投资、动产担保融资等）
2011年 8月4日	白川 方明	资产购买基金增额（40万亿日元→50万亿日元）
2011年 10月27日	白川 方明	资产购买基金增额（50万亿日元→55万亿日元）
2011年 11月30日	白川 方明	缔结多方交换协议
2012年 2月14日	白川 方明	资产购买基金增额（55万亿日元→65万亿日元），发表"中长期性物价稳定目标"
2012年 3月13日	白川 方明	支援增长基础强化的扩大资金供应（总额3.5万亿日元→5.5万亿日元）
2012年 4月10日	白川 方明	支援增长基础强化的扩大资金供应（10月16日实施美元资金供应）
2012年 4月27日	白川 方明	资产购买基金增额（总额65万亿日元→70万亿日元）。国债、公司债券购买年限长期化（1—3年）
2012年 9月19日	白川 方明	资产购买基金增额（70万亿日元→80万亿日元）
2012年 10月30日	白川 方明	资产购买基金增额（80万亿日元→91万亿日元）、政府、日本银行共同声明"克服通货紧缩的举措"
2012年 12月20日	白川 方明	资产购买基金增额（91万亿日元→101万亿日元）
2013年 1月22日	白川 方明	引入开放式的资产购买（每月，包含长期国债2万亿日元共13万亿日元）。政府、日本银行共同声明中，关于为摆脱通货紧缩和经济的可持续增长，政府、日本银行的政策合作，把物价稳定的目标设定为物价上涨率2%

2008 年 11 月 25 日，美国 FRB 决定直接收购住宅抵押贷款证券（MBS）和住房贷款债权（量化宽松政策第一弹，被称为 QE1），并且于 2009 年 2 月 6 日将政策利率下调至 0%—0.25%，也就是采用零利率政策。由此，日美利率差发生逆转（日方较高），导致日元进一步升值。在这种环境变化的推动下，日本银行于 2008 年 12 月 19 日的金融政策决定会议上通过了将政策利率下调 0.2% 定为 0.1% 的决策。同时，日本银行公布增加长期国债购入额，并且通过购入短期融资券进行公开市场操作。至此，日本银行的立场变成了既非"零利率"也非"量化宽松"。

关于日本银行的活期存款，2008 年 10 月末，引入了给超额存款准备金计付利息（0.1%）的活期存款制度。这样一来，金融机构就可以更容易地在日本银行的活期存款中增加超额存款准备。

民主党政权下的通货紧缩宣言

第二幕是民主党执政后的应对。

2009 年 9 月，民主党政权上台。副首相、财务大臣菅直人在 11 月 20 日的每月例行经济报告后的记者招待会上说到"日本经济处于缓慢的通货紧缩之中"，时隔三年五个月再次发表"通货紧缩宣言"。但是当时好像并未与日本银行方面沟通，在当天的金融政策决定会议上决定维持金融政策现状。即使在决定会议后的记者招待会上，白川行长也并未与政府的通货紧缩宣言保持步调一致。这时，政策上变为"虽然宣布了通货紧缩，但并不存在新的通货紧缩对应方案"的状态，特别是在政治层面出现了对此状态不满的迹象。

2009 年 11 月 25 日，在迪拜酋长国，由于参与开发事业的政府相关企业申请了延期支付债务，其对欧洲金融机构造成的影响令人担忧，全球股市也持续走低。日元作为相对安全的资产被大量购入，导致了日元升值。这就是所谓的"迪拜冲击"。

日本政府于 12 月 1 日的内阁会议上，通过了编入 2009 年度补充预算的追加经济对策基本方针。日本银行为了摆脱通货紧缩也推进了追加宽松等政策。

第一，12 月 1 日，即政府决定追加经济对策的当天，召开了临时金融政策决定会议，作为量化宽松的进一步强化方案，引入新的资金供给手段。决定采用与无担保隔夜拆借利率引导目标水平相同的 0.1% 的固定利率，期限为 3 个月，提供 10 万亿日元左右的供应资金。这虽然不是从 2001 年 3 月开始到 2006 年 6 月进行的以日本银行活期存款为操作目的的量化宽松，但是形成了资金量被制约，金融机构的行动未受制约的状况，从这个意义上，可以称之为"广义的量化宽松"。

第二，在 12 月 18 日的金融政策决定会议上，从中长期来看，可用来衡量物价是否稳定的价格上涨率，从在那之前的"0%—2%，议员们的中心值在 1% 左右"变更为"消费者物价指数的前年比在 2% 以下的正数范围内，大多数议员认为在 1% 左右"。明确了 0% 以下的负值是不被允许的。

第三，2010 年 3 月 17 日，决定以上述固定利率将共同担保资金供给的公开市场操作金额增加到 20 万亿日元左右。6 月 15 日，又决定引入支持强化增长基础的资金供给框架。

综合宽松政策的导入

第三幕是菅直人首相就任后新引入的综合宽松政策。

2010 年 6 月，在鸠山内阁之后上任的菅首相对日元持续走高趋势抱有强烈的危机感，他发表了对经济对策基本方针的总结，并表示期待日本银行也能实行机动的金融政策。日本银行于 6 月 30 日召开了临时金融政策决定会议并决定追加宽松，将新型政策的资金供给额从之前的 20 万亿日元扩大到 30 万亿日元。

此外，菅首相在 2010 年 10 月 1 日的施政演说中表示，"我们正在将应对日元急剧升值、通货紧缩状况的紧急措施付诸实行，政府、日本银行也实施了外汇干预。今后也会根据需要果断地采取措施。对于日本银行，希望能继续拓展和政府的紧密合作，为了摆脱通货紧缩，采取更加必要的应对政策"，直接催促日本银行进行政策应对。

似与此番发言相呼应，10 月 5 日日本银行提出了"综合性的量化宽松措施"，其要点有以下三点。

第一，将政策利率引导目标下调至 0%—0.1%。即复活零利率政策。

第二，决定在"中长期物价稳定评估"的基础上，直到判断物价稳定形势可预见为止，继续实施实质上的零利率政策。这意味着在预见消费者物价上涨率达到 1% 之前，将继续实行零利率政策，即时间轴政策的明确。

第三，创立了资产购入等基金（35 万亿日元）。即在现有新型政策（30 万亿日元）的基础上，增加了用于购买指数联动型上市投资信托（ETF）、房地产投资信托（J-REIT）等的 5 万亿日元，即进行 ETF、J-REIT 等更多元化金融资产的买进。在现有量化宽松政策的基础上，通过购买风险资产来缩小风险溢价的"信用宽松"。白川行长就此进行了说明，因其包含量化宽松和信用宽松这两方面的政策，所以从这个意义上来说可称其为"综合宽松"。

接近通货膨胀目标

就这样，日本银行不断推进量化宽松，但各方面对金融政策的异议仍在高涨。这些不满大致分为三种。第一种是量化宽松政策的程度不够，要求扩展到更大的规模；第二种是应该通过设定通货膨胀目标，消除人们通货紧缩的心理；第三种是政府和日本银行应该密切沟通，表现出试图共同应对通货紧缩的姿态。因此，也出现了应该修改明确日本银行独立性的《日本银行法》的意见。

关于通货膨胀的目标，2012 年 1 月 25 日，美国 FRB 就长期物价上涨率，决定"以年均 2% 为目标"，零利率政策至少要持续到 2014 年下半年。由此，日本的利率相对上升，日元持续升值，一度达到 1 美元兑换 75 日元的程度。不仅是自民党，在作为执政党的民主党中，要求更强有力的量化宽松政策的呼声也越来越高。

2012 年 2 月 14 日，日本银行似乎响应了这一要求，决定将"消费者物价的前年比上涨率1%"定为"中长期物价稳定目标"，而且为了实现这一目标采取了措施，将为购买国债等资产购入的基金在55万亿日元的基础上再增加10万亿日元。这是"中长期物价稳定评估"的进一步推进。白川行长在记者招待会上解释说："这次的框架与重新设定物价长期目标的美国联邦制度理事会很接近。"

2012年10月内阁改组时，前原诚司就任财务大臣。前原从政调会长时期开始，就对放任日元升值的日本银行政策抱有不满，就任后出席政策决定会议，积极开展活动，呼吁实行强有力的量化宽松政策。前原主张的是，政府、日本银行缔结明确表明要致力于通货紧缩的协议。这一主张在10月30日以《关于摆脱通货紧缩的举措》为共同文件的方式落地。在这个共同文件中，政府、日本银行"共同拥有重要的课题——早日摆脱通货紧缩，重回基于物价稳定的持续增长道路。团结一致，尽最大努力以达成此课题"，在此基础上，"当前，以消费者物价比前一年上涨1%为目标，直到该目标变得可预见之前，通过实质性的零利率政策和金融资产的购入等措施，强有力地推进量化宽松政策"。虽然没有明确设置通货膨胀的目标，但与其基本接近。

雷曼冲击后的日本银行，历经复活零利率→明确时间轴→重启量化宽松→购买风险资产→与政府发表接近通货膨胀设定目标的共同文件，循序渐进地采取了应对措施。到这一步，终于形成了安倍经济学的起始政策，可以说与政府联合声明中所设定的2%物价稳定目标极为接近。雷曼冲击以后，在批判声之下逐渐推进的金融政策超出了很多人的预料，取得了很大的进展。

第五部分 安倍经济学的开展（2012年末以后）

2012 年末以后主要经济事件及其他事件

年份	月份	经济事件	其他事件
2012	12	—	在众议院选举中自民党大胜 第二次安倍政权成立
2013	1	政府和银行共同声明设定 2% 的物价稳定目标	—
	3	黑田东彦就任日本银行行长	—
	4	出台量化、质化宽松政策	
2014	4	上调消费税率（5% → 8%）	
	10	强化量化、质化宽松政策	
	11	安倍首相推迟"消费税率上调到10%"，解散众议院 在众议院选举中自民党获得压倒性胜利	—
2015	10	—	TPP①交涉梗概达成一致
	12	减轻税率	—
2016	1	引入负利率	—
	5	安倍首相再次推迟上调消费税率	伊势志摩峰会
	6		英国国民投票中脱欧派占多数
	9	日本银行引入"附有长短利率操作的量化质化货币宽松政策"	—
2017	1	—	特朗普就任美国总统，美国退出 TPP
2018	3	TPP11 签署（12月生效）	

何为安倍经济学

第五部分讲解安倍经济学。那么，安倍经济学到底是什

---

① 跨太平洋伙伴关系协定。

么？已经名声在外的安倍经济学很难被定义。让我们分别来看看狭义和广义的定义。

最狭义的定义是，安倍首相就任后推出的"三支箭"就是安倍经济学。这"三支箭"分别是大胆的金融政策、灵活的国家财政政策调控、增长战略。

广义上来说，"新三支箭"也包括在内，也可以指安倍政权积极开展的所有政策。"新三支箭"是孕育希望的强大经济、构筑梦想的育儿支援、安心的社会保障这三个目标。到这里，增长战略自不必说，安倍经济学还扩大到了少子化对策、社会保障等范围。其中包括在"一亿总活跃社会"口号下进行的工作方式改革，以及推进 TPP 等通商政策。

最广义的定义，简而言之就是安倍政权下的整个经济政策。在此定义之下，安倍政权也包含了看似消极的课题，财政重建就是典型。安倍政权两次推迟上调消费税率，为了避免对经济造成负面影响，即使在计划上调的 2019 年 10 月，还推出了与提高消费税率几乎匹敌的对策。无论怎么看，对财政重建都是消极的。

在本部分中，笔者将使用最广义的定义，论述安倍政权以来的所有经济政策。在第十三章，介绍关于最初的"三支箭"、"新三支箭"以及被推迟的财政重建；在第十四章，介绍具有安倍经济学最大特征的金融政策；在第十五章，介绍人口政策和地方创生、通商政策，进而阐述其他剩余的课题。

安倍政权的诞生和"三支箭"

"三支箭"和长期景气扩大的实现

实施安倍经济学前夕

安倍政权始于 2012 年 12 月，但是安倍经济学早在 11 月的众议院选举运动时就已开始。选举战打响时，自民党党首安倍就选举焦点的经济政策反复发表大胆言论。因为"还不是首相"，他的发言所受制约较少，所以相对直接地表达了自己的真实想法。

来看一看 2012 年众议院选举时自民党的公约。公约上写着"优先摆脱通货紧缩、日元升值，实现名义 GDP 3% 以上的经济增长"，"重新修复陷入危机的经济"，"通过五年的集中改革，建成'全世界企业灵活性最高的国家'"。与标榜"比起经济更重视生活""比起企业更重视家庭"的民主党相比，更明确地体现了重视经济和企业的态度。

特别是在通货紧缩、日元升值对策中，设定了"明确的物价目标（2%）"，为了达成这一目标，考虑修改《日本银行法》，创造政府与日本银行的合作强化机制，推行大胆的量化宽松政策。另外，在"灵活的国家财政政策"一项中写道："推进能够应对今后2—3年国内经济衰退和国际危机（欧洲危机、新兴国家的经济衰退）的更灵活的经济财政运营"，"新政权上台后，迅速实行'第一轮紧急经济对策'，合并正式的大型补正预算和新年度预算，实行不间断的经济对策。"

同时在"增长战略的推进"项中，"在日本经济再生本部设立'产业竞争力会议'，推进培养成长产业的目标政策"。在"日本产业复兴计划"项中，配合日元升值、通货紧缩对策，强化革新基础，大胆降低法人税。

之后实施的安倍经济学"三支箭"，便是由这个公约的精髓提炼出来的。

选举期间，自民党总裁安倍在各地巡回演讲，并不断进行深入发言。例如，他于2012年11月15日在东京都内就金融政策进行演讲时说道，"与日本银行切实做好政策协调，基本上设定2%—3%的通货膨胀目标，实行无限制的量化宽松政策。我承诺会推进摆脱通货紧缩，并给外汇及股票市场带来重大影响的宽松政策。日本银行向政府存款，0.1%的利率太高了，倒不如定为零或负利率"。受此发言影响，市场发生转变，日元贬值，股价上涨。

关于财政政策，安倍于11月17日在熊本的演讲中说道，"尽可能让日本银行全数买进建设国债。将更多的货币强行推向市场"。

通货膨胀目标另当别论，无限制宽松、影响汇率的宽松、负利率、日本银行承担建设国债，此中无论哪一条都是当时的首相（野田佳彦）无法言及的。因为谈到日本银行金融政策的具体内容就会侵犯日本银行的独立性；从国际角度来看，提及汇率是缺乏常识的行为；而让日本银行承担国债则是财政法所禁止的。

当时安倍总裁的发言，可以说是因为处于"在野党党首"这个较为轻松的立场，所以才能说出口。实际上，这些发言的精髓在安倍经济学中都得到了落实。

"三支箭"的出台

2012 年 12 月上台的安倍内阁，将克服通货紧缩作为最高使命，并为实现这个目标推出了"三支箭"。这是第一阶段的安倍经济学。

第一支箭是大胆的金融政策。关于其具体的内容和发展趋势将在本书第十四章叙述。按照选举时的承诺，政府、日本银行共同提出 2% 的物价目标（通货膨胀目标），并且齐心协力实现此目标。另外，2013 年 4 月就任的日本银行行长黑田东彦，刚一上任就大幅增加日本银行向金融机构的资金投入，大幅扩大长期国债的购入规模，出台了超越以往框架的大胆的金融政策。

第二支箭是灵活的国家财政政策，简而言之就是增加公共投资。在 2012 年度补充预算、2013 年度正式预算上谋求增加公共投资。最终，2013 年度物价水平上的公共固定资本形成增加了 8.6%。

第三支箭是增长战略。可以说第一、二支箭主要是从需求方面短期刺激经济，与之相比，增长战略旨在从供给方面促进经济长期活性化发展。2013 年 6 月出台了新增长战略"日本复兴战略"。其主要内容有：一是通过规制改革、减免法人税等促进投资；二是通过提高女性在企业中的参与度等活跃人才；三是通过 TPP 等增强与世界经济的一体化；四是在农业、医疗等领域创造新需求等。

最初进展极其顺利的安倍经济学

在最初这"三支箭"的刺激下，日本经济显示出了非常良好的势头。内阁府于 2014 年 1 月 20 日的经济财政咨询会议上提交了题为"回顾安倍内阁第一年的经济动向"的资料。这份资料从以下几个方面指出了日本经济的改善特点：

一是景气悲观论减退（实际 GDP 增长率上升）；

二是通货紧缩状况消失（消费者物价上涨率提高）；

三是地价止跌并回升；

四是从股价上升中获益；

五是企业业绩改善；

六是地区经济复苏逐步扩大；

七是劳动市场活跃（有效招聘倍率上升、失业率下降、雇用者增加、奖金增加等）。

虽然在此不做详细讨论，但这些都可以在数据上得以确认。例如，消费者物价从 2012 年以后，逐渐摆脱负增长状态转向正值区域。另外，从失业率、有效招聘倍率等可以看出，就业形势得到了改善。

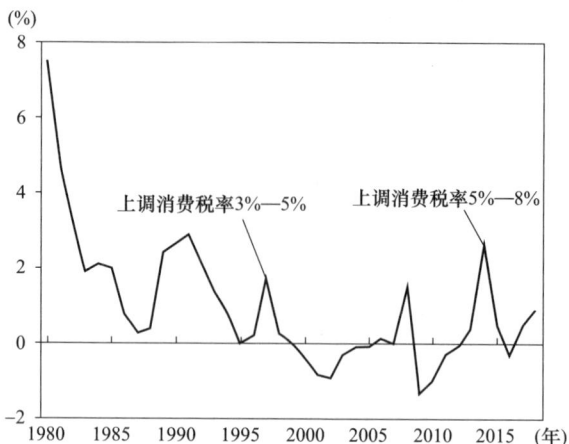

图 13-1　消费者物价上涨率的发展

出处：总务省"消费者物价指数"（除去生鲜食品的综合）

这可以说是一项了不起的成就。

这些成果让经济学家们也感到意外。为了了解这一点，我们来回顾安倍经济学的最初阶段，经济学家如何预测后来的经济。关于经济学家的想法，这里使用日本经济研究中心的ESP[①]预测调查。这是对约 40 名一线经济学家每月进行的经济预测的问卷调查，并揭晓其平均值。由此，可以探寻经济学家们的平均经济预测变化。

参加这个 ESP 预测调查的经济学家，在安倍经济学开始之初是如何看待之后经济的？我们通过安倍经济学开始时（2012 年 11 月）针对 2013 年度的经济预测来明确这一点。主要结论如下。

首先，经济学家们并未对安倍经济学进行准确预测，应该

① 原指车身电子稳定系统，此处为引申义。

说他们的预测完全错误。

例如，对增长率预测过低。11月的共同预测（经济学家预测的平均值），2013年度为1.4%，但实际是2.1%。物价预测也过低，11月的预测是2013年度上升0.1%，但实际为0.8%。由于这个ESP预测网罗了日本所有具有代表性的经济学家，因此可以说明很多日本经济学家没能预测到实行安倍经济学以后经济增长率的提高，尤其是没有预测到物价上涨率的提高。

其次，如果要挑与开始时的实际差距较大的指标，从构成GDP的主要项目来看，主要有民间最终消费支出和公共固定资本形成（公共事业），除此之外还有股价和日元汇率等几项。民间最终消费支出在11月预测的2013年度增长率为1.2%，实际增长了2.5%。公共固定资本形成在11月的预测值居然是-2.3%，但实际是10.3%。11月对日经指数2013年度的预测约为9900点，但实际是14400点。日元汇率在11月的预测为1美元兑换82日元，而实际是100日元。

如此看来，很多经济学家严重低估了安倍经济学最初的经济效果，原因是显而易见的。安倍经济学实施后，股票价格上涨，日元开始贬值。在经济对策和财政预算上，大幅增加了公共投资金额，这一点是大部分经济学家都没有预料到的。公共投资的大幅增长拉动了GDP，股价上涨通过资产效应推高了民间最终消费，因此经济增长率也随之提高。进口成本上升、日元贬值，进而抬高了物价。因为完全没有预料到安倍经济学的特点——公共投资和日元贬值、股价上升，所以自然无法正确预测经济增长率和物价动向。

经济形势的好转和之后的停滞不前

这种经济形势的好转并没有持续多久。从安倍内阁上台到2014年3月，经济运行较为顺利，但2014年4月以后，经济则进入了停滞不前的状态。

我们通过景气动向指数的判断进行回顾。内阁府的经济社会综合研究所每月公布的景气动向指数中附有判断。虽然好像并不为人们所了解，但是非常有意思的是，该指数的判断是自动生成的，因为判断规则是提前就设置好的，并且判断随着指数的变化而变化，当然，判断规则也是公开的。也就是说，对该指数的判断无须考虑自动生成。据此即可反映出真实的景气情况。

从这个观点来回顾安倍经济学之后对景气动向指数的判断，一开始显示"有所改善"，从2014年4月开始变为"一直原地踏步"，一直持续到2016年9月，之后又变成了"改善"。由此可知，安倍经济学以后的经济，在最初一年半的时期内形势良好，但之后就停滞不前了。

支撑景气扩大的四个要素及其中断

为什么当初发展良好的经济之后却停滞不前？那是因为最初支撑经济的政策效果本来就是短期的，不久就会失效甚至会起反作用。支撑安倍经济学最初经济复苏的是以下四个要素。

第一是股票价格上涨。安倍经济学实施后，日经指数在2013年底从9000点左右上升到约15000点。股价上涨提振了企业精神，通过资产效应刺激了消费。

2013 年度民间最终消费支出比上一年增加了 2.5%。如此高的消费增长，在过去 20 年里都不曾有过。为什么消费增长了那么多？通常决定消费动向的是收入。景气好转，家庭收入增加，消费就随之增加。但是家庭收入却几乎没有增加。国民经济核算基础上的实际雇用者报酬（大致与工资相当），从 2012 年 0.8% 的增长率（以一个季度为基础的推算，以下同）到 2013 年 0.3% 的增长率，上升势头减缓。

如果消费不是因收入而增长，那么消费增长的原因就只能是股价上涨带来的资产效应。东京证券交易所的股票价格在 2013 年上涨了 1.5 倍，股票的市值总额增加了 162 万亿日元。东京证券交易所的"股票分布调查"显示，2013 年个人的持股比例为 18.7%。普通国民整体上就持有大概 30 万亿日元的股票资产。这被认为是导致 2013 年消费增加的原因。

第二是日元不断贬值。1 美元兑换 80 日元的日元汇率，在 2013 年度末跌至 100 日元左右。这提高了企业的盈利性，拉动了消费者物价的上涨。关于这一点将在后面进行论述。

第三是公共投资增加。公共固定资本形成（大致相当于公共投资），在 2013 年度增加了 8.6%，在 2014 年度减少了 2.0%，在 2015 年度也减少了 1.6%。公共投资支撑经济只体现在 2013 年最初的一年。

第四是刺激了提前消费需求。关于消费税率，根据民主党内阁时期各党达成的协议，决定于 2014 年 4 月从 5% 上调到 8%，于 2016 年 10 月从 8% 上调到 10%。由此发生了大规模的提前消费需求。特别是住宅、轿车等高价商品，销售额从很早开始就急剧增加。2014 年 3 月，日用品也进入了提前消费期，2014 年 1—3 月的民间最终消费支出实际年增长率达 8.2%。

但是，在 2013 年促使景气上升的四个要素原本就是短期的，到 2014 年其效果就全部消失殆尽了。因此景气的好转势头戛然而止。

日元大幅贬值的影响

在这里谈谈日元贬值的影响（参照图 13-2）。2012 年末安倍经济学实施以后，日元持续大幅贬值。按年度来看，2012 年 1 美元等于约 80 日元，到 2013 年则变成约 100 日元（日元贬值约 2 成），到 2014 年约 110 日元（日元贬值约 1 成），两年间贬值了约四分之一。

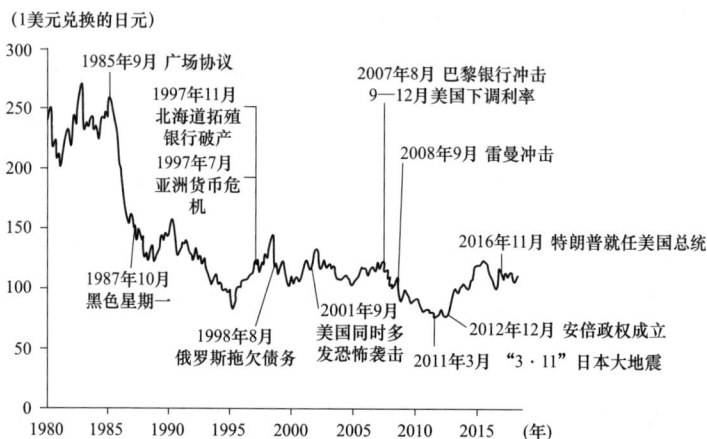

图 13-2　汇率的推移

出处：日本银行《金融经济统计月报》

我们就日元贬值对经济的影响进行整理（以下，假设所有交易均用美元结算）。汇率的变化会导致进出口价格变化。关于进口价格，如果美元计价价格不变，从日元的角度来看，进口价格将因为日元贬值而上升。

关于出口价格，日本的出口企业面临两个选择。一是"保持出口商品美元计价价格恒定，日元贬值会增加出口企业的实收金额（收益）"，另一个是"保持出口企业的实收金额不变，日元贬值会降低出口商品的美元计价价格，提高出口数量"。只是这两个选择处于两个极端，在现实中一般会介于这两个选择之间的某一位置。

进出口价格变化会影响整体经济。在此只阐释与景气、物价形势有关联的部分。首先，出口数量会变化。这一点因日元贬值时出口企业对美元计价价格下调的程度而不同。按理来说，越是抑制日元的实收金额，降低美元计价价格，出口数量的增加就会越大。其次，企业收益会变化。以出口企业为中心的制造业，最初受到日元计价价格上涨的影响，后来又加上出口数量增加，收益才得以好转。相反，非制造业由于进口成本增加而收益恶化。另外，由于进口成本增加，物价迎来上涨。

那么，实际情况如何？从 2013 年的情况来看，首先以日元计价的进口价格上升幅度约等于日元贬值的部分，因为日元贬值 17.3%，进口价格上升了 13.5%。由此摆脱了 2013 年的物价下跌状态。较有特点的是出口价格。以合同所规定的货币结算，2013 年度的出口价格几乎没有变化（下降 2.1%），而日元计价价格则大幅上升（上升 10.3%）。这意味着企业没有选择降低销售价格来增加出口数量，而是选择了维持销售价格来增加日元实收金额。因此，制造业的收益有了大幅改善（2013 年度制造业的经常利润增加 36.0%）。但是由于没有降低销售价格，所以出口数量几乎没有增加，甚至减少了 0.7%。

这么来考虑的话，在安倍经济学的最初阶段出现了摆脱通货紧缩的征兆，企业收益出现了大幅改善的显著效果。这主要归功于日元贬值。但是，这种日元贬值的效果只有在"日元持续贬值"时才会显现出来，本质上来讲效果只能是短期的。

没有实感的长期景气扩大

在安倍经济学下，经济的重要特征之一是景气扩大期间较长，安倍政权执政后的整个时期都处于景气扩大期。从 2012 年 12 月开始到 2019 年 1 月长达 74 个月，成为第二次世界大战后最长的景气扩大期，在此之前是从 2002 年 1 月到 2008 年 2 月的 73 个月。政府早在 2018 年 1 月提交至月例经济报告阁僚会议的参考资料中就提到"此次景气复苏期到本月共计 74 个月，可能是第二次世界大战后最长的一次"。

另一个特征是，像这样创纪录的长期景气扩大，却被很多人指出"没有实感"。并对此给出了一些理由——"因为工资上涨率或可支配收入增长率低"，"因为低物价上涨率状态一直持续，名义上看景气并未扩大"，"无论家庭还是企业都无法对未来抱有乐观的期望"。但是笔者想指出的是，中间出现过两次停滞不前及走下坡路的形势变化时期。

政府的景气判断是上升和下降的二分法。在此基础上我们试着增加"停滞不前"和"走下坡路的形势变化"这两种状态。以每个时期的景气动向指数判断为基准。前文已说过,景气动向指数判断是自动生成的,所以客观性较高。安倍经济学的景气中,被判断为"停滞不前"或者"走下坡路的形势变化"的时期,是从 2014 年 4 月到 2016 年 9 月这一时期(除去其间的 5 个月),以及 2018 年 9 月以后(到 2019 年 1 月)这两次。74 个月的景气扩大期间中有 30 个月并没有"扩大"。

特别是在 2014 年 4 月上调消费税率经济陷入萧条期后,"这无疑是景气衰退"的讨论甚嚣尘上。前文提到的日本经济研究中心的 ESP 预测调查中有这样一个问题:"下一个景气节点已经过去了吗?"当时判断的景气节点是 2012 年 11 月到达谷底,对此持肯定回答的人认为景气高峰已过,也就是说,人们认为现在是经济衰退局面。在 2014 年 12 月时,对于这个问题持肯定回答的人甚至增加到 22 人。参与调查的经济学家大概有 40 名,即大约一半的民间经济学家认为,2014 年景气处于衰退状态。

但是关于这一点,官方的判断为"景气并未衰退",并于 2016 年 6 月召开的内阁府经济社会综合研究所的景气动向指数研究会上未将 2014 年 3 月设为景气高峰,也就是说,不能说 2014 年 4 月以后的状况是"景气衰退"。经济处于上升局面还是下降局面,必须满足"持久度""深度""广度(波及程度)"这三个条件。2014 年以后的经济虽然满足持久度和深度条件,但是广度(以负指标在整体指标中所占的比例来衡量)比之前的下降幅度小,没有满足条件,所以无法认定为衰退局面。虽不能说是景气衰退，但也不能说是持续扩大，所以"停滞不前"才是恰当的说法。

之后，自 2016 年 10 月以来，在全球景气复苏带来的出口增长的带动下，景气状况向好，但是到 2018 年下半年，时任美国总统特朗普的贸易保护主义给世界蒙上了阴影，经济再次陷入原地踏步状态。

图 13-3 显示了景气整体动向的复合指数变化与过去两次长期景气扩大时的变化比较的情况。安倍经济学下的景气扩大中，有一段停滞不前的时期，所以经济的上升幅度要小很多。也就是说，安倍经济学的景气当中，上升然后原地踏步，再上升再原地踏步，如此反复。即使景气停滞不前，如果之后上升局面再次出现，停滞不前的时期也会被列为景气上升期。因此，安倍经济学下的景气虽然时间长，但经济水平却并没有提高。这也是让大家没有景气实感的一个原因。

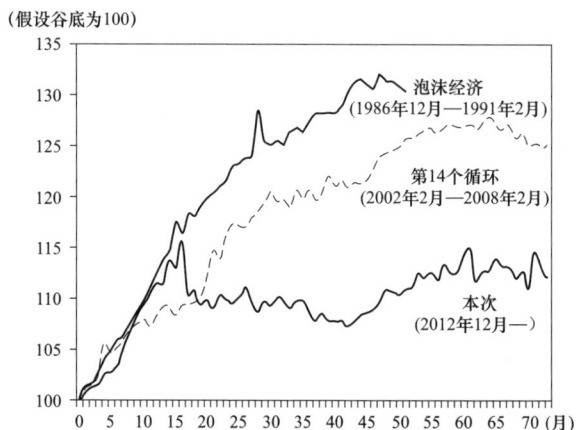

图 13-3 景气扩大期的景气动向指数（复合指数、C.I）的比较

出处：内阁府（景气动向指数），数据到 2018 年为止

"新三支箭"和扩大的安倍经济学

安倍内阁于 2016 年 6 月在内阁会议通过了"一亿总活跃计划"（以下简称为"总活跃计划"），其中推出了"新三支箭"。安倍经济学的政策范围进一步扩大。

"新三支箭"登场

在"总活跃计划"中，"为了创造谁都可以大显身手的'一亿总活跃社会'，树立了三个远大目标——'达到第二次世界大战后最高名义 GDP 600 万亿日元''预期生育率 1.8''护理人员零离职'，朝着这三个靶子射出"新三支箭"。根据"新三支箭"，安倍经济学的范围更加广泛，扩展到人口政策（少子化对策）、社会保障政策等领域。

"新三支箭"中的第一支箭是孕育希望的强大经济，其具体目标是"名义 GDP 达到 600 万亿日元"。"总活跃计划"中明确了"通过革新和工作方式改革，提高生产力，保障劳动力，从而强化供给侧改革"的方向。

然而，这个"名义 GDP 达到 600 万亿日元"的目标，最初并未明确截止时间，大家普遍认为是到 2020 年为止。这样来看，和名义增长 3% 几乎是同样的意思。根据 2016 年 7 月的内阁府试算"关于中长期经济财政试算"中的"经济再生情况"，如果今后持续 3% 左右的增长，2020 年的名义 GDP 是 583 万亿日元，到 2021 年能达到 605 万亿日元。

第二支箭是构筑梦想的育儿支援。其具体目标是实现"1.8的预期生育率"。如果不能阻止人口减少，日本就会越发陷入严重的"人口结构失衡状态"①，劳动力人口减少，会导致经济增长受限、地区贫困、社会保障制度陷入困境等难题。为了防止这些问题的发生，必须谋求女性就业和育儿的两者兼顾，有必要尽可能地提高生育率。但是，实现1.8的生育率是一个很大的难题。这一点将在下一节叙述，在此只点出其"难"。

第三支箭是安心的社会保障，其具体目标是实现"护理人员零离职"。毋庸多言，社会保障改革是迫在眉睫的课题。日本作为世界第一老龄化社会，今后养老金、医疗、护理等社会保障费用还会继续增加。如果对此置之不理，不仅会压迫财政，而且社会保障制度本身也将无以为继。

"防止护理人员离职"这一点在今后也非常重要。不过，应该把"护理人员零离职"的目标看作一个理想状态，因为护理人员离职率降为零，也并非是构筑安心的社会保障上最重要的课题，而且无论什么事，要做到字面上为零都是极为困难的事。

工作方式改革的推进及其背景

"总活跃计划"中提到，继"新三支箭"之后，准备推进"工作方式改革"。在该计划中，把工作方式改革定位为"为了实现'一亿总活跃社会'的横向课题"，并且认为"最大的

————————————

① 人口中劳动力人口占比下降的现象。

挑战是工作方式改革。为了让多种多样的工作方式成为可能，必须转变社会的想法和制度"。2016 年 8 月成立的第三次安倍内阁，任命了工作方式改革担当大臣（加藤胜信），同年 9 月设置了"工作方式改革实现会议"。

工作方式改革被定位为重大横向课题的背景有以下几点。

第一，劳动力不足越发严重，开始制约经济增长。安倍经济学始于 2012 年 12 月。从 2014 年中期开始，雇用形势突然变得紧张（参照图 13-4）。有效招聘倍率从 2012 年 11 月的 0.82 倍持续上升，2018 年 11 月升至 1.63 倍。这是时隔 45 年的最高水平。失业率也从 2012 年 11 月的 4.1% 持续下降，到 2018 年 11 月降至 2.5%。这也是 25 年以来的最低水平。

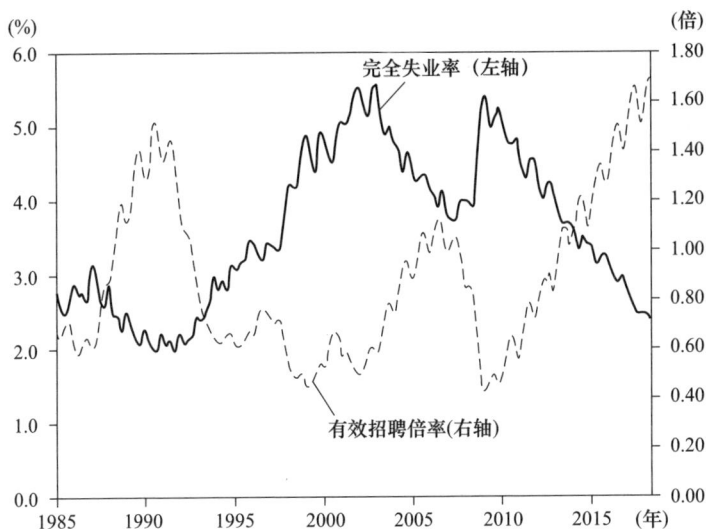

图 13-4　雇佣关系指标的推移

出处：总务省"劳动力调查"、厚生劳动省"职业稳定工作统计"

值得关注的是，如前文所述，虽然景气持续上升，但也有过很长一段景气"停滞不前"的时期，尽管如此，雇用形势却一直在持续改善。其中有"企业的劳动需求增加"的需求方面的因素，还有"劳动力减少"的供给方面的因素。如果是这样，恐怕劳动力不足将在今后持续相当长的时间。

为了应对劳动力不足的问题，促使女性、高龄者、外国人等进入劳动市场，提高劳动生产力是很有必要的。

第二，国民的不满情绪与工作方式有关。安倍经济学为经济增长注入了巨大动力，取得了相当大的成果，但是国民依旧非常不满。企业收益明明很好，工资却不涨，正式员工和非正式员工的差距很大，员工工作时间长，甚至没有时间和精力享受生活。这些都是与工作方式密切相关的问题。

第三，工作方式为少子化提供了土壤。要想避免人口减少，提高出生率成为必要课题。但是，以往的工作方式提高了女性育儿的成本，阻碍了男性参与家务和育儿，这些都是造成日本少子化的重要因素。

如上所述，工作方式与很多经济社会问题相关联。虽然改变工作方式后，不一定就会使这些问题自动消失，但是如果不改变工作方式，要解决这些课题则尤为困难。正因如此才需要改革工作方式。

工作方式改革相关法的成立

政府推进有关工作方式改革的集中讨论，于 2017 年 3 月通过了"工作方式改革实行计划"。以此为基础，2018 年 6

月出台了《工作方法改革关联法》。该法的主要特征有以下几点。

第一，强化加班时间限制。日本的劳动法规定劳动时间原则上为"一天 8 小时，一周 40 小时"。如果劳资双方基于《劳动基本法》第 36 条签订协定，即所谓的"时间外劳动协定"，就可以进行"一个月 45 小时、一年 360 小时"的加班。而且如果签订了附有特别条款的协议，就可以不受加班上限的制约。总而言之就是没有限制。

这一点在新制度中，即使是附有特别条款的协议，也规定一年加班时间只能在 720 小时（1 个月平均 60 小时）以内，单月 100 小时以内，2—6 个月的平均加班时间必须控制在 80 小时以内，一个月内加班超过 45 小时的次数在一年之间不能超过 6 次。

第二，同工同酬。在此之前，即使做着同样的工作，正式员工和非正式员工之间的待遇差距也很大。非正式员工的比例不断提高，导致日本整体的贫富差距拉大。

该法律规定不论雇用形式，在同样业务和成果平等给予工资的原则下，企业设置同工同酬的制度，明确工资和福利各个项目的合理待遇。基本工资在工龄、能力、成果等相同的情况下原则上应保持一致。

不过，如果有合理的理由也可以允许有待遇差别。例如，定期调动或数年中职务内容有所变化的综合职务的正式员工和临时工，即使工作内容相同也可以有待遇差异。

第三，工资与时间脱钩。在日本，标准的薪资体系是根据工作时间支付工资。这套体系对于工厂劳动者来说，工作时间和成果成正比是没有问题的，但是白领阶层的工作时间和成果不一定成正比。不仅如此，还有这样不合理的情况——同样的工作，效率低、耗时长的人拿的工资更多。

因此，为了让在短时间内高效率工作的人能得到相应报酬，设立了"高度专业制度"工资体系。这是对于特定的专门职业，去除劳动时间限制，用成果进行评价的制度。但是这一点因为受到在野党的强烈批判——"其目的是设立企业不支付加班费的制度"，最终仅限于年收入在1075万日元以上，职业类型限定为金融交易商、企业顾问等部分专门职业人员。

而且，最初的法案中还包括了扩大定时工作制对象的内容。定时工作制是只将事先规定好的时间视为工作时间，并据此支付薪酬的一种制度。在此之前，还有专业型，比如律师和大学教授等；以及企划型，比如经营企划、提案的业务等。在最初的法案当中，还准备将拥有一定的专业知识、解决顾客经营问题的提案型营业职位加入企划型的对象当中。但是，由于产生了厚生劳动省的统计处理纠纷，这部分最终在法案中被删除。

劳动方式改革的界限

如此这般推进工作方式改革，顺应时代要求，出台相当果断的政策，实现改革，这些都是值得肯定的。但是，不改变日本雇用惯例这一结构性课题，改革就会有局限性。

在"总活跃计划"中提出，"为实现同工同酬，要在充分考虑我国雇用惯例的同时，坚定不移地做好法律修正的准备"。问题在于"充分考虑我国雇用惯例"，若改革顾虑以往惯例，那么无论如何都是有局限的。

在以往的雇用惯例下，劳动者在缺乏流动性的职场上经过在职培训，被培养成适合于特定企业的人才。在这种制度下，劳动者没有具体的工作内容，只要是属于组织的工作什么都得做，薪资以技能工资制（基于工龄增加，能力也不断增加的理念）为中心。也就是说，存在着"长期雇用""适合于企业的人才""工作内容不定""技能工资"四位一体的雇用惯例。

在这四位一体之下，即使做同样的工作，因为经验、工龄的不同，工资就会有差别。无论如何，正式员工和非正式员工之间都会产生差距。总之，只要日本企业维持以传统的技能工资制为中心的薪资体系，就不可能实现同工同酬。

这种四位一体的劳动方式被称为"成员互助型"劳动方式。与此对应的是"业务内容型"，也就是形成以业务内容为中心的工作方式来支付工资，自然就会实现同工同酬的一种劳动方式。而且随着雇用流动化，女性也更容易参与进来。因为劳动人口增加，生产效率也容易提高，所以自然就会促进经济发展。

当然，为了实现这一点，必须重新审视企业人事制度以及劳动者的职业生涯规划。每个人的职务内容都有明文规定，像以前那样"上司说什么就去做什么"就行不通了。只要持续做同样的工作，工资就不会涨。而如何超越这些困难，尽可能地向"业务内容型"转变，则留待今后解决。

1亿人口目标和地方创生

人口问题和地区问题原本就密切相关。在安倍经济学下，由于推行地方创生，更增强了两者的密切性。这是因为安倍经济学明确了"以地方创生实现1亿人口目标"的方向。

1亿人口目标的设定

众所周知，日本的人口变化对经济社会有着长期、巨大的影响，其影响在今后将越来越大。就日本的人口结构来说，整体而言人口减少（总人口减少），高龄者比例升高（老龄化），青少年（14岁以下）人口减少（少子化）的现象一直在发展。导致这种人口动态变化的根本原因是少子化。就少子化问题，安倍内阁制定了"1亿人口"的政策目标。

提出1亿人口目标的是经济财政咨询会议的"选择未来委员会"。该委员会对日本经济社会的长期状况进行了探讨，并在2014年5月的中期总结中提到，即使到了50年后也应该将维持1亿人左右的人口规模作为目标。

因此，政府在2014年6月制定的"骨太方针"中加入了该目标，自此，1亿人口正式成为政府的目标，其内容为"旨在让全体国民共同树立应对人口骤减、超老龄化的危机意识。旨在保持50年后仍稳定在1亿左右的人口结构"。

由于日本一直以来并没有关于人口总数和出生率的数值性目标，因此这可谓是少子化对策史上重要的一步。也足以说明政府的认真程度在提高。

在"选择未来委员会"的中期报告《对未来的选择》中，关于人口规模和出生率的关系有以下叙述，"假设截至2030年，合计特殊出生率急速恢复到生育更替水平的2.07，即使以后都维持该水平，50年后人口也将减少至1.06亿，所以从现在开始到人口减少得到控制至少需要80年"。

这里所说的"生育更替水平"，是指人口保持在一定水平所需的出生率。为了防止人口减少，需要将出生率维持在2.07。而且，这个2.07实现的时间越晚，保持在一定水平的人口规模就会越小。为了将人口减少控制在不低于1亿人的规模，就需要在2030年前将出生率提高到2.07。也就是说，政府实质上设置了这样的政策目标——"将50年后的人口规模控制在1亿人，为此，截至2030年要把出生率提高到2.07"。

然而，安倍内阁的安倍经济学"新三支箭"之一是"1.8的预期生育率"。那么"预期生育率"是什么呢？近年来出生率下降，是受未婚率上升和婚后生育数量减少两方面的影响。但是从未婚率上升的情况来看，婚后的生育数量并非与本人意愿一致。根据国立社会保障、人口问题研究所的《出生动向基本调查》（2015年）显示，未婚者（18—34岁）中有结婚打算的男性占85.7%，女性占89.3%。也就是说相当大一部分人虽然想结婚，但是找不到合适的对象，或者由于经济条件不允许而结不了婚。

在生育子女数量方面，理想和现实的差距也很大。根据上述出生动向基本调查显示，对夫妇来说，理想的子女数量是 2.32 人，实际打算养育的子女数量是 2.01 人。也就是说，其实很多夫妇都想要多生孩子，但是因为教育费用等负担而选择了放弃。

因此，要设法让有结婚意愿的年轻人结婚，并且养育自己理想数量的孩子。这种情况下所实现的出生率就是"预期出生率"，政府经过测算将该出生率定为 1.8。

但是，如上所述，为了实现 1.8 的出生率，有必要营造一个让想结婚的人全部都能结婚，想生孩子的人全部都能生孩子的环境。众所周知，这是一件相当困难的事。而且前文也提到，因为更替水平的出生率是 2.07，所以即使实现了 1.8 的出生率，人口依然会继续减少，还是无法实现 1 亿人口的目标。

在 2014 年 12 月通过的"城镇、人口、工作创生的长期蓝图"中，为确保 1 亿人口所作的估算为"到 2020 年出生率在 1.6 左右，到 2030 年出生率在 1.8 左右，到 2040 年生育更替水平达标（2.07）"。这大概就是政府描绘的出生率的愿景。确实，如果出生率按这个愿景发展下去，日本就能达到 1 亿人口。但是，为了实现这个目标，必须要在 2030 年实现 1.8 的出生率，然后进一步在短时间内提高到 2.07。

地方创生的举措

安倍内阁自 2014 年以来致力于地方创生，其顺序是"城镇、人口、工作创生综合战略"。具体内容如下：

一是在 2014 年提出了展望日本整体人口未来的"长期愿景"和基于该愿景的"综合战略"。

二是各地方公共团体参考国家的"长期愿景"和"综合战略",在 2015 年内筹划制定"地方版人口愿景"和"地方版综合战略"。

三是 2016 年以后,基于"地方版综合战略",正式启动PDCA 循环,即"计划(Plan)、执行 (Do)、评价(Check)、改善 (Action)"。

这个地方创生与以往的地区振兴最大的不同,就是与人口政策密切关联。城镇、人口、工作推进本部推出的《地方创生推进基本方针》(2014 年 9 月 12 日)中提到,为了在 50 年后保持 1 亿人口,要在正面迎战"人口减少、地方创生"结构性课题的同时,谋求解决符合各自地区特性的课题为目标,以以下 3 个基本视点为基础:"实现年青一代的就业、结婚、育儿的愿望","扭转东京一极化""按照地区特性来解决地区问题"。

"扭转东京一极化"为大多数人接受是很好理解的。简而言之,东京一极化就是东京一城独大。他们认为,如果这种一城独大的局面能被扭转,东京圈以外地区的地位自然会得以提升。基于这种想法,扭转东京一极化的讨论迄今为止仍在反复出现。其中,安倍政权下的东京一极化扭转论的最大特征是其与人口问题、少子化对策紧密相关。

那么为什么"扭转东京一极化"会成为少子化对策,有利于 1 亿人口目标的实现呢?唯一的理由是东京的低出生率。例如，在"城镇、人口、工作创生长期愿景"中有以下叙述，"这样的人口移动，由于严峻的住宅情况和育儿环境，年青一代集中到与地方相比出生率较低的东京圈，导致了日本整体人口减少"。也就是说，东京的出生率为全国最低。由于人们都聚集到低出生率的东京，全国的出生率也随之降低。如果能够扭转这个情况，人口就会向高出生率的地区流动，日本整体的出生率就会升高。

但是，这一争议并未经过充分的实证检验。再者，假设人口从东京流动到其他地区，即使该地区的出生率得以实现，对日本整体出生率的改善效果也非常微小。另外，也有人指出，从婚姻市场和居住成本来看，东京都的出生率低下是因为东京作为撮合姻缘的婚前场所在发挥作用，而周边城市则是作为婚后定居场所发挥作用，因此东京圈整体的出生率并不是很低。

另外，也存在这样的争论：在日本不断发展的不是东京一极化，而是更多层面的集中。换句话说，虽然全国人口都在向东京集中，但从各个地区（北海道、东北、九州等）向地区中心城市（札幌、仙台、福冈等）的集中也在发展，各府县向府、县地区的中心（府、县政府所在地）移动，"各地区的人口都在向中心城市流动"，在各层面都发生着集中的现象。而且，多层面集中的发生是由于它能带来很多好处。如果强行加以抑制，反而会削弱地区的发展活力。

从这之后的地区实际情况来看，并未看到地方人口流失停止的迹象，地区的衰退趋势也没有得到改善，地方创生仍然是今后重大的课题。

第十四章

异次元量化宽松的展开及其边界

安倍经济学的主要支柱是金融政策。在通货紧缩趋势持续的情况下，日本一边实行着超越以往框架的金融政策，一边不断推行着更加深入的新政策。这些新政策中有很多属于未知领域，难免成为所谓的"实验性"政策。该实验在本书执笔时仍在继续，因此其历史性评价该如何定论还有待遥远的将来。

异次元量化宽松的开始

通货膨胀目标的达成

安倍经济学下的第一轮金融政策为采用"通货膨胀计划"。安倍政权成立后，政府和日本银行于2013年1月22日发表了"关于为摆脱通货紧缩和实现持续性经济增长的政府、日本银行政策合作"的联合声明。其中包含2%的稳定物价目标，日本银行明确表示将致力于早日实现该目标。这就是通货膨胀目标。关于通货膨胀目标的争论，已经在本书第九章中进行了叙述。

问题在于其效果到底如何。从之后的物价情况来看，似乎并不能说设定通货膨胀目标本身对摆脱通货紧缩有什么贡献。事实上，通货膨胀目标已经为很多国家所采用，也并不是什么值得惊叹的政策转变。设定通货膨胀目标本身并不重要，至关重要的是为了达到目标，中央银行如何进行独立的政策运营。

表 14-1　金融政策的推移（2013—2016 年）

日期	行长	政策变更的内容
2013 年 4 月 4 日	黑田东彦	引入"量化、质化宽松"。以基础货币为目标（一年增加 60 万亿日元—70 万亿日元）。废除资产购买基金。暂停银行券准则。扩大长期国债购买（一年增加保有余额约 50 万亿日元，每月 7 万亿日元。平均残存 7 年左右），扩大购买 ETF（增加保有余额 1 万亿日元）、J-REIT（一年增加保有余额 300 万亿日元）。将 CP 等维持在约 2.2 万亿日元，公司债券约 3.2 万亿日元
2014 年 2 月 18 日	黑田东彦	延长、扩充贷款增加援助资金的供应等（贷款增加额的 2 倍之内，可从日本银行获得资金供应）。"支援成长基础强化的资金供应"原则总框架扩大（3.5 万亿日元→7 万亿日元），延长贷款期限（1 年—3 年→4 年）
2014 年 10 月 31 日	黑田东彦	扩大"量化、质化宽松"：基础货币每年增加约 80 万亿日元。扩大长期国债购买（每年增加保有余额约 80 万亿日元）。扩大 ETF（增加保有余额 3 万亿日元）、J-REIT（每年增加保有余额 900 亿日元）的购买等。JPX 日经 400 联动 ETF 购买对象
2015 年 12 月 18 日	黑田东彦	引入为完善"量化、质化宽松"的各项措施：购买以"积极致力于设备、人才投资的企业"为对象的 ETF（一年约 3000 亿日元）
2016 年 1 月 29 日	黑田东彦	引入"附带负利率的量化、质化宽松政策"：活期存款政策利息余额，适用 -0.1% 的负利率
2016 年 7 月 29 日	黑田东彦	ETF 购入额增额（保有余额目标约 3.3 万亿日元→6 万亿日元），扩大增长援助资金供应、扩大美元特殊条例（总框架 120 亿美元→240 亿美元）。新设立美元资金供应政策担保的国债贷款制度
2016 年 9 月 21 日	黑田东彦	附带长短利率操作（收益率曲线控制）的量化、质化宽松政策：为 10 年后实物国债利率发展为 0% 左右而购买长期国债（以持有余额的增加额每年约 80 万亿日元为目标）。公布"综合验证"

2% 的稳定物价目标也是合理的。许多国家的中央银行也以 2% 左右为目标。关于"为什么以 2% 为目标"这个问题，日本银行行长黑田东彦做了如下说明。

首先，消费者物价上涨率被认为比物价实际上涨率更高。其原因之一是，相对价格上升的物品与劳务，其需求本应下降，但物价指数是按照某一节点物品与劳务的固定权数来计算的。于是，相对价格上升的物品与劳务的计算权数会高于实际值，物价上涨率也会因此上升。"由于该物价指数的偏差程度很难确定，一般将其粗略地设为 1% 左右。而且，如果将目标设为零，稍微变动就有回到负值区域的危险，而一旦变成负数再想将其扳回到正数是一件非常艰难的事，这是经验之谈。因此，最好设定为留有 1% 左右余地的目标，也就是所谓的"抹糨糊"。

另外，日本银行在此之前就实施了实质性的通货膨胀目标政策，这一点已经在第十二章做过叙述。日本银行在 2001 年 3 月实施量化宽松政策时，明确表示"在消费者物价指数与前年比的上涨率稳定在 0% 以上之前，将继续实施新的量化宽松政策"。另外在 2010 年 10 月实施综合性货币宽松政策时，在可预期 1% 左右的物价稳定形势之前，继续实行零利率政策。而且在 2012 年 2 月，明确了"目前，以消费者物价指数的前年比上涨率 1% 为目标，直到可实现之前……推进有力的货币宽松政策"。至此，几乎可以说是通货膨胀目标吧。

量化、质化宽松政策的实施

2013 年 3 月黑田就任日本银行行长。在黑田的领导下，日本银行在 4 月 4 日的金融政策决定会议上确定了新的货币宽松政策。这个宽松政策被命名为"量化、质化宽松政策"，后来又被称为"异次元宽松政策"。这个政策恰如其"异次元"之名，大胆得超出了很多人的预想。其具体内容如下。

第一，将货币宽松的操作目标从之前的无担保隔夜拆借利率变更为基础货币。基础货币的资金供应量计划每年增加 60 万亿—70 万亿日元。决定将 2012 年末 138 万亿日元的资金供给量，到 2013 年末增至 200 万亿日元，到 2014 年末增至 270 万亿日元。

第二，扩大长期国债购入额。长期国债购入额从 2012 年末的 89 万亿日元，到 2013 年末的 140 万亿日元，再到 2014 年末的 190 万亿日元，两年就增加 1 倍多。前任行长白川在任时引进的"购入资产基金"（宽松货币政策的一种方式）被废除，长期国债购买被统一纳入了用于调节金融市场的普通国债购入框架。由此，一定程度上阻止扩大国债购买的银行券准则被废止。

第三，延长购买国债的期限。以往通过基金购买的国债，只限于到期前剩余期限为 1—3 年的国债。但今后可以购买 40 年期以内的所有国债。国债的平均剩余期限从以往不到 3 年的时间延长至 7 年左右。

第四，增加交易型开放式指数基金（ETF）和日本房地产投资信托基金（J-REIT）等风险资产的购入。推进这些资产的购入力度，具体包括年均增加 1 万亿日元 ETF、300 亿日元 REIT。

另外还明确了时间轴，如物价稳定目标要在两年左右达成，将继续实施量化、质化宽松政策直至物价稳定目标稳定持续到必要的时间点。

黑田行长在新宽松措施出台后的记者招待会上，多次进行鼓舞政策效果的发言。"以往的阶段性宽松是不够的，现阶段采取了一切必要措施"，即非逐步投入战斗力宣言，"采取了一切必要措施，如有必要则会毫不犹豫地进行调整"，表明未来将继续推行政策的强烈意向。"我确信，现在必要条件都已具备，我认为实际上两年就能达到 2% 的目标"，表明对强有力政策效果的自信等。

显著的声明效果

关于新货币宽松措施的效果存在着很多争议，但无论如何这是一次前所未有的实验性尝试，是一项"不试就不知道"的政策。关于货币宽松通过什么途径影响经济的问题，则大多通过以下三点来说明：一是预期物价上涨率提高；二是收益率曲线整体降低；三是资产组合的再调整效应。这也是在此前的量化宽松政策中反复出现过的说明。

第一点是，通过显示出对摆脱通货紧缩的强硬政策姿态来消除经济主体的通货紧缩预期；第二点，收益率曲线降低，是想通过下调利率来刺激民间投资的积极性；第三点的资产组合再调整是通过购买国债等方式大量释放基础货币，由此希望将投资对象转向风险资产。

对于在这些效果中的收益率曲线效果，因为本来利率就很低，所能期待的效果自然有限。对于资产组合的再调整效应，有些观点认为在某种程度上是有效果的。但是普遍的认识是，基本上就是金融机构持有的国债被替换成了在日本银行的存款准备金而已。

这样一来，最令人期待的就是预期所带来的推动效果。关于这一点，安倍政权上台后，日元急剧贬值、股价骤然上升，普遍认为这是因为市场预期发生了变化所导致的。这之后有关预期通货膨胀是否高涨还没有明确的结论，因为人们的预期将如何变化本来就难以预测。

但是，作为第一支箭的金融政策带来了日元贬值和股价上涨，看似极大地改善了经济形势。那么，金融政策的变化是通过怎样的机制使经济好转的？

关于这一点，与其说是政策本身，不如说是政策宣传使市场预期发生了变化，并带来了日元贬值和股价上涨的显著效果，也就是所谓的声明效应和体制改革。"很多人认识到政策框架发生了巨大的变化"这一点改变了经济的环境，对这种体制变化做出贡献的有以下三个令人印象深刻的声明。

第一，隆重声明了作为政权整体的政策转换。具体来说，就是从民主党重视民生和家庭转变为自民党重视经济增长和企业。在民主党政权下以"从混凝土到人"，"重视生活，完善家庭补助（增加儿童补贴、高中教育免费化等）"，"从官僚主导到政治主导"的方向开展政策，但是没有一项政策能顺利开展。对此，安倍首相从 2013 年选举战时开始呼吁通过通货再膨胀的金融政策摆脱通货紧缩，旗帜鲜明地以经济增长为目标，在所谓"强化国土"的思路下，带动了对公共投资的增加。

第二，采用通货膨胀目标的影响力也很大。如前所述，无论是通货膨胀目标的设定，还是将其水平设定为 2%，在国外都不乏先例，这并不是划时代的政策。但是在日本，两种对立观点并存由来已久。一个是"设定通货膨胀目标本身就是摆脱通货紧缩的强力政策"，而另一个观点则认为"凭日本银行的力量并不能控制物价，所以通货膨胀目标毫无用处"。正因为这两个观点明显对立，所以"决定采用通货膨胀目标"这一声明已然超出它本身的效应，作为重大的政策转向被人们所接受。

第三，除内容本身之外，在提出方式上也下了功夫。例如，"把基础货币增加 2 倍，长期国债和 ETF 购买也增加 2 倍"，"两年内达到 2%"等，多用"2"这个关键词来强调其"通俗易懂性"，也增强了对市场的冲击力。

用有力的承诺来强调当局的意志也带来了一定影响。首先，就达成时间予以坚决承诺。在金融政策决定会议上，关于消费者物价上涨率达到 2% 的目标，强调要"时刻牢记 2 年左右的时间期限，尽可能争取早期实现"。另外，在记者招待会上"必要时将毫不犹豫地进行调整"的发言也被视为当局决心的表现。与此同时，给许多人留下深刻印象的是日本银行行长的态度。前任白川行长也许是因为基于事实说话，虽然推进了量化货币宽松政策，但是对其效果的说明偏于保守，总给人一种"实际上对效果没有自信"的印象。与此相反，黑田行长则可能有虚张声势的一面，总是自信满满地说"这样一定能摆脱通货紧缩"。因此让人感到两者态度的差距之大。

逐渐明朗的异次元宽松政策界限

补充量化宽松政策

最初取得了巨大成果的异次元货币宽松政策，其效果随着时间的流逝逐渐淡化，或者说其界限更加明晰。

计划在两年之内实现 2% 的通货膨胀目标很难达成。因此，日本银行在 2014 年 10 月 31 日决定实施补充量化宽松政策。其具体内容如下：

一是每年增加 10 万亿—20 万亿日元的基础货币，即扩大到每年 80 万亿日元；

二是长期国债购入量也增加 30 万亿日元，即扩大到 80 万亿日元。购买国债的平均存续时间也从之前的 7 年左右延长至 7—10 年；

三是 ETF 和 REIT 的购买量从之前的 1 万亿日元扩大到 3 万亿日元，即增加到原来的 3 倍。

这个补充量化宽松政策貌似试图复制 2012 年 4 月的成功，是有意给市场一个惊喜。黑田行长直到决定会议之前，一直表示政策效果正在顺利进行。预料到在这个时间进行补充量化宽松政策的市场相关人士很少。因此，对市场来说是一个很大的冲击，紧接着日元贬值和股价上升加剧。在 2012 年 4 月，"量化宽松的规模"给市场带来了惊喜，所以黑田行长认为这是一个制造惊喜的恰当时机。

在决定会议后的记者招待会上，黑田行长以"3"为关键字进行说明，这也与 2012 年 4 月相似。像是"ETF 购买为 3 倍"，"扩大国债购入规模至 30 万亿日元"之类。上次的关键字是"2"，这次变成了"3"。

之所以决定实施补充量化宽松政策是因为物价没有如预想的那样上涨。消费者物价指数（生鲜食品、消费税增税的影响除外）在 2014 年 4 月比前一年上升了 1.5%，逐渐接近日本银行 2% 的目标。但是之后由于原油价格下降等原因增长率又下降，9 月的物价上涨率下降至 1.0%。

在 2013 年 4 月的最初阶段，黑田行长坚定地承诺"为了实现两年内 2% 的目标，如有必要就毫不犹豫地进行调整"，从这一点来考虑，可以说这些措施是理所当然的应对政策，但尽管如此物价还是没能上涨。

恶评不断的负利率

此后，物价受到原油价格下跌的影响，逐渐远离 2% 的目标。2014 年 10 月的补充量化宽松政策也没有达到预期效果，最终没能实现两年内达到 2% 的目标。尽管日本银行如此也没有卸下"尽早实现 2%""毫不犹豫地调整"的招牌，人们总是期待着新的措施，因此 2016 年 1 月负利率政策得以出台。

日本银行于 2016 年 1 月决定引入"负利率下的量化、质化宽松政策"，将民间金融机构存放在日本银行的活期存款利率的一部分从 2 月起下调为 -0.1%。具体来说就是，将民间金融机构存放在日本银行的存款根据存款类型分 3 种方式计息，即正利率、零利率和负利率。

日本银行表示，这一措施是基于基础货币增加的"量"，购入资产的"质"的观点，再加上"利率"，在三个层面上推进量化宽松政策，今后若有必要还会进一步下调利率。

经济学者中也有人持"比起异次元宽松政策，负利率更合理"这一态度。但笔者无论如何也无法接受名义利率变为负数的结果，因为这违背了"经济的法则"。所谓负利率，简单理解就是，钱一旦存进银行就会变少，从银行借钱反而会增加收入。笔者认为这样的世界是不可思议的。

说到对负利率政策的评价，总体来说评价较低。其理由有以下几点。

第一，缺乏解决根本问题的景气刺激对策。确实，利率下降，收益率曲线转为下行。原本短期利率就是零，没有下降的余地，所以长期利率也相应下降。毋庸置疑，长期利率下降刺激了企业、家庭的投资欲望。但是，已经相当低的利率就算再降，也很难想象企业、家庭会增加投资。

第二，对金融机构的收益产生了负面影响。金融机构主要吸纳短期资金，进行长期资金的放贷。这个短期存款利率和长期贷款利率的差额就是"差额利润"。在引入负利率后，长期贷款利率相对大幅下降意味着金融机构的差额利润被压缩。无论如何存款利率不能为负数。由此金融机构收益开始受到负面影响。如此这般，不仅缺乏刺激效果，甚至有可能抑制投资。如果收益受到挤压，金融机构就会对风险持谨慎态度，收紧贷款。

第三，黑田行长之前在国会等场合说过"不考虑负利率政策"。人们认为这是因为他想给市场带来惊喜。但结果是"一边说着不考虑负利率政策，一边实施负利率政策"，这点降低了人们对行长发言的信赖度。

第四，不但没有提高通货膨胀预期，反而加强了通货紧缩预期。当时内阁府实施的景气调查报告（2016 年 2 月）中关于负利率的评论令人印象深刻。这是来自普通零售店的心声——负利率的影响这一说法在电视和报纸上频繁出现，让上了年纪的顾客更加捂紧了自己的钱包。有很多顾客对于负利率往往抱有"自己的钱会在不知不觉中减少"的印象。所以能感觉到顾客之间有种尽量不要花钱的氛围。

正如这个声音所代表的那样，大多数国民认为"负利率会让存款金额减少""日本的经济状况已经糟到不得不采取这种前所未闻的负利率政策"。这反而加重了人们对未来的担忧。

看来负利率政策虽然带来了惊喜，但是几乎没有起到刺激景气、摆脱通货紧缩的作用。

异次元货币宽松政策的界限

如上所述，可以说金融政策的变迁是当初运行良好的异次元货币宽松政策逐渐失去作用的过程。在此总结为以下几点。

第一，通过出乎意料的果断政策声明来刺激市场的惊喜型政策方法，渐渐显现出它的局限性。安倍经济学原本就是以强调效果开始的。2012 年 11 月安倍内阁上台，在还没有采取任何政策时，就出现了日元汇率下跌、股票价格上涨的现象。

这是因为市场期待着"安倍内阁登台后，金融会出现大幅度宽松，肯定会出台重视经济增长的政策"。

日元贬值、股价上涨的趋势在新行长黑田强力实施的异次元宽松政策下，势头更为猛烈。这个异次元宽松政策是超出多数人预想的大规模政策。市场完全被震惊并很大程度上改变了大家的原有观念，这一点进一步推进了日元贬值、股价上升。2014 年 10 月的追加量化宽松政策也是在市场毫无预料的情况下提出的大规模的宽松政策，市场也对此作出了反应，最终日元进一步贬值。

为了使这样的惊喜型政策方法取得成功，就有必要不断推出足以震惊市场的惊喜型政策。但是，如前文所述，2016 年 1 月的负利率政策虽然带来了惊喜，但最终并没能得到市场的好评，反而被认为增强了市场的通货紧缩预期。

第二，用强有力的承诺来强调当局积极性的方法也是有局限性的。2013 年 4 月的异次元宽松政策中，有以下承诺——"时刻牢记两年的这个时间段，尽可能争取早日实现"，"如有必要，将毫不犹豫地进行调整"。这些承诺，使人们对日本银行的强大决心印象深刻，在前文所述的声明效果的发挥上起到了很大作用。这些承诺在此之后也不断被重申，变成了所谓的"日本银行公约"。但是，有通货膨胀目标的中央银行并不少见，但从未有过明确实现通货膨胀目标具体时间节点的先例。另外，"如有必要，将毫不犹豫地进行调整"的表述，就说明如果不能实现两年内达到 2% 的目标，就得采取追加宽松政策。进展顺利还好，如果恰如担忧的经济没有好转的情况下，反而有束缚日本银行手脚的可能。2016 年 1 月的负利率政策不就是在自己设定的框架下，在明知不可为的情况下勉强采取的措施吗？

第三，起初日元贬值促使经济形势的好转，但是其局限性越来越明显。如前章所述，由于日元贬值带来的物价上涨和企业收益改善，只有在日元贬值时才会出现。为了维持这一机制，就必须使日元不断地贬值。这当然是不可能的。日元贬值带来的经济好转效果从本质上来说是短期的。

另外，由于企业没有将日元贬值带来的收益增加与事业规模扩大联系起来，所以经济扩大的机制无以为继。安倍经济学进入第二期后，不断被诟病"明明日元一直在贬值，出口数量却没有增加"，"企业收益明明在增大，设备投资却没有增加，工资也没有上涨"。关于出口，2013 年度日本的出口数量仅增长 1%，这是由于企业没有下调销售价格造成的。另外，企业认识到日元贬值带来的企业收益改善，并不是靠自己的实力，只是一种短期的现象。而且，企业本来就没有通过降低销售价格来增加出口数量的打算，因为他们认识到，现在不是国内生产出口的时代，而是增加消费地附近的当地生产的时代。因此，虽说收益有所增加，但既没有增强国内设备，也没有提高人们的工资。

政策轨道修正的开始

金融政策新框架

到负利率政策为止，日本银行的政策一味朝着宽松的方向

发展，在负利率之后就开始修正异次元宽松路线。日本银行于
2016年9月，在对异次元宽松政策进行综合性验证的基础上，
确定了金融政策新框架。

在综合性验证中指出，"不再是物价持续下跌意义上的通
货紧缩"，"物价预期的形成是合理预估型（根据过去的实绩
形成对未来的期望），因此，形成有远见的物价预期十分重
要"，"因为贷款利率走低是通过缩小金融机构的差额利润来
实现的，因此在促使利率进一步下降的情况下，有必要考虑金
融机构的贷款运营方针"，"通过合理组合负利率和国债购入，
可以影响整个收益率曲线"等。

基于这样的验证，提出了如下的新金融政策框架。

第一，维持负利率政策的同时，将10年的实物国债收益
率引导至0%左右。这被称为"收益率曲线控制"。为了实现
该控制，出台了指定收益率购买国债的新国债购买政策（指定
价格政策）。还导入了最长10年以固定利率提供资金的新金
融调节手段。

第二，国债的当前买进额为80万亿日元左右，今后将大
幅度收购国债。利率仍然维持在 −0.1%，ETF 和 REIT 的买进
额保持不变。

第三，新框架的内容是继续扩大资金供应量，直到物价上
涨率稳定地超过2%。所谓"稳定地超过2%"，可以解释为，
在合理预估型期待形成的基础上，将宽松持续到超过2%的程
度。这被称为"过渡型承诺"。

第四，今后如果有必要将采取追加宽松政策，其中包括增

强负利率政策的实施力度，下调长期利率操作目标，扩大资产购买，加快基础货币扩张步伐等手段。

根据这个新框架，金融政策被称为"附有长短利率操作的量化、质化货币宽松政策"。

这种验证和制定新政策必要性的背景是显而易见的，那就是异次元货币宽松政策实际上没有产生效果，两年内 2% 的目标没能达成；巨额的国债购入恐怕已经达到了物理上限；如前所述，负利率的效果不理想，而副作用越发明显等。

这个金融政策新框架相当折中，很难把握其方向，其实现性和效果也有很多不透明的地方。具体有以下几点。

首先，新框架让人产生这样的疑问，控制长期利率可行吗？即便可行，是大家所希望的政策吗？传统金融政策的思路是日本银行将短期利率作为政策目标进行操作，而长期利率虽然也受金融政策的影响，但基本交由市场来决定。人们通常认为短期利率是由每天的资金供求决定的，长期利率是由市场参与者对经济前景的预期（景气形势预期、物价上涨预期、财政状况预期等）决定的。

这就是传统型的思维方式，在这个新政策出台之前日本银行的主页上就是这样解释的。想要通过金融政策控制长期利率政策，由于以下几个原因而可能成为"不实施为好"的政策。一是原本就无法找到符合期望的利率水平；二是如果不强行推进，控制就无从谈起；三是一旦控制，就无法得到有关市场期待的信息等。

其次，这到底是加强量化宽松政策的手段，还是与之相反开始迈向出口的手段，很难分辨清楚。不进一步扩大量化宽松和不进一步推进负利率政策这两点，可以被看作是"迈向出口步伐的开始"。另外，由于将长期利率为零作为目标，因此也可能会减少对国债的购买，事实上，之后国债购买额确实有所减少，可以说是量化宽松政策的倒退。

但是另一方面，由于做过"有必要突破一下 2%"这样的过渡型承诺，政策的持续效应得以强化，给人一种宽松将会更加长期化的期待。

关于传统型的异次元宽松政策，在努力维持现状方面，从设置可根据情况减少国债购入框架等方面考虑，笔者认为这正是金融政策转换方向，开始迈向出口的标志。

迈向出口的道路

很多经济专家虽然在速度上所见不同，但是都认为破例的金融政策有必要恢复到正常状态。第一阶段需要削去异次元宽松中"破例"的部分，之后再迈向正常化进程，即所谓"出口"。这个政策转换正在进行当中，很难对其进行评价，不过至少去除"破例"的部分正在逐步推进中。

2016 年 9 月开始实行"附有长短期利率操作的量化、质化货币宽松政策"，这是以基础货币量为中心的金融政策开始向正统的利率控制政策转换的第一步。这时没有进一步推进负利率政策也是很重要的一点。在新框架下，虽然采取了依旧有可能推进负利率政策的姿态，但是出于对金融机构的"差额利润"会不断减少的考虑，因而被认为只是单纯的摆姿态。另外如前所述，为了实现长期利率目标，国债购入额正在减少，由此可认为是借这一政策逐渐削弱对量化的依赖。

2018年4月，当初"两年内实现物价2%"的目标也消失了。这个目标曾明确记载在每年公布两次的日本银行的"展望报告"上。2013年以后，其目标的实现日期被推迟了6次，从2018年4月的展望报告开始，这一表述就消失不见了。

2018年8月，对将长期利率引导为0%左右的目标进行了小幅度修改，将0.1%的变动幅度上限扩大到0.2%。允许小幅度的长期利率上升，以此来恢复市场功能并减轻对金融机构收益的不利影响。

就这样，经济首先正努力从"破例"状态中挣脱出来。今后，不仅要避免重回通货紧缩，还要通过实施常规型金融政策迈向"出口"，这也将成为重大的政策课题。不过那就是平成时代以后的课题了。

第十五章

日本今后的一些经济问题

在本章中，我们将论述尚未提及的政策课题、财政政策和以 TPP 为首的国际通商政策，并进一步阐述安倍经济学今后的课题。

推迟的财政重建

如果从安倍政权下推行的所有政策这一最广泛的定义来考虑何为安倍经济学，那么"没能充分解决的政策课题"也包含在内。其中最具代表性的应该是财政重建，其核心是对社会保障问题的应对。

日本的财政和社会保障问题

众所周知，日本的财政和社会保障面临着巨大问题。财政赤字处于发达国家中最糟糕的状态，再加上世界上屈指可数的老龄化进程，赋税方式的社会保障制度必然会陷入困境。

其解决之道也是显而易见的。为了重建财政，只能增加财政收入或减少财政支出。增加财政收入的基本途径是提高消费税率，而减少支出就只能减少约占国家一般性财政支出的三分之一（34.2%，除国债以外的基础财政收支预算的44.8%，2019年度预算基准）的社会保障相关支出。

有一个共通点是大多数国民都反对该解决方法。安倍内阁先后两次将原定2015年10月将消费税率上调至10%的计划往后推迟。在当时的舆论调查中，赞成推迟消费税率上调的意见超过半数。此外，从多数舆论调查来看，人们希望予以重视的首要政策就是社会保障政策，但是，这并不是希望削减社会保障费，而是希望充实社会保障。

由于政治家想如实反映民众的这种想法（不反映就会在选举中失败），一到选举，就会出现不增税与充实社会保障并行的公约。

这意味着如果遵从民众意愿，财政、社会保障问题就无法得到解决，日本已经陷入严重的"民主主义的失败"状态。

日本的财政现状

众所周知，日本的财政赤字在发达国家中属于最糟糕的状况。接下来我们将从代表每年赤字程度的"流量"和代表赤字累积债务余额的"存量"来看日本的财政赤字状况。

流量的财政赤字自不必说，是财政支出和税收（包括印花税票等其他内容，以下同）的差额。从一般会计核算来看，1989年，即平成元年的财政支出是60.4万亿日元（占起初名义GDP的14.5%），之后几乎每年都在增加，在最新的2019年的最初预算中变为99.4万亿日元（占名义GDP的

17.6%）。另一方面，税收虽然从 1989 年的 53.3 万亿日元增加到 2019 年的 67.6 万亿日元，但在此期间，名义 GDP 占比从 12.8% 下降到 11.9%。仅从 GDP 占比来看，由于财政支出增加而税收减少，导致赤字大幅增加。

由于财政赤字可以通过国债发行来弥补，所以日本对国债的依赖程度越来越高，国债余额不断累积。同样从一般会计核算来看，国债占财政收入的比例，同期从 11.8% 上升到 32.1%。

但是，在安倍经济学下，景气持续上扬，物价上涨率也持续上升，名义 GDP 增长率也比以前有所提高。由于 2014 年上调消费税率、企业收益良好、法人税收增加等原因，财政赤字得到了抑制。也就是说，2012 年与 2019 年相较而言，基础财政支出的 GDP 占比从 18.3% 下降为 17.6%，税收从 9.3% 上升为 11.9%，公债依赖度从 38.4% 降为 32.1%。

不可持续的日本财政

关于存量赤字，为了进行国际比较，基于一般政府（中央政府、地方政府、社会保障基金）来看，日本 2017 年债务余额的名义 GDP 比为 224%（是 GDP 的 2.2 倍）。这在经济合作与发展组织（OECD）各国中遥遥领先，OECD 平均为 111%，甚至发生财政危机的希腊也只有 191%。

这个存量赤字不仅仅意味着"政府债务数额巨大"，在考虑财政的维持（可持续性）上也非常重要。如果政府债务的名义 GDP 比率呈现上升态势，政府的债务余额就会扩大到

GDP 的 3 倍、4 倍。由此财政支出的大部分必须用于支付国债利息上，国债的信用度自然就会下降，当然国债就不会有人接手。

"没有可持续性"指的是"虽然现在还好，但如果继续保持，总有一天局面将不可控制"的状态。日本的财政正处于这种没有可持续性的状态。

这样一来，存量赤字的名义 GDP 比率是否处于上升态势（这被称作"正在扩大"）起着至关重要的作用。这个比例是否扩大取决于两个因素。一个是初级平衡（基础财政收支）的状况，另一个是名义 GDP 增长率和长期利率的相对关系。这一点已经在第八章进行了说明，在此不再赘述。关键是假设名义 GDP 增长率和长期利率基本等同，基础财政收支均衡或为顺差，财政赤字就不会扩大。

根据 OECD 的资料，2016 年日本的基础财政收支（由于做了去除周期性因素等调整，因此和之后日本政府给出的数字有出入）的 GDP 比率，在 2017 年为 3.3% 的赤字，仍居 OECD 各国之首，OECD 平均为 0.5%，日本的财政严重缺乏可持续性。即使从国际上来看，其严重程度也高得出奇。

被推迟的财政重建目标

日本政府在 2013 年 6 月出台的"'骨太方针'2013"中确定了财政健全化目标。

第一，基础财政收支的名义 GDP 比率与 2010 年（6.6%）

相比，到 2015 年减半。（该目标在之后得以实现，以下不做论述）

第二，到 2020 年实现基础财政收支顺差化。

第三，以稳定降低债务余额与 GDP 的比率为目标。

这个财政重建目标在之后一直维持了下来，但是很多专家认为，目标从常识上看不可能达成。最重要的是，政府自己都怀疑其是否真的能实现。

例如，内阁府每年两次以一定的经济展望为前提，进行财政的中长期展望。根据 2016 年 7 月在经济财政咨询会议上提出的"关于中长期经济财政的估算"，即使经济按预期增长，按计划在 2019 年 10 月将消费税率提高到 10%，也不能达到到 2020 年实现基础财政收支顺差化的目标。在 2018 年6 月的财政重建目标修正之前又进行了同样的估算。从这一点看，任谁都会认为，财政重建目标只不过是纸上谈兵而已。

政府在 2018 年 6 月的"骨太方针"中制定了新的财政重建方针，具体为"切实解决经济再生和财政健全化，以 2025 年国家、地方合计的基础财政收支顺差化为目标。同时，坚持稳定地降低债务余额占 GDP 的比率"。

不过，这个新目标很可能踏上与之前目标相同的道路。2019 年 1 月发布的内阁府"关于中长期经济财政的估算"中提到，即便按照政府所设想的较为乐观的预期（实现增长情况），2025 年的基础财政收支也为赤字 1.1 万亿日元（GDP 比为 0.2%），达成顺差化的目标也在 2026 年以后了。

2014 年上调消费税率的影响

在很大程度上左右安倍政权财政的是消费税率上调问题。根据民主党时代的"三党协议"，2014 年 4 月税率从 5% 上调到 8%，由于其对经济的影响很大，所以当初于 2015 年 10 月消费税率从 8% 上调到 10% 的决定两次被推迟实施。

首先，随着 2014 年 4 月消费税率从 5% 上调到 8%，增税前的提前消费需求及其反方向变动使经济状况发生了巨大波动。

从这个时期消费税率上调前后的民间消费变动情况来看，可以读出三个动态：一是在上调税率之前，消费倾向大幅上升（2014 年 1—3 月与前一年同期相比的增长率为 7.8%）；二是上调之后，出现了远超上调前提高比例的大幅下跌（同年 4—6 月为 -17.1%）；三是上调前后的剧烈变动告一段落后的消费水平与上调之前相比有所降低（2014 年 10—12 月的消费水平比前一年的 10—12 月下降了 2% 左右）。

这样的经济变动使人们感到惊讶，"消费税率提高所带来的经济负面影响非常大"的印象深入人心。赶在新税率生效前，抢购引发的消费需求增加及其造成的反作用都会出现，而反作用更大是因为负面效应大于正面效应。另外，如果提前抢购风波告一段落，消费本该回到原有水平，然而却丝毫没有恢复的迹象。

关于消费税率提高的经济影响，有必要区分"紧急需求及其反作用"和"上调消费税率的经济负面效果"。

先来看一下紧急需求。知道消费税率上调的情况下，在税率上调之前购买会便宜 3%，所以需求会提到 2014 年 4 月之前，这就是紧急需求。特别是住房和高额耐用消费品（比如汽车等），因为能够节约的金额很可观，所以紧急需求也必然很庞大。

1997 年 4 月消费税率从 3% 上调至 5% 时，4 月之前的增长率很高（1996 年 10—12 月，增加了 6.2%，1997 年 1—3 月，增加了 3%），之后变为负增长（1997 年 4—6 月为 −3.7%），造成经济增长率大幅波动的是家庭消费和住房投资。很明显，这是消费税率提高带来的紧急需求及其反作用所产生的影响。

那么，这个紧急需求的影响，比起紧急需求出现时的正面效应，其反作用产生的负面效应更大，这是为什么呢？我们用团子的例子说明这一点。假设现在有一个人每天吃 5 个团子。某天，这个人在第二天把第三天的团子提前吃掉了 1 个，这就是产生了紧急需求，团子的数量就变成 5 → 6 → 4。从变化率上看，比起第二天的增加值，第三天的减少值更大。从这个例子可以看出，反作用减少率大于增加率是由于增加时是"正常值与异常高值的比较"，与此相对，反作用减少率是"异常高值与异常低值的比较"。

提高消费税率的影响如果只是紧急需求及其反作用，那问题就很简单，但是影响远不止于此。消费税率提高，物价就会上涨，但企业并不会相应地提高工资，因此，家庭的实际可支配收入减少，消费也随之减少。一段时间后的消费水平下降就是出于这个原因。

2014 年 4 月以后的经济萧条持续了相当长的一段时间，其中有两个原因。

其一，实际可支配收入的增长率较低。2014 年消费税率上调 3% 的结果是，消费者物价上涨了 2%，实际可支配收入减少了 2%，相应的，消费水平也随之下降。如果消费下降 2%，GDP 就会减少 1% 左右。想要恢复这个消费水平至少需要约 1 年的时间。

其二，紧急需求规模较大，其反作用减少的时间较长。对于当时的紧急需求规模有多种估算，2015 年 1 月公布的"日本经济 2014—2015"介绍了以下估算。关于个人消费，紧急需求的规模为 2.5 万亿—3.3 万亿日元（实际 GDP 的 0.5%—0.6%），其中耐用品为 2.5 万亿日元（占 0.5%）、半耐用品为 0.4 万亿日元（占 0.1%）。另外，关于住房投资，建设房屋为 6 万—7 万户，投资交易为 1 万亿—1.6 万亿日元（占 0.2%—0.3%）。两者合计 3.5 万亿—4.9 万亿日元（占 0.7%—0.9%）。对于住宅和耐用消费品方面，很多人预见消耗税率不仅可能会从 5% 提高到 8%，还可能会从 8% 提高到 10%。若果真如此，相应的紧急需求的规模也会变大，反方向变动时间也会变长。

两次推迟消费税率的上调

2014 年 11 月，安倍首相将原定于 2015 年 10 月将消费税率上调至 10% 的计划延迟到 2017 年 4 月，并在记者招待会上做了以下发言，"就是否应该提高消费税率这一问题，我们听取了 40 多位权威人士的意见。经过综合考虑得出了结论——为了摆脱通货紧缩提振经济，确保安倍经济学的成功，应该将消费税率上调到 10% 并推迟 18 个月实施"。而且，以"改变了当初的计划决定推迟消费税上调，有必要再次听取民意"为由解散了众议院。

这时发生了在笔者看来有些难以理解的事情。各种舆论调查都支持推迟提高消费税率。例如，根据 2014 年 10 月 27 日《日本经济新闻》刊载的舆论调查显示，关于 2015 年 10 月按原计划将消费税率提高到 10%，表示"赞成"的占 23%，表示"反对"的占 70%。而且，当问反对的人该当如何时，回答"不应该提高消费税率"的占 45%，回答"应该推迟提高消费税率时间"的占 32%。也就是说，本来应该提高税率，但根据民意延迟了上调时间，这一说法才比较正确。

而且在这一点上，执政党和在野党之间并没有出现对立，这也令人惊讶。从进入选举战之后的主张来看，没有一个政党主张按照预定计划提高消费税率，相反，比起"延期"，甚至还有政党主张冻结、中止（共产党、生活党）以及降低到 5%（社民党）。众议院解散成为现实，甚至"三党协议"的当事者民主党也同意推迟上调消费税率。如果批判变更计划，就变成了主张"按原计划实行上调消费税率"。民主党可能认为这将对选举产生不利影响。

并且，2016 年 5 月在伊势志摩峰会结束后的记者招待会上，安倍首相表示"应该延期可能使内需下降的消费税率上调。世界经济面临着巨大风险"。决定将消费税率从 8% 提高到 10% 的计划再次推迟，定为 2019 年 10 月实施。并且在 2014 年 7 月的参议院选举中，听取了国民的意见。

即使是第二次推迟，参议院选举中"在野党也不反对推迟"的情况再次出现。

再者，此时首相关于"世界经济面临着巨大风险"的发言是有其背景的。首相曾经在国会等场合明确表示，"如果没有'3·11'日本大地震和雷曼冲击这样的重大事件，就会按原计划上调消费税率"。首相在伊势志摩峰会上面对七国集团首脑解释道，世界经济正处于与雷曼冲击前一样脆弱的状态。大概首相认为因此推迟上调消费税率就可以解释得通吧。但是，这个想法不被其他首脑接受，当时的资料是为了贴合雷曼冲击前的情况而勉强准备的，因而受到很多经济学家的批判。

减轻税率

对于消费税，不仅推迟了上调时间，制度上也有很大的变更。首先在 2014 年末决定推迟上调消费税率时，关于食品等引入了将税率稳定在 8% 的减轻税率制度。

对必需消费品和服务也同样征收消费税。但是，如果是必需消费品，就算价格上涨也很难降低消费。于是，从对必需消费品支付的税额与收入的比率上看，收入阶层越低该比率就越高。这就是收入的累退性争论。因此，有人主张应该降低食品等具有明显必需消费品特征的商品税率。

然而，几乎所有的经济学家都反对引入减轻税率，最大的反对理由是"在保证政策公平性上是不合理的"。

根据总务省 2017 年的"家计调查"结果显示，从各收入阶层的食品支出额来看，第一阶层（年收入 455 万日元以下）的家庭支出额约为 6 万日元。随着年收入增加支出额也在增加，第五阶层（923 万日元以上）的家庭支出额约为 9.3 万日元。在此，如果把消费税调到 10%，第一阶层家庭的税金负担额约为 6000 日元，第五阶层家庭的负担额约为 9300 日元。为了消除累退性，假设食品税率稳定在 8%。从由此减轻负担的金额来看，第一阶层家庭约为 1200 日元，第五阶层家庭约为 1900 日元。高收入阶层节省的金额更多。这项政策确实是在补助低收入阶层，但这从某种层面上来说，是在对高收入阶层补助更多的基础上来补助低收入阶层的。由此可知，这是多么不合理的分配政策。

另外，划分减轻税率的适用范围较为困难，容易引发"请将这些列入减轻税率对象"的寻租反应，并且税收将因此减少，财政重建和社会保障制度的稳定化步伐会受到阻碍，这也是经济学家的反对理由。通常经济学家的意见都有分歧，能达成一致实在难得。

也就是说，这次减轻税率是在专家们一致反对的情况下实行的政策。就好像专家明明忠告说"这一带景色很好，乍一看好像很适合作为住宅区，但是地基薄弱，不适合建房"，结果房地产商还是在那里建了房子。

这也许是日本政治正在恶化的一种表现。受国民委托负责政策运营的政治家不能一味地迎合舆论，有时需要说服舆论，担负起走长期路线的责任。在笔者看来，采用减轻税率不啻为政治家放弃走长期路线责任的一种方式。

向育儿支援的挪用

另外，通过上调消费税率而获得的税收用途也发生了变化。2017 年 9 月 25 日，安倍首相表示考虑解散众议院，并将原定于 2019 年 10 月消费增税所带来增收部分中的约 2 万亿日元，用于幼儿教育免费化等"人才培养"的事业。当初，政府提出消费税增收部分中约 1 万亿日元用于充实社会保障，约 4 万亿日元用于还债。削减还债部分的金额，将其用于幼儿教育免费化和减轻高等教育负担等更广的范围。要改变以往的承诺就有必要向国民征求信任，因此需要解散众议院。

这次选举时公约的具体内容是自民党在选举获胜后，于 2017 年 11 月出台的"新经济政策一揽子计划"中得以明确的。新经济政策一揽子计划由"人才培养改革"和"生产性改革"两大支柱构成。人才培养改革中包括 3—5 岁儿童的保育费用免费化、提高保育员工资、消除留守儿童等内容。由消费税率提高到 10% 带来的增收部分中的 1.7 万亿日元来充当其财源。

关于另一个支柱——生产性改革，包括每年将生产率提高 2%（截至 2015 年，五年内的平均增长为 0.9%，在此基础上翻倍），设备投资额到 2020 年比 2016 年增加 10%，2018 年以后实现 3% 以上的加薪等内容。

2019 年的消费税率上调对策

消费税率上调至 10% 的政策被推迟了两次，到 2019 年

10 月才基本确定下来。不过，由于政府、执政党十分恐惧上调会对景气产生不利影响，从而准备了优厚的对策。其优厚主要体现在以下几点。

第一，优厚的对策内容异常丰富。在 2018 年 11 月 26 日提出的政府方针中，列出了"幼儿教育免费化""减轻税率""面向低收入者、育儿家庭发放高级商品券""汽车、住宅购买者的税制、预算措施""调整为促进灵活定价的指导方针""无现金结算的积分返还"还有"实施为了国土强韧化的公共投资"等 9 个项目。至此已经接近于"应有尽有"的程度了。

第二，其规模之大也令人吃惊。根据政府的说明，随着消费税率提高的国民负担本应是 5.7 万亿日元左右，通过减轻税率减少了约 1.1 万亿日元，通过幼儿教育免费化等减轻了约 3.2 万亿日元。从而对经济的影响被控制在了 2 万亿日元左右。而针对这 2 万亿日元采取了 2.3 万亿日元的应对措施，完全克服了对经济的影响。也就是说，在短期内采取了超过消费税率负担规模的应对措施。

第三，无视众多专家的反对意见实施这些措施也是其特点之一。关于经济学者对减轻税率的反对意见前文已经介绍过了，就这次的内容也有如下批判，"原本如果采取超过国民负担的应对措施，财政收支的改善效果就被完全抵消，增税所为何来"，"关于高级商品券，缺乏作为商品券的意义"，"将国土强韧化、无现金化的振兴等不同的政策目标混为一谈"。

TPP 和通商政策

本书行文至此，基本未涉及贸易政策等国际方面的政策，在此想就平成时代的通商政策做一总结和讨论。平成时代的通商政策大概可以分为以下几个时期。

第一时期是截至 20 世纪 90 年代中期，所谓的古典经济摩擦时期。日美摩擦是中心课题。

第二时期是 20 世纪 90 年代中期以后，以世界贸易组织（WTO）为中心的多国间通商交涉停滞不前，这一时期日本也开始致力于地区间的自由贸易、经济合作。

第三时期是 2008 年以后民主党执政时的混乱时代。在民主党政权下，鸠山首相刚对亚洲经济圈夸夸其谈，菅首相就开始大吹大擂"第三次开国"，然而最终连 TPP 都没能参加就宣告结束了。

第四时期是 2012 年末安倍政权以后到平成末为止的时期。这期间，日本虽然经历了参与 TPP 并与其达成一致、应对特朗普贸易保护主义等很多波折，但可以说是自由贸易得到了积极的推进。

古典经济摩擦时期

平成时代开始后的一段时间内，以继承之前潮流的形式，日美经济摩擦成为重大课题。平成时代开始后不久达成了《日美结构性障碍问题协议》。并且在第一部分已经说过，其中，为了纠正不平衡而扩大内需的政策成为引发泡沫经济的间接原因。

日美间经济摩擦持续了很长时间。一是日美汽车摩擦。1995 年 6 月在瑞士日内瓦，美国贸易代表办公室（USTR）代表迈克尔·坎特和通产省大臣桥本龙太郎直接交涉，美国方面要求日本紧急扩大美产汽车零部件购买，否则就要征收 100% 的制裁关税，桥本对此并不让步，他说："政府无权干涉民间的汽车公司使用什么零部件。"这一交涉在 100% 关税启动之前达成一致意见，据说其背景是丰田等大型日本汽车公司曾公布自主扩大美国当地生产计划。

另一个是从 1993 年开始的《日美综合经济协议》，协议是由宫泽首相和克林顿总统签订的。在这个协议中，为了确定日本市场的参与程度，根据不同领域分别设置了"客观标准"，美国方面要求将其作为将来目标，日本方面却以涉及管理贸易为由对此表示反对并与美方对立。在 1994 年 2 月细川首相和克林顿总统的首脑会谈中，细川首相对《日美综合经济协议》明确表示反对，最终协议宣告破裂。在那之后，谈判重启，到 1994 年底，在个别领域，如电信和医疗器械的政府供应、保险、平板玻璃、金融服务、知识产权领域，陆续达成协议。作为宏观政策，日本承诺实施减税。

到了 20 世纪 90 年代中期，日美经济摩擦逐渐平息。各地区的自由贸易协定曾备受瞩目，但日本仍然处于泡沫经济后的经济低迷状态，日本以压倒性竞争力扩大出口的构想已无法成立，对方也失去了攻击目标。

这意味着当时盛行的争论——日美摩擦的背景是"由于日本的经常收支黑字过大"，"日本的经济结构尚未形成内需主导型"等都是错误的。重点就在于美国应产业界的要求想要增加本国的出口，为此找的借口就是经常收支黑字和日本市场的封闭性，这样想就比较容易理解了。

地区间的自由贸易、经济合作的动向

第二次世界大战后日本通商政策，始终是以 GATT、WTO 为中心的多方交涉。贸易自由化主要以 GATT、WTO 谈判为中心。在这种情况下，世界上地区间的自由贸易和经济合作的动向十分活跃，但日本好像没有赶上这一潮流。

20 世纪 90 年代中期以后，日本改变了多国间一边倒的姿态，开始大力致力于地区间自由贸易和经济合作，其背景如下。

首先，多边协商的核心 WTO 谈判停滞不前。1994 年眼看要走向尽头的乌拉圭谈判后的谈判一直没能启动。即使启动，谈判工作也迟迟没有进展，最终，在平成时代没能开花结果。其中的一个原因是，新兴国家、发展中国家加入 WTO，以与发达国家不同的态度开始参与谈判。在采取全会一致方式的 WTO，参与方越多就越难有定局。

其次，在世界成员方铺设的自由贸易协定网也很重要，日本没有赶上这一潮流，所以在现实中处于不利地位。推进与特定成员方之间的自由贸易有赞成和不赞成两种意见，在此不做详细讨论。有很多人认为，即使只在特定成员方间进行自由贸易，世界贸易扩大的积极效应（被称为"贸易创造效应"）也比没有时更加突显。但是在某些情况下，本应进行有效贸易往

来的贸易伙伴会被排除在外，而在内部成员方之间产生了更低效的国际交易（被称为"贸易转移效应"）。在周围的成员方开始缔结自由贸易协定时，如果日本没有跟上这个潮流，就会蒙受这个"贸易转移效应"带来的负面影响。也就是说，如果《自由贸易协定》占主导地位，那么站在防卫的角度上，日本也有必要顺应《自由贸易协定》的潮流。

据说1999年在美国西雅图举办的世界贸易组织第三届部长会议是一个重要的转折点。当时在该地出现了激烈的反全球化游行，同时以进一步自由化为目标的多哈谈判以失败告终。从那以后，日本开始致力于地区间的自由贸易和经济合作，与新加坡（2002年）、墨西哥（2005年）、马来西亚（2006年）、智利（2007年）等都顺利地推进了《自由贸易协定》。

民主党政权下的通商政策

2008年以后，民主党政权下的通商政策和其他领域的经济政策一样混乱。民主党政权成立之初，鸠山首相提出了"东亚共同体计划"这一构想。关于此构想，在2012年2月的亚太经济合作组织（APEC）首脑会议上，鸠山首相发表了如下演讲。

"日本新政府宣布重视亚洲外交，其支柱是'东亚共同体计划'。我成为政治家以来一直在思考，日本和其他亚洲国家，或者更广范围的亚太地区的国家之间，难道建立不了友爱的纽带吗？把目光转向欧洲，经历了两次悲惨的世界大战，一直相互憎恶的德法两国，以煤炭和钢铁的共同管理为首不断努力加深合作。以德法为中心的运动虽然经历了种种曲折，但是一直没有中断努力，最终成立了今日的欧盟。在欧洲达成的和解与合作经验就是这一构想的原型。"

这个构想此后几乎没有受到关注，并且随着鸠山首相的下台一起消失。在笔者看来，这是典型的"画饼充饥"。简单地说，在亚洲地区建立欧盟型的共同体近乎痴人说梦。欧盟推进了共同体构想，甚至采用了通用货币，各国打破国境，是因为欧洲各国都有一个强烈的愿望，就是不让战火再起。亚洲则缺乏拥有通用货币所需的基础条件。在经济学中有"最适合通货圈的讨论"，一般认为，不满足彼此经济结构相似、劳动移动自由这些条件就不能发挥通用货币的优势。亚洲的国家和地区多种多样，完全不满足最适合通货圈的条件。之所以大肆鼓吹后又很快不了了之，就是因为这只不过是首相一时心血来潮的想法而已。

在鸠山由纪夫之后就任首相的菅直人提出了"第三次开国"的口号。通过积极开放日本市场提升日本经济效率的方向非常好，关键是执行力完全没有跟上。

2011 年 1 月，菅直人首相在瑞士达沃斯召开的世界经济论坛（又称达沃斯会议）上，进行了以"第三次开国"为目标的演讲。"第三次开国"是指继"第一次开国——明治维新"，"第二次开国——第二次世界大战战败后的复兴"之后的定位。其中，TPP 也明确表示"将于 6 月给出谈判的结论"。但是，随后发生了"3·11"日本大地震，其承诺被推迟。

鸠山首相的"东亚共同体计划"的构想和菅直人首相的"第三次开国"，都未就实行的可能性进行充分讨论，只是论述了个人的想法，因此就像泡沫一样很快破灭了。

安倍经济学下的 TPP 谈判进展

2012 年末安倍内阁执政后，日本重新迈出自由贸易步伐。特别是 TPP 谈判，它被称为"将舆论一分为二"的谈判。

TPP 开始于 2006 年，其前身是由在文莱、智利、新西兰、新加坡四国之间生效的《经济合作协定》（EPA）。2010年 3 月开始了以此为母体的旨在更广泛经济协作的协商，之后，美国、澳大利亚、秘鲁、越南、马来西亚加入，2012 年又加入了加拿大和墨西哥。

加入 TPP 与否的讨论一波三折，尽管国内的反对声很大，但日本仍在安倍内阁成立后的 2013 年宣布加入。

TPP 是 EPA 之一，而 EPA 试图在贸易以外的领域也加深联系。TPP 有着以下特征。

第一，覆盖的地域范围很广。由于之后美国退出，覆盖的范围比当初的计划缩小了很多，尽管如此，地域范围仍然很广。

第二，在贸易领域很少有例外。当初的 TPP 谈判，以 10年内基本撤销 100% 关税为目标。关于这一点，最终被要求将日本的农产品等排除在外，但大幅废除关税这一点并未改变。

第三，关税以外的政策领域成为广泛讨论的对象。在 TPP谈判中，设立了政府供应、知识产权、竞争政策、服务（电信和金融等）、投资等 24 个讨论主题。

总而言之，可以说 TPP 作为 EPA 是尖端的、高质量的。因此人们对其期待很高，不过，担心其影响而反对的人也很多。许多经济学家认为加入TPP对日本经济有诸多好处。如果能推进环太平洋地区的自由贸易，将会增加日本的进出口贸易，促进就业，改善国民生活，而且国内产业也会通过激烈的国际竞争提高生产效率，同时还能参与东亚地区共同规则的制定等，这些就是经济学家们支持日本加入TPP的理由。

加入TPP的最大障碍是关于农产品的讨论。废除100%的关税，也就意味着农产品的关税也将全部取消。农业相关人士表示"日本农业会遭到毁灭性打击"并展开了猛烈的反对运动。安倍首相在就任后与美国总统奥巴马的首脑会谈上，在确认了"'神圣领域'以外的关税废除就不是TPP谈判的前提"的基础上，于2013年3月宣布加入。自民党一直将稻米、小麦、猪肉牛肉、乳制品、砂糖指定为农产品的五个重点领域，并要求维持关税。这五大产品领域被称为"神圣领域"。

经过艰难的谈判，2015年10月关于TPP终于达成协议。对于所谓"神圣领域"的五大产品免于撤销关税，最终以设定零关税的最低进口限额和下调关税而告一段落。与会的12个国家于2016年2月在新西兰签名，日本在那之后也完成了国内法制调整，剩下就只等协议生效。

特朗普贸易保护主义和TPP11

随后，特朗普就任美国总统。特朗普从竞选时就表明了贸易保护态度，这个态度即使在他就任总统后也丝毫未变，一就任就立刻表明要退出TPP。TPP生效的条件是至少要获得6个国家的批准，且这6个国家要占成员国GDP的85%以上。美

国的 GDP 约占整个成员国的 60%，所以一旦美国退出，TPP
就不复成立了。

很多专家主张，日本作为一个经济大国，比任何一个国家
都更清楚地认识到自由贸易的重要性，因此日本应该发挥领导
作用，阻止贸易保护主义潮流。而日本也恰恰发挥了这一领导
能力。

日本很早就启动修复因美国退出而濒临崩溃的 TPP，为
了统一除美国之外 11 个国家组成的 TPP11 挺身而出，保住了
TPP 谈判积累的成果，为将来美国的回归做好了应对准备。
TPP11 于 2018 年 3 月由相关国家签署，同年 12 月 30 日生效。

日本想把这个成果进一步扩大到更多国家和地区。据悉，
已有多个国家和地区对此次活动表示高度关注。日本在多边谈
判中发挥了领导作用，这对日本来说是划时代的成果。

随后，日本推进了与欧盟的经济合作协定谈判，最终于
2018 年 7 月达成签署。日本更是以《区域全面经济伙伴关系
协定》（RCEP）的达成为目标。这是包括东南亚国家联盟
（ASEAN）、中国、印度等在内的巨大的自由贸易圈构想，
如果这个构想能够实现，美国的贸易保护主义将进一步被孤
立，同时成为促进美国转换方针的力量。

今后安倍经济学的课题

最后，让我们梳理安倍经济学的特征，并阐述今后的
课题。

安倍经济学的特征

迄今为止推行的一系列安倍政权下的经济政策（广义上的安倍经济学），其特点如下。

第一，其视野是短期的。当初"三支箭"中的第一支箭——大胆的金融政策，第二支箭——灵活的国家财政政策，基本都以短期的需求创造为目标。消费税率的上调经过两次延期，以及在原计划 2019 年将 8% 的税率上调到 10% 时，采取过度防止景气下滑对策也是因为重视短期景气。金融政策也有相似之处。黑田行长的异次元宽松政策，其目的也是"短期决战"——采取果断的宽松政策使物价在两年内上涨 2%。

第二，有很强的由国家意志主导经济的姿态。例如，首相在"春斗"①的涨薪谈判之前，从 2013 年到 2018 年，连续 6 年反复要求企业提高工资。2017 年的发言中说到"希望能实现 3% 的加薪"，明确了具体数值。众所周知，工人工资提不上去是日本经济面临的重大课题。话虽如此，首相亲自言及以劳资协商为原则的工资上涨率不合常理。在其他政策课题上，也要求企业自主实行 3 年育儿假和聘用女性职员的策略。

另外，作为增长战略提出了"新目标政策"，在制定延伸国家健康寿命等目标的基础上，圈定有利于解决课题的产业和市场。增长战略的核心——"国家战略特区"，也在国家提出一定规制缓和框架的基础上实行附加税制等方面的优惠措施。过去的结构改革特区以地区积累为中心，没有税收、财政措

---

① 又称"春季生活斗争"，是日本工会每年组织的为提高工人工资而进行的斗争。

施，此次的措施中，国家的介入程度相当高。

比起企业和市场，国家更能准确地判断企业应有的姿态和将来的主导产业，这些政策都是基于此而提出的，如果使用温和的表达方式，就是"家长制"，稍微强硬的表达则是"国家管理制"。

第三，拖延成本。金融政策可能在出口方面产生巨大成本，通过扩大财政赤字增加的公共投资，将成为未来一代的负担。并且，为了重建财政，必须结合削减社会保障支出和进一步增加税收，但是这一方向性完全没有显示出来。与增加国民负担相关的政策也同样被推迟。

以上三个特征相互关联。重视短期性景气扩大，暂时使经济变得明朗起来。另一方面，由于国民负担被推迟，所以深受大家欢迎。因为景气好转，产业界也对来自国家的家长式指导表现出配合的姿态。这样，广义的安倍经济学就顺利运转起来了。

但是，被推迟的负担终究还是负担，而国家主导色彩浓厚的增长战略反而具有很大的不确定性。今后，当短期目标带来的经济成果"油尽灯枯"之时，安倍经济学的真正价值就将遭到质疑。

今后的经济政策

今后的经济政策该何去何从？笔者认为，安倍政权应该充分利用稳定的政策资源，按照以下方向重新构建现有的安倍经济学。

第一，重新考虑宏观经济的政策目标和政策手段的关系。消费者物价、经济增长率这些宏观经济变量，由于世界经济动向等诸多因素的作用，原本就不是单靠经济政策能控制的。尽管如此，许诺消费者物价上涨率两年内达到2%，并试图强行实现，就变成了向效果甚微的过度量化宽松政策的偏激前进。今后同样，到2020年执着于名义GDP达到600万亿日元这样死板的政策目标，可能会引人担忧——导致从财政方面实施过度的经济刺激政策。

第二，回过头来看，迄今为止的经济讨论，无论是作为宣传材料还是攻击材料，都过于以安倍经济学为中心。即使经济增长率上升、景气好转，也不能说这都是安倍经济学的成果。同时，即使贫富差距扩大、地方凋敝，也不能说这都是安倍经济学的责任。也不可用安倍经济学来消化今后可预见的世界经济风险。

安倍经济学的赞成派强调其成果，而批评派强调其尚未惠及的部分，这种争议一直反复出现，所以不知不觉中很多人可能会简单地认为"经济的可控与否取决于政策"。政策上应该强烈干预的仅限于政府应该负起责任实行的财政运营、各制度的调整等，宏观经济指标应该以长期性为目标，更加灵活地考虑。

第二，实施政策应该从短期的、非常时期应对型转向长期的、结构改革型。迄今为止，安倍经济学所实施的一反常态的财政金融政策，只有在供求差距大到无法用常规政策手段来应对时才会被合理化。但是，2019年初的情况已经接近充分就业，所以并不是实施这些政策的好时机。

今后，不应把重点放在短期内增加需求的政策上，而应放在长期的结构改革上。对于应将结构改革的焦点放在哪里有多种意见，笔者认为应该把重点放在劳动方式改革和社会保障改革上。

若深究少子化问题、贫富差距问题、男女平等诸多问题，就会发现，传统的无限定、长时间、技能工资制的工作方式存在很多问题。在全球化、技术革新、少子老龄化的进程中，日本企业已经在向灵活的劳动方式不断迈进。希望政府能着手实施促进这种潮流的劳动方式规制改革。另外，要认识到社会保障改革、财政重建、消除国民的未来不安、减轻社会保险的企业负担、缩小贫富差距等具有多重意义的重要性，而且应该将以上问题再一次与提高消费税率联系起来，进行一体化改革。

第三，不仅要对政策内容进行改革，还要对政策决策过程进行改革。考虑到此次选举的讨论过于迎合民意的情况，虽然可能只是理想主义，但今后应该再排除一些政治性，并考虑向这样的机制转变——实现以更加理性的经济讨论和政策评价为基础的决策方式。

关于这一点，笔者认为有必要让具备最新经济学知识的经济学家更多地参与政府和日本银行内部的讨论。这样才能抑制个人对政策的过分干预，并应该可以根据政策评价做出更为恰当的决策。在欧洲，例如英国正在推进基于实证的政策；在美国，2015 年 9 月政府发布了"要将行动经济学的知识活用到政策中"的总统令；在日本，基本没有这样的讨论，日本与欧美相比还处于滞后状态。

每年制定一揽子经济政策和增长战略，编制补充预算的方法也要重新考虑。一揽子经济政策对每个领域都有益处，因而容易变为迎合社会大众的内容，最终沦为给各个领域提供获取预算的工具。短期的政策运行是每年的施政纲领，长期的方向则只需要每几年一次明确基本方向。

从平成经济中能学到什么

在撰写这本书的过程中，纵观平成经济的长期趋势，很多时候笔者都有"原来如此"的感叹。在本书的结尾，笔者想就自己的感受做一总结。

在历史的浪潮中

通过撰写本书，笔者重新思考了很多问题，最想谈谈其中最主要的三件事。

第一，经济有时会面临前所未有的重大课题，社会作为一个整体，认识到这些课题需要很长时间。因此，实施必要的政策会有所延迟，在某些情况下反而会加剧问题的严重性。

例如，"泡沫经济已经发生，对经济产生了负面影响"这一社会认识相当滞后，因此在泡沫经济崩溃，经济影响日益严重的情况下，本应采取扶持经济的政策，却被害怕泡沫再度发生的议论拖了后腿。对不良债权问题严重性的认识也较为迟缓。在最初阶段，多数国民支持"怎么能为了拯救银行而使用税金"的论调，因此公共资金的投放严重延迟。在步步延迟中，不良债权不断累积，最终投入了巨额的公共资金。关于通货紧缩，当初"物价下跌是好事"的内外价差修正论大行其道。物价下跌是从 20 世纪 90 年代后半期开始的，但政府和日本银行将此视为通货紧缩，因此直到 21 世纪 10 年代前半期才开始积极采取应对措施。

第二，在观察经济形势、思考解决经济课题的应对政策时，还是要尽可能地应用经济学的思考方式，在当下基于标准的观点进行讨论。这不仅是作为一个经济学家所希望的，如果在经济学论证模糊的状态下采取政策性应对措施，最终会产生巨大的社会成本。

例如，20 世纪 80 年代为了纠正经常收支不均衡而扩大内需、对日元过度升值而感到恐惧，以及蛮横无理的日美结构调整要求，都在经济学上存在很大疑问。但是，现实中的政治几乎对这种经济学上的讨论采取了无视的态度，一心朝着内需扩大和经常收支黑字缩减的方向发展。可以说这种无视经济学逻辑的政策运作成为泡沫经济产生的间接原因。

仔细想想，在本书执笔的时间点上也能看到同样的情况。特朗普就任美国总统后，美国再次将修正贸易赤字作为政策目标，显示出向日本施加压力的姿态。"日元升值恐怖论"也在持续发酵。

另外，经济学告诉我们，应尽可能广泛、深入地思考因果关系的连锁反应，反复思考其最终结果会如何。如果只看表面，就会得出物价下跌会提高生活水平，减税会提高收入水平，发放商品券有刺激消费效果的结论。但是，如果仔细思考其结果就会明白，通过通货紧缩降低工资上涨率，一旦实行减税就难以叫停，从而产生财政赤字，给下一代造成负担，商品券也只是单纯地置换之前的消费而已。

此外，经济学还指出，"当有多个政策目标时，要准备与目标相同数量的工具，那些政策工具应该分配给相对来说政策效果最好的目标"，即所谓的"政策分配论"。这个政策分配的理论经常被忽视。例如，泡沫经济时期提出了通过降低地价让人们更容易购买住宅的政策。这导致了把金融政策作为住房政策的一个手段来实施的错误政策分配，也有将规制缓和用在景气对策上的议论。规制缓和是从长期的观点使资源分配效率化的政策，不能因为景气不好就实施规制缓和，景气一旦好转就弃之不用。

如何面对实验性的政策，关于这一点，应用经济学上所说的"沉没成本的讨论"是很重要的。我们面对前所未有的经济挑战，不得不采取实验性的政策。泡沫经济崩溃后的巨额国家财政的调控在某种意义上也是具有实验性的，日本银行逐步采用的量化宽松政策也是史无前例的实验性政策。对于这种前所未有的政策，常常有赞成和反对两种互相对立的观点，但是如果不果断地实行就无法前进，问题是当它进展不顺时就撤退作战，很多时候政策都进展不顺利。谁都不愿承认之前的想法有错误，会不由地想着"好不容易才到这里"。但是经济学的沉没成本论告诉我们，放弃无法回收的费用，也就是沉没成本，赶紧选择现在最好的道路才是正确的出路。

既然已经实行的政策不能回到原点，我们就应该尽量忘记过去的前因后果，只考虑将来。

第三，为了实行符合时代要求的经济政策，需要同时具备制定政策的分析能力，以及政治执行力，这就好比汽车的轮子。想想这是一件理所当然的事情，如果不按照民主主义的进程实行，即使再优秀的政策也没有意义。

这大概与第一点指出的社会认识的时间延迟有关。为了在政治上实行特定的政策，就需要全社会共同拥有这种问题意识。但是，如前文所述，社会的认识往往滞后于现实。

如果社会的认识就是所谓的民意，一般来说，这就意味着顺应民意，实施合适的经济政策应对是很困难的事。很多人想把经济政策的讨论局限在经济当中。但这是不够的，我们该如何面对往往落后于时代发展的这种社会的认识？我们该如何开展既不损害民主主义过程，又不被民意所左右的政策呢？

一些零碎的感慨

下面，笔者想就自己一直思考的问题做一介绍。

一是处于泡沫经济中却不知那是泡沫经济。

事后来看，20 世纪 80 年代后半期在日本发生的泡沫经济的规模之大令人惊讶，然而当时占主导地位的观点是，这就是经济实力。这似乎是世界共通的现象，在美国发生的次贷问题，甚至是导致雷曼冲击发生的间接原因——20 世纪 90 年代后半期的住房泡沫经济，也很少在美国国内被认为是泡沫经济。

这说明"通常的经济形势多由流量指标统计来说明，但存量指标也很重要"，"作为收入，被理解的一般只有利息收入，但是资本收益也很重要"。我们对经济存量指标的动向也应该进行细致的观察。

　　二是很多人对国际收支的认识与正统经济学的观点有偏离。

　　很多人认为，关于国际收支，"黑字比赤字更让人期待""贸易赤字意味着 GDP 减少""因为日本的黑字过大，应该扩大内需减少黑字"。详细的讨论就此略过，但从经济学角度来看，这些都是错误的。其错误之处在于，过度的内需刺激助长了泡沫经济，带来了巨大成本。近年来，美国总统特朗普也犯了同样的错误，贸易保护主义给整个世界经济强加了巨大成本。

　　三是泡沫经济后必定会出现"资产负债表调整问题"等金融方面的重大弊端。

　　日本泡沫经济之后，与不良债权的斗争持续了很长时间。美国的住宅泡沫经济之后，还发生了次贷相关债券价格暴跌，以及雷曼冲击。这说明，对于泡沫经济，防患于未然比什么都重要。但是就防患于未然来讲，在弊端出现之前问题就得以解决，所以很难评价其成果。

　　四是在日本经济形势衰退的情况下，重复采取国家财政调控型景气政策来进行应对的倾向十分明显。

　　从笔者粗略的计算得知，20 世纪 90 年代以来反复出台的景气对策规模，合计超过 400 万亿日元。国家财政调控带来的经济刺激本应仅限于类似雷曼冲击时的非常时期，这种政策即使有效果也是短期的，不能可持续增长。日本为何如此频繁地进行国家财政调控？到这里笔者不得不怀疑，日本的民众也好政治家也罢，都过度相信"经济是政策可以控制的"。

　　五是对财政重建、结构改革而言，最大的障碍多为社会保障改革。

小泉式的支出削减型财政重建受阻，是因为受到"机械地减少社会保障相关费用"的批判。民主党内阁的财政赤字膨胀，当然是因为在没有财源补贴的情况下想要推行政策，疏忽了自然膨胀的社会保障相关费用补贴产生的影响。经济专家认为，在今后迈向老龄社会的过程中，有必要使社会保障合理化，即削减支出，但是大部分国民要求"充实社会保障"。这个巨大的认知差异也让日本今后的经济社会陷入困境。

六是日本对消费税异常关心，消费税成为政权鬼门关的情况较多。

在种类繁多的税种中，总之，只要是关于消费税，想要提高税率就会引起大规模的国民骚动。这样一来，消费税在政治上成为非常敏感的问题，特别是到了选举时期，无论是执政党还是在野党，都不敢提出上调税率的口号。另一方面，社会保险费的上涨几乎被忽略，所以在不愿缴纳消费税的过程中，社会保险费的负担急剧上升，这真是让人哭笑不得的事情。

七是政治改革、行政财政改革等，在推进改革时国民的关心度会大幅提高，但是一旦改革实施，人们的关心度就会减弱，几乎不进行事后评价。

引入小选举区制、省厅再编、邮政民营化等改革在立案时，国民就展开了争论，但一旦付诸实施了，争论瞬间就消失不见。有时，也有像邮政民营化一样，不知不觉回到原点的情况。无论哪种情况，改革经过一定时间后，都几乎未对是否出现预想的成果进行验证。

后记

　　本书是作为与《日本激荡三十年：平成政治1989—2019》《日本激荡三十年：平成企业1989—2019》并列的"平成三部曲"之一而策划的。《日本激荡三十年：平成政治1989—2019》是以御厨贵、芹川洋一两人为中心的访谈录，《日本激荡三十年：平成企业1989—2019》由我尊敬的经营学者伊丹敬之先生执笔。在先于本书发行的《日本激荡三十年：平成企业1989—2019》的后记中，伊丹先生表示，策划这本书的是其旧友堀口祐介先生，笔者觉得这个策划很有意义，在做了充分的心理准备后接受了，且下定决心：虽然这是一份艰辛的工作，但我一定要挑战它。

　　借此机会重新做一回顾，如果说大学毕业后进入经济企划厅（1969 年 6 月），是笔者作为经济学家生涯的一个起点，那么至今长达 50 年的时间里，笔者一直都在做观察和分析经济的工作。时间之长连自己都感到震惊。而平成时代占据了笔者的经济学家生涯一半以上的时间。

到目前为止，笔者一直认为，平成时代泡沫的产生和崩溃，出现的不良债权、通货紧缩等，是难以想象的"非正常经济事件"。但是，笔者认为的非正常经济，已经占据了作为经济学家的人生大半时光，这让人不禁再次深深惊叹，不由重新思考日本经济能否回到自己认为正常的时代。

正如本书所详细阐述的，平成时代的经济将克服通货紧缩、财政与社会保障改革、人口减少与衰退地区的应对等很多的课题都推迟到"后平成时代"了。在平成之后的时代，我们能否解决这些课题呢？或者，今后是否会有更严峻的课题在等待着我们呢？